URSULA WEIDENFELD

Regierung ohne Volk

Warum unser politisches System
nicht mehr funktioniert

ROWOHLT · BERLIN

1. Auflage Mai 2017
Copyright © 2017 by Rowohlt · Berlin Verlag GmbH, Berlin
Innentypografie Daniel Sauthoff
Satz Lyon Text PostScript (InDesign) bei
Pinkuin Satz und Datentechnik, Berlin
Druck und Bindung CPI books GmbH, Leck, Germany
ISBN 978 3 87134 183 0

Inhalt

1. Die Ohnmacht der anderen

Jeder Aufstand der Indianer, den
ich erlebt habe, war das Resultat
gebrochener Versprechen und
Verträge der Regierung.

BUFFALO BILL

Sie wollen neue Mauern bauen, sie lehnen das Fremde ab und sehnen sich nach der heilen Welt der fünfziger Jahre. Überall im Westen sind die Populisten auf dem Vormarsch. Auch in Deutschland – aber warum nur? Hier stehen wir vor dem seltsamsten Paradox der neuesten deutschen Geschichte: Nie ging es den Menschen so gut wie heute, nie waren mehr von ihnen erwerbstätig, nie war der allgemeine Wohlstand so groß. Nie war eine deutsche Politikerin im Ausland so angesehen und geachtet wie Angela Merkel. Und doch gelingt es nicht mehr, diese Erfolge zu einem politischen Guthaben im eigenen Land umzumünzen. Vertrauen ist in Misstrauen umgeschlagen, Zufriedenheit in Verdruss. Die Regierung und die Wähler – sie verstehen sich nicht mehr.

In dem Augenblick, in dem Bundeskanzlerin Angela Merkel unerschrocken einen eigenen politischen Akzent gesetzt hat, sind alle Schäden am Gebäude der deutschen Demokratie schlagartig sichtbar geworden. Die Flüchtlingsentscheidung vom August 2015 hat die Legitimationskrise der Regierungschefin offenbart. Sie hat allein verfügt, syrische Flüchtlinge ohne weitere Kontrolle ins Land zu lassen.

Sie hat so gehandelt, weil sie allein entscheiden konnte. In drei Legislaturperioden hat sie sich diesen eigenen Entscheidungsspielraum geschaffen. Sie hat das Parlament immer öfter außen vor gelassen. Beim Atomausstieg, in der Finanz- und Staatsschuldenkrise und zuletzt in der Flüchtlingsfrage hat sie die Abgeordneten wie dumme Jungs stehen lassen. Die Große Koalition ersparte es ihr, um Mehrheiten im Parlament werben zu müssen. So hat sie die eigene politische Handlungsfähigkeit ausgebaut. Doch die Demokratie hat sie damit beschädigt.

Alle Charakteristika des modernen Staates – Souveränität, Staatsgebiet, Staatsvolk und Staatsgewalt – scheinen nun zur Disposition zu stehen, ohne dass ein neues zustimmungsfähiges Modell einer modernen Demokratie in Sicht ist.[1]

Die Wähler üben ihren Einfluss nur durch die von ihnen gewählten Abgeordneten aus. Werden die entmündigt, wird auch der Souverän entmachtet. Die Regierung tritt an die Stelle des Parlaments. Zuerst vergisst sie das Volk. Dann verliert sie es.

Darüber hat es keinen großen Krach gegeben. Es war kein offener Kampf um die Fundamente einer demokratischen Gesellschaft. Es war eher so, wie ein Reisender seine Tasche versehentlich im Zugrestaurant stehen lässt. Der Verlust wird erst bemerkt, wenn der Schaffner den Fahrschein sehen will.

Wie in vielen anderen Demokratien haben sich auch in Deutschland die Gewichte verschoben. Zuerst unbemerkt, dann immer dramatischer. Die Regierung – die Exekutive – hat an Macht und Einfluss gewonnen. Das Parlament – die Legislative – hat verloren. Dieser Befund klingt erst einmal nur nach einem Proseminar in Politikwissenschaften. Doch in Wirklichkeit ist er für das ganze Volk entscheidend. Viele Bürger fühlen sich durch die gewählten politischen Vertreter nicht mehr repräsentiert. Sie stemmen sich gegen die politische Klasse. Sie misstrauen dem Establishment und wählen es schließlich ab. Sie verachten die etablierten Politiker und entscheiden sich für neue Gesichter. Sie unterstellen Experten und Beratern, käuflich zu sein. Sie hassen Unternehmer und Manager. Sie werfen den Journalisten falsche Berichterstattung vor. Das ganze System ist ihnen verdächtig.[2]

Es nutze nur den Insidern und schade den Außenstehenden, lautet der Vorwurf. Unter dem Deckmantel von Volkssouveränität und repräsentativer Demokratie habe sich eine Klasse eingerichtet, die alles andere als demokratisch gesinnt sei: Sie beschütze nur sich selbst und ihr Herrschaftswissen und schotte sich gegen die Ärmeren, weniger Gebildeten und gegen die weniger Gewandten ab. Sie pflege eine gemeinsame Sprache, die für den normalen Bürger nicht mehr verständlich sei. Sie beute das gesellschaftliche System aus und habe das Gemeinwohl aus den Augen verloren. Deshalb gehöre sie davongejagt.[3]

Eine Konsequenz aus diesen Vorurteilen ist die Repolitisierung der Öffentlichkeit. Nach Jahren zurückgehender Wahlbeteiligung und wachsenden Desinteresses an der Politik scheint sich nun ein Wandel anzubahnen. Seit mit der AfD eine politische Alternative für die Frustrierten aufgetaucht ist, aber auch seit auf der Gegenseite mit dem Kanzlerkandidaten der SPD, Martin Schulz, ein unerwartetes Gesicht die Politik belebt, steigen sowohl das Interesse an Politik als auch die Wahlbeteiligung.[4]

Im Januar 2017 hielten zwei Präsidenten Reden, die aus unterschiedlichen Gründen als bedeutend gelten können. Die erste war die Abschiedsrede des deutschen Bundespräsidenten Joachim Gauck. Gauck zeichnete zunächst das Bild eines starken, selbstbewussten und energischen Landes und nannte es «das beste, das demokratischste Deutschland, das wir jemals hatten». Anschließend aber diagnostizierte der erste Mann im Staat einen dramatischen Einbruch der politischen Steuerungsfähigkeit. «Wir erleben vielfältige Bemühungen, die Kontrolle zu behalten oder wiederzugewinnen.» Am Ende seiner Rede konnte es keinen Zweifel mehr geben. Der Altbundespräsident ist nicht nur wegen der politischen Lage in der Welt und in Europa sehr besorgt. Er ist auch nicht sicher, ob die deutsche Demokratie den Herausforderungen standhalten wird.[5]

Die zweite wichtige Rede war die Antrittsrede des US-Präsidenten Donald Trump. Er gab eine verstörende Antwort auf die Sorgen um die Zukunft des Westens. Der amerikanische Präsident versprach den Bürgern zwar, ihnen die Kontrolle über die Politik zurückzugeben. Doch er sprach nur einen Teil der amerikanischen Bürger an. Mit ihm seien nun diejenigen an die Macht gekommen, die bislang vom Establishment verachtet, vom Parlament nicht repräsentiert und von der gebildeten Mittelschicht der Großstädte belächelt worden seien.[6] Trump versteht sich nicht mehr als Hüter der Interessen aller Amerikaner. Er präsentiert sich als Revolutionär, der mit den Entrechteten auf die Barrikaden geht. Er nimmt die weitere Spaltung der Gesellschaft nicht nur in Kauf, er treibt sie an: «Heute entreißen wir Washington die Macht und geben sie zurück an euch, das Volk.»

Trump wies den Weg, der den westlichen Demokratien bevorsteht, wenn es ihnen nicht gelingt, ihre politischen Systeme zu stabilisieren und die Zustimmung ihrer Bürger zurückzugewinnen. Es ist die Entwicklung der repräsentativen Demokratie zur Autokratie, zu einem politischen Ein-Mann-Betrieb. Ein Dauerplebiszit diktiert die politischen Entscheidungen. Stimmungen beeinflussen die Politik stärker als Überzeugungen, Spontaneität ersetzt die großen Visionen.

Der deutsche Präsident hatte in seiner Rede gemahnt, die Politik sei kein Versandhaus, das jedem Konsumenten genau die politischen Ergebnisse liefern werde, die er erwarte. Der amerikanische eröffnete genau diesen politischen Supermarkt.

Europa und der Westen stehen an einem Wendepunkt ihrer Geschichte. Die heilige Allianz von Demokratie, Wohlstand und Globalisierung ist zerbrechlich geworden. «Disruption», der radikale Bruch mit dem Gewohnten, ist nicht nur das Schlüsselwort für die Digitalisierung der Welt. Es scheint auch der Begriff zu werden, der die radikalen Veränderungen der demokratischen Gesellschaften beschreibt.

Würde jemand versuchen, die politische Verfassung der westlichen Welt auf einen Begriff zu bringen, käme das Wort «Kontrollverlust» heraus. Die Staaten des Westens haben die Kontrolle verloren: Sie, die einstmals Mächtigen, stehen ratlos vor der zerfallenden Weltordnung, die sie selbst geschaffen haben – und die sie nun kaum noch stabilisieren können. Sie blicken hilflos auf die abtrünnigen Verbündeten in England. Sie schütteln entgeistert den Kopf über die gewählten neuen Anführer in Partnerländern wie den USA. Sie sind entsetzt über den wachsenden Egoismus der Nationalstaaten und über die zunehmende Polarisierung im Inneren dieser Länder. Und: Sie machen sich immer noch Illusionen über den Zustand ihres eigenen Landes.

Der Zusammenhalt in den westlichen Gesellschaften wird unterdessen immer schwächer. Der Konsens darüber, bei allen Schwächen des demokratischen Systems doch in der besten aller Welten zu leben, zerbricht. Auch in Deutschland suchen die Bürger Halt und erleben einen haltlosen Staat. Sie wünschen sich Orientierung und bekommen ein Diskursangebot. Sie erwarten ein funktionierendes Gemeinwesen und sollen mit Bürokratie vorliebnehmen. Sie möchten ihre Stimme in der Demokratie repräsentiert sehen und fühlen sich nicht mehr gehört.

Digitalisierung und Globalisierung wirken als gewaltige Kräfte nicht nur auf die Unternehmen und das Arbeitsleben des Einzelnen. Sie bringen auch die scheinbar unverrückbaren Gewissheiten der demokratischen Gesellschaften ins Wanken. Sie zerrütten das demokratische Fundament der westlichen Welt, sprengen ihre Ordnung und lassen die Staaten wie die Einzelnen mit ihren Ohnmachtserfahrungen zurück. Es ist also nicht überraschend, dass sich die Wähler in dieser Lage von den alten Parteien und den gewohnten Gesichtern abwenden.

Die Behauptung, kein Politiker zu sein, ist international zum erfolgreichsten Wahlslogan geworden. Donald Trump ist mit diesem Versprechen in das Weiße Haus eingezogen. Der britische Europa-Gegner Nigel Farage präsentierte sich im Kampf für den Brexit überzeugend als Anti-Establishment –

obwohl er selbst natürlich dazugehört und seit seiner Schulzeit parteipolitisch aktiv ist.

Dabei steht Deutschland in all diesem Chaos eigentlich noch gut da. Hier scheinen sich die beschriebenen Entwicklungen langsamer zu vollziehen als in vielen anderen hochentwickelten Industrieländern. Populisten bekommen zwar viel Zustimmung, aber sie haben (noch?) kein Gesicht, hinter dem sich die ganze Bewegung versammeln könnte. Die Verdrossenheit wächst, doch der allgemeine Wohlstand tut es eben auch noch. Dennoch wirken auch hier dieselben Kräfte wie in den anderen Gesellschaften des Westens: Seit den neunziger Jahren des vergangenen Jahrhunderts ist die gesellschaftliche Aufwärtsdynamik der Nachkriegszeit zum Erliegen gekommen. Die Hoffnung von Eltern, dass ihre Kinder es einmal besser haben werden als sie selbst, macht vor allem in der Mittelschicht Zukunftsängsten und Resignation Platz. Sozialer Aufstieg ist keine allgemeine Hoffnung mehr, sondern die Ausnahme. Der Abstieg scheint vielen wahrscheinlicher zu sein als der Statuserhalt. Nachbarschaften und Schulen entmischen sich.[7] Das Wirtschaftswachstum ist zu schwach, um die alten Versprechen wieder zum Leben zu erwecken. Für Deutschland kommt hinzu: Mit der Wiedervereinigung wurde die Freiheit Ostdeutschlands gewonnen, gleichzeitig aber wurden auch die Qualifikationen, Ambitionen und Lebenserwartungen eines ganzen Landesteils abgewertet. Die Enttäuschung darüber wirkt bis heute nicht nur in der Gesellschaft und äußert sich in einer skeptischeren Einstellung zu den demokratischen Verfahren.

Längst hat sich die Skepsis zu einem Grundmisstrauen gegen den Staat verdichtet. Der Zerfall der Öffentlichkeit in viele Teilöffentlichkeiten verstärkt den Verdruss derjenigen, die ohnehin schon verdrossen sind. In den sozialen Medien können sie ihren Generalverdacht gegen das politische System täglich neu aufladen. Eine «Publikumsdemokratie» entsteht, die keine Vermittler mehr akzeptiert. Das Volk selbst soll sprechen dürfen.[8] Wer will, bekommt nur noch die Meinungen und Einstellungen gespiegelt, die sein Leben allmählich verdüstern.

Viele Bürger beklagen, dass die politischen Mechanismen, die mit der Finanzkrise auf den Plan getreten sind, immer noch fortwirken. Die Schwachen müssten für die Starken bezahlen, der Staat nutze denen, denen es ohnehin schon gut geht. Von dem Wirtschaftswachstum der vergangenen Jahre hätten die Armen dagegen nichts gehabt, im Gegenteil. Die Schere zwischen Arm und Reich gehe weiter auseinander. Nun drohe auch noch die Mittelschicht in den Sog zu geraten. Sieht so eine gute Demokratie aus, die dem Gemeinwohl dient? Müssen gute Politiker eine solche Entwicklung nicht verhindern?

Auch wenn es für viele dieser Ansichten keinen Grund gibt: Sie haben sich längst zu einer Art neuer Gewissheit verdichtet, die die Realität färbt, beeinflusst und andere Wahrnehmungen verblassen lässt. Der Soziologe Heinz Bude stellt fest, dass sich die Stimmung im Land nachhaltig verändert hat: Das prägende und vereinigende Versprechen der Wirtschaftswunderjahre («Wohlstand für alle») verschwindet, das Selbstbewusstsein der Mittelschicht erodiert. Das neue Momentum ist ein altbekanntes: «Ihr da oben – wir hier unten» heißt es nun wieder.

Bewusst wurde das allen in der Flüchtlingskrise. Als

Deutschland im Sommer 2015 mit einer wachsenden und im Laufe des Herbstes nicht mehr beherrschbaren Zahl von Flüchtlingen konfrontiert war, spaltete sich das Land in zwei Lager. Die einen begrüßten die Flüchtlinge, nahmen sie auf, engagierten sich ehrenamtlich. Die anderen lehnten sie ab. Die abgehobene Elite gebe sich nicht mehr damit zufrieden, den großen Teil des Reichtums für sich zu behalten. Nun zwinge sie auch noch den Rest der Gesellschaft in eine Willkommenskultur, die dem Land schade und unkalkulierbare Gefahren mit sich bringe. Sie gestehe den Neuankömmlingen deutlich mehr staatliche Leistungen zu als den Bedürftigen des eigenen Landes. Das politisch-journalistische Komplott habe alle Konflikte und Bedenken unter den Teppich gekehrt und den Verdacht von Neonazitum und Fremdenhass über alle verhängt, die sich dem Mainstream widersetzten. Damit ist die Flüchtlingskrise zur Bruchstelle für die Konsensgesellschaft geworden.

Deshalb betrachten viele Deutsche heute den politischen Alltagstrott in der Hauptstadt, in den Regionalparlamenten, in den Städten und Gemeinden argwöhnisch. Sie wenden sich von den Politikern ab. Das Misstrauen metastasiert in die Kernbereiche der Demokratie. Es sind Zeichen des Verfalls einer politischen Verfassung, die sich in der Nachkriegszeit herausgebildet hat und die bis zur Jahrtausendwende bemerkenswert stabil war.

Wer trägt die Schuld? Es sind viele Faktoren, die unheilvoll zusammenspielen und sich gegenseitig verstärken. Sie werden in diesem Buch geschildert. Die Kanzlerin spielt eine Haupt-, das Parlament eine Nebenrolle. Angela Merkel hat in der Flüchtlings- wie zuvor in der Finanz- und Staatsschulden-krise «durchregiert». In den dramatischen Jahren nach dem Konkurs der Investmentbank Lehman Brothers am 15. September 2008 hat nicht nur sie sich angewöhnt, die großen Fragen Europas ohne das Parlament zu entscheiden. Auch andere Regierungschefs taten das. Zuerst war es nötig, dann war es unkomplizierter. Denn die Realität entwickelte sich schneller als das politische System. Sie verlangte Entschei-dungen, für die es keine eingeübten Verfahren oder Institu-tionen gab. Sie diktierte einen Takt, mit dem die üblichen Verfahren parlamentarischer Debatten und Entscheidungs-findung nicht Schritt halten können. Für Verfassungsdebatten blieb keine Zeit, schlimmer noch: Es fehlte auch der Mut. Das Alleinregieren und Problemlösen ersparte den Regierungs-chefs außerdem viele ätzende Auseinandersetzungen, die sie sonst mit widerspenstigen Volksvertretern hätten führen müssen. Sie erkannten nicht, dass diese Widerspenstigkeit für das sperrige, spröde und anstrengende Gespräch mit dem Souverän steht, ohne das eine Demokratie nicht auskommt.

«Europa kommt nur in seinen Krisen voran» – diesen Satz des Europa-Gründungsvaters Jean Monnet verinnerlichte vor allem die deutsche Regierung. Sie ließ diese Erkenntnis zum Drehmoment auch der deutschen Politikagenda werden.

Die Lösungen, die Bundeskanzlerin Angela Merkel und ihre Bundesfinanzminister Peer Steinbrück und Wolfgang Schäuble in langen Nachtsitzungen in Brüssel verhandel-ten, durften im Deutschen Bundestag nicht mehr verändert, verbessert oder gar abgelehnt werden. Die Abgeordneten gehorchten. Sie stimmten zu. Sie sagten auch dann noch ja, als sie längst dagegen waren. Sie sagten ja, als die eurokritische Alternative für Deutschland begann, in ihren Wahlkreisen Plakate zu kleben. Sie sagten ja, und sie meinten nein.

Der Erfolg sprach für das System Merkel: Die deutsche Wirtschaft erholte sich schnell, das Wirtschaftswachstum kehrte zurück, die Löhne stiegen ordentlich, die Renten erhöhten sich schneller als alle Jahre zuvor.

Für die Volksvertreter und für die repräsentative Demokratie aber ging die Sache nicht so gut aus. Sie wurden zu «Hilfstruppen des Exekutivbetriebs» degradiert und zogen sich murrend in die zermürbende Kleinarbeit der politischen Ausschüsse und Gremien zurück.[9] Als die Krise bewältigt war, blieben beide Seiten bei dieser Arbeitsteilung. Für die Politiker mag das funktionieren. Das Leben wird bequemer. Doch für die Wähler funktioniert es nicht. Ihr ohnehin schwacher Einfluss auf die Politik wird dadurch weiter beschnitten.

Nicht nur die Regierung greift die Macht der Abgeordneten an. Immer größere Bereiche der Politik werden an neugeschaffene Ämter und Behörden übertragen. Ob die Energiewende, die Suche nach einem Atommüll-Endlager oder der Umgang mit Flüchtlingen: Am Ende entscheiden nicht mehr die Parlamentarier, wie mit den komplizierten aktuellen Problemen verfahren wird. Behördenchefs tun es. Damit wird ein immer größerer Teil des öffentlichen Lebens der Mitsprache und Mitentscheidung der Abgeordneten entzogen. Begründet wird dies damit, dass man schwierige und kontroverse Themen lieber Experten und neutralen Beamten überlassen sollte. Eher als Politiker seien sie in der Lage, unparteiische Lösungen zu finden, die dem Gemeinwohl am besten dienten.

Das offenbart ein neues Politikverständnis: Konflikt-

trächtige Themen werden aus dem politischen Scheinwerfer-
licht ins politische Hinterzimmer oder in eine Behörde verschoben. Dort dagegen, wo sie hingehören, werden sie nicht
mehr verhandelt. Zu heftiger Streit schade der Akzeptanz der
politischen Arbeit bei den Bürgern, lautet das Argument der
Politiker. Das Gegenteil ist der Fall: Wenn die wichtigen Themen aus der Politik verbannt werden, läuft die Demokratie
leer.

Nicht nur das. Am Beispiel des Bundesamtes für Migration und Flüchtlinge wurde deutlich, dass der vermeintliche
Königsweg nicht funktioniert. Behörden unterscheiden sich
grundlegend von politischen Entscheidungsgremien, wes-
wegen sie diese nicht ersetzen können. Sie definieren ihren
Auftrag nicht selbst, sie erfüllen ihn. Je stärker sie politisch
aufgeladen werden, desto höher wird das Risiko des Amts-
versagens. Je mehr politische Beamte in ihnen regieren, desto
unzuverlässiger werden die Ergebnisse ihrer Arbeit.

Denn dass die alten und neuen Beamtenapparate der
Bundes- und der Landesregierungen funktionieren und ihre
wechselnden Aufträge tatsächlich erfüllen können, ist längst
keine Gewissheit mehr. Das katastrophale Bürokratiever-
sagen der Berliner Bürgerämter und Flüchtlingsbehörden
ist zum Sinnbild des neuen Zweifels geworden: Ausgerechnet da, wo der Bürger dem Staat täglich begegnet – in seiner
Stadt oder seiner Gemeinde –, macht er oft die schlechtesten
Erfahrungen mit ihm. Die jahrzehntelange Vernachlässigung
der Verwaltungen rächt sich: Statt für den Bürger arbeiten
Bürokratien hauptsächlich für sich selbst.

Die Behörden könnten dafür sorgen, dass das Vertrauen
der Wähler in den Staat wieder wächst. Zuverlässige Verwal-

tungen, unparteiische Experten, eine straff organisierte und öffentlich präsente Polizei würden das Bedürfnis der Wähler nach Ordnung und Sicherheit erfüllen. Sie würden Probleme lösen, anstatt neue zu schaffen. Doch die wenigsten erfüllen diesen Auftrag. Nach einem Besuch in einem Berliner Bürgeramt wünscht sich der Einwohner nichts sehnlicher, als seinem Staat vorerst nicht mehr begegnen zu müssen.

So wird die Legitimationskette zwischen der Politik und dem Wähler schwächer und schwächer. Andere Akteure bedienen sich und dehnen ihren Einfluss aus. Nichtregierungsorganisationen zum Beispiel bestimmen die politische Agenda stärker denn je. Sie prägen die Sprache der Politik, die von Bürgern außerhalb des politischen Betriebs nicht mehr verstanden wird. Sie setzen den Rahmen, in dem sich Politiker gegenüber der Öffentlichkeit rechtfertigen müssen. Die meisten von ihnen erfreuen sich großer Zustimmung der politisch aktiven Bürger. Doch demokratisch legitimiert sind sie deshalb noch lange nicht. Sie verstärken tendenziell den Einfluss der im politischen Leben ohnehin Aktiven zu Lasten der Bürger, die von ihrer Stimme keinen Gebrauch machen.

In die gleiche Richtung wirken Überlegungen, das System durch mehr direkte Demokratie zu stärken. Die Forderung nach mehr Partizipation für den Bürger ist im Augenblick in allen politischen Lagern sehr populär. Townhall-Meetings, öffentliche Debatten, Bürgerhaushalte und breit angelegte Beratungsprozesse sollen die Wähler motivieren, sich freudig und aktiv zum Demokratiediskurs zurückzumelden. Denn auch die Politiker merken, wie die Zustimmung zu ihrer Arbeit sinkt, wie immer mehr Bürgerinitiativen politische Vorhaben verzögern oder zunichtemachen.

Eine Direktwahl beispielsweise des Bundespräsidenten könnte die Bürger wieder für die Politik gewinnen, meinen die Grünen. In der CDU würden viele Landespolitiker gern ihre Gesetze durch zusätzliche Referenden legitimieren lassen. Die SPD fragt ihre Mitglieder sogar bundesweit, ob sie in eine Regierungskoalition eintreten soll. Die AfD schließlich würde am liebsten Volksentscheide auf Bundesebene einführen, um die Abgeordneten dauerhaft kontrollieren und korrigieren zu können. Selbst Verfassungsrichter wie der frühere saarländische Ministerpräsident Peter Müller können direkten Demokratieelementen auf Bundesebene neuerdings viel abgewinnen.

Die Sache hat nur einen bedauerlichen Haken: Dieses zusätzliche Element der Demokratie würde zwar zu mehr Entscheidungen führen. Es würde die Wähler öfter um ihre Meinung fragen. Aber es würde diese Entscheidungen wahrscheinlich nicht auf eine breitere demokratische Basis stellen. Denn die Teilnahme an Volksentscheiden ist in den meisten Fällen sozial noch selektiver als Bundestags- oder Landtagswahlen. An Volksabstimmungen nehmen dieselben Leute teil, die auch sonst regelmäßig zur Bundestagswahl gehen. An der Ohnmacht der anderen – zum Beispiel der rund dreißig Prozent Nichtwähler auf Bundesebene – ändern auch Direktwahlen nichts.

Die Anhänger der direkten Demokratie verkennen, dass die meisten Bürger über die Wahlen hinaus gar nicht aktiv werden wollen. Maximal zwei Prozent der Wahlberechtigten übernehmen in demokratischen Gemeinwesen tatsächlich eine aktive politische Rolle.[10] Den meisten anderen reichen die Mitsprachemöglichkeiten, die sie haben. Sie erwarten, dass sie in der Politik repräsentiert werden, ohne dass sie zusätzliche Aufgaben übernehmen. Diese Haltung muss die Politik wieder ernst nehmen. Sie muss ihre Bürger so akzeptieren lernen, wie sie sind. Statt eiliger Reparaturmaßnahmen wäre es richtig, das Funktionieren der Wahlen und der Parlamente wiederherzustellen. Sonst wird nur die existierende politische Klasse durch neue Verfahren weiter gestärkt. Die direkte Demokratie soll politische Entscheidungen breiter legitimieren. Dieses Ziel erreicht sie meistens nicht. Denn auch da, wo sie ein starkes Votum bekommt, wird die Abstimmung über die Sache oft von Augenblicksstimmungen und spontanen Regungen überlagert. Der Brexit hat seine Schockwirkung auch bei den Freunden der Volksinitiativen auf dem Kontinent nicht verfehlt. Nicht die Frage nach Bleiben oder Gehen stand im Zentrum der öffentlichen Auseinandersetzung vor der Abstimmung am 23. Juni 2016. Es ging um alles: «Wir haben gegen die Multis gekämpft, gegen Big Business, gegen die große Politik, gegen Lügen und Korruption», triumphierte der Anführer der Leave-Fraktion, Nigel Farage, nach dem Referendum. Den Gegnern Europas war es gelungen, das Ja oder Nein zu Europa mit den offenen Fragen der westlichen Gesellschaften aufzuladen. Komplizierte Entscheidungen auf ein Referendum mit einem einfachen Ja oder Nein zu reduzieren ist riskant. Zu riskant, um Entscheidungen großer Tragweite von Augenblicksstimmungen abhängig zu machen.

Zumal sich immer öfter die Frage stellt, wer denn das Wahlvolk sein soll, das solche Referenden abhält. Spätestens in der Finanz- und in der Flüchtlingskrise wurde auch dem letzten Wähler klar, dass viele Entscheidungen inzwischen gar nicht mehr national getroffen werden (können), sondern von internationalen Abkommen und Institutionen geregelt werden. Argwöhnisch sehen Wähler wie Abgeordnete, dass ihr Einflussgebiet bei weitem nicht an das ihrer Regierungen heranreicht. Während die Staats- und Regierungschefs Griechenlandhilfen und Bankenrettung auf übernationaler Ebene beschließen, bleiben das Parlament und die Bürger auf ihren nationalen Rahmen beschränkt. Einmal vereinbart, erscheinen internationale Verträge und Mitgliedschaften unverrückbar durch den Willen des nationalen Souveräns. Das Parlament hat nur noch die Wahl zwischen Drinnen und Draußen. Der Staat zerfasert, wird vom «Herrschaftsmonopolisten zum Herrschaftsmanager».[11]

Vor allem die Wirtschafts- und Finanzpolitik leiden darunter. Die Welt verändert sich in einem immer höheren Tempo, die politischen Systeme aber bleiben so, wie sie unter völlig anderen Voraussetzungen beschlossen worden sind.

Davon profitieren nicht nur die Regierungen. Auch die großen Unternehmen und den Banken dehnen ihren Einfluss wieder aus. Nach der Finanzkrise hatten zwar alle Politiker versprochen, dass die Banken nun aber wirklich kontrolliert und den Gesetzen der Länder unterworfen würden, in denen sie aktiv sind. Das ist ihnen aber nur für einen Teil der Unternehmen gelungen.

Bei den anderen haben sich die Machtverhältnisse umgekehrt. Große international aktive Unternehmen entscheiden heute selbst, wo sie ihre Steuern bezahlen. Wer ihnen ein gutes Angebot macht, bekommt den Zuschlag. Firmen wie McDonald's oder Apple stellen sich neben die Demokratien des Westens. Sie entscheiden, welches Recht sie anwenden, welche Regeln sie akzeptieren und welche Sonderbehandlungen sie verlangen.

Dieses Verhalten schadet den hochentwickelten Gesellschaften, deren Leistungen die Unternehmen gerne in Anspruch nehmen. Sie beschäftigen Absolventen, für deren Schulbildung sie nicht zahlen wollen. Sie nutzen Straßen, Schienen und Wasserwege, zu deren Erhalt sie nicht beitragen. Sie pochen auf Rechtssicherheit und Vertragstreue, doch ihre Pflichten als Bürger des Gemeinwesens erfüllen sie allenfalls widerwillig. Sie verlassen sich auf die Forschung und den Fortschritt der Wissenschaft, investieren selbst aber lieber nicht mehr in die Grundlagenforschung. Damit untergraben sie den Glauben der Bürger, dass vor dem Gesetz alle gleich sind. Sie brechen mit dem Grundsatz, dass die Stärkeren mehr zum Funktionieren des Gemeinwesens beitragen sollen als die Schwachen. So schaden sie der Demokratie und zerstören deren Legitimation.

Der amerikanische Soziologe Colin Crouch macht für den Machtverlust der demokratischen Institutionen den Neoliberalismus und die Deregulierung der achtziger und neunziger Jahre des vergangenen Jahrhunderts verantwortlich.[12] Doch es sind nicht die Unternehmen, die die Demokratie zerstören. Sie nutzen die Schwäche der politischen Systeme und spielen sie aus. Die Regierungen selbst treiben diese Entwicklung voran.

Der Weg aus dieser Legitimationskrise beginnt nicht oben. Er muss da angefangen werden, wo der Bürger lebt: in den Städten und Gemeinden. «In der Stadt hat der moderne Staat seinen Anfang genommen», schreibt Wolfgang Nowak. Hier wird er sich auch zuerst erneuern und legitimieren müssen.[13] Wer es ernst meint mit dem Versuch, die Wähler wieder dauerhaft für die Politik zu gewinnen, muss den Städten, Gemeinden und Regionen mehr Bedeutung zugestehen.

Bürgermeister, Stadtverwaltungen, Schulen und die Müllabfuhr sind wichtiger für das demokratische Gefüge einer Gesellschaft, als es auf den ersten Blick scheint. Funktionieren sie gut, nimmt der Bürger das meist nur als freundliches Grundrauschen einer gut geölten Gemeinwesenmaschine wahr. Funktionieren sie aber dauerhaft nicht, wird er zum Bittsteller gemacht. In seiner unmittelbaren Umgebung erfährt er dann, dass Sicherheit, Bildung, Mitsprache oder auch nur ein aufgeräumter öffentlicher Raum Wohltaten sind, die ihm die Gemeinde bei Gelegenheit gewährt. Anspruch darauf hat er aber nicht. In solchen Gemeinwesen werden die Bewohner zuerst gleichgültig. Dann reagieren sie mit Ablehnung, Verachtung und Zorn. Die Probleme der Müllabfuhr oder der Zustand der Schultoiletten, die Überforderung der Bürgerämter oder der Polizei in einer rheinischen Silvesternacht werden ihnen zum Symbol für das Versagen der Demokratie.

Der Kontrollverlust auf dieser Ebene ist nur zu verstehen, wenn man sie zusammen mit der Abwertung der Kommunalpolitik in den vergangenen Jahrzehnten begreift. Wer etwas gelten will in der Politik, bewirbt sich tunlichst nicht um ein Bürgermeisteramt. Ein Sitz im Landtag oder sogar im Bundestag gilt als Mindestvoraussetzung für eine schöne politische Karriere. Ausnahmen wie Martin Schulz bestätigen die Regel. Ein Blick in andere Länder sollte die deutschen Nachwuchshoffnungen der Politik eines Besseren belehren. In den USA oder in England, vor allem aber in den schnell wachsenden Metropolen Asiens oder Lateinamerikas sind gute Bürgermeister die Stars. Wer es schafft, die Stadt zu einem Platz von Kreativität und Wachstum, Hoffnung und Aufstieg, aber auch von Ordnung und Sicherheit zu machen, tut mehr für die Demokratie als ein stellvertretender Fraktionsvorsitzender im nationalen Parlament.

Die jüngsten Entwicklungen der deutschen Demokratie sollen in diesem Buch skizziert werden. Nicht alle Probleme werden genannt, nicht alle Themen ausführlich behandelt. Das Buch ist eine Momentaufnahme, mit allen Stärken und Schwächen eines solchen Vorgehens. Es enthält keine politische Botschaft zugunsten einer Partei oder einer Person. Es wird gezeigt, wie sich das demokratische System dieses Landes in den vergangenen Jahren verändert hat – und was sich ändern muss, damit sich die Legitimationskrise nicht zu einer Staatskrise auswächst. Nicht nur die USA und England, Griechenland und Italien haben ein Problem. Deutschland hat auch eines. Die gute Nachricht ist: Noch bleibt Zeit zum Umsteuern. Aber die Zeit läuft.

2. Angela Merkel und die drei Todsünden der Demokratie

> Das Volk hat das Vertrauen der Regierung verscherzt. Wäre es da nicht doch einfacher, die Regierung löste das Volk auf und wählte ein anderes?
>
> BERT BRECHT

Mehr Ansehen war nie: Die deutsche Bundeskanzlerin soll den Friedensnobelpreis bekommen? Warum eigentlich nicht! Angela Merkel als zukünftige UN-Generalsekretärin? Das wäre doch mal eine gute Nachricht für die Welt. Die ostdeutsche Pfarrerstochter als Vorbild, zum Beispiel für die britische Spitzenpolitikerin Theresa May oder die chilenische Präsidentin Michelle Bachelet?

Wenn man mächtig in der Welt werden will, dann kann man sich bei Angela Merkel einiges abgucken. Selbst der britische *Economist* fand, dass Deutschland mehr Einfluss und Verantwortung in der Welt übernehmen solle – und meinte eigentlich: Angela Merkel soll mehr Einfluss und Verantwortung übernehmen. Das war im Sommer 2015. Die deutsche Kanzlerin stand für alle Tugenden des Landes und der Politik: So wünschten sich viele einen Spitzenpolitiker. Sie war auf dem Höhepunkt ihrer Macht und ihres Ansehens.

Wenige Wochen später der Absturz: Als die Kanzlerin im September die Grenzen für Flüchtlinge aus Syrien – und damit aus allen anderen Ländern – nicht schloss, verlor sie zuerst nur die Kontrolle über die deutschen Außengrenzen. Dann verlor sie das Volk. Dann die Zustimmung Europas. Dann das Wohlwollen der Welt.

Es war, als habe jemand urplötzlich einen Scheinwerfer auf die adrette, moderne deutsche Regierungsstube gerichtet: Staubmäuse wurden sichtbar, wo man poliertes Parkett gesehen hatte. Küchenschaben huschten eilig in die Lücke hinter dem Schrank, die im Sommer noch nicht sichtbar gewesen war. Abgeschabte Fußleisten, übervolle Mülleimer, Weinflecken auf dem Teppich – alle Abnutzungserscheinungen der zehnjährigen Regierungszeit wurden auf einmal schonungslos ausgeleuchtet. Alle Schwächen und Unfertigkeiten der Regierungszeit Angela Merkels zeigten sich in grellem Licht. So überschwänglich das Lob gewesen war, so unbarmherzig war nun die Kritik.

Dabei gilt: Uneitel, fleißig, beharrlich – so hat Angela Merkel regiert, gearbeitet und ihrem Land gedient. Als erste Frau auf diesem Posten hat sie die Gleichstellung von Frauen gefördert, als erste Ostdeutsche an der Spitze der Bundesregierung hat sie dem Selbstbewusstsein der Politiker der neuen Bundesländer aufgeholfen. Energisch, zielstrebig und erfolgreich hat sie Deutschland durch die vielen Krisen des 21. Jahrhunderts gesteuert. Sie hat das Land verändert. Deutschland hat die Finanzkrise bestens überstanden und in der darauffolgenden Krise Europas eine starke Figur gemacht. Die Atomkraftwerke wurden erst wieder an-, nach dem Atomunfall in Fukushima dann endgültig abgeschaltet. Die Wehrpflicht wurde abgeschafft, die Frauenquote eingeführt, die Rente mit 67 beschlossen, die Altersversorgung von Müttern und Arbeitern aufgestockt. Die Kanzlerin hat mehr reformiert, umstrukturiert, neu begründet, als ihr pragmatischer Stil es auf den ersten Blick erwarten lassen würde.

Den Bürgern des Landes geht es nach zwölf Jahren Kanzlerschaft Merkels besser denn je. Das Wirtschaftswachstum ist ordentlich, die Sozialkassen erwirtschaften Überschüsse, die Arbeitslosigkeit ist niedriger als in den vergangenen zwanzig Jahren. Die global wachsende Ungleichheit wird in Deutschland vergleichsweise gut bewältigt. Selbst die Pisa-Ergebnisse deutscher Schüler haben sich verbessert. Das persönliche Lebensglück bewegt sich ebenfalls auf historischem Höchststand, verkündete die Deutsche Post, die den Deutschen einmal im Jahr im sogenannten Glücksatlas ins Gemüt schaut. Und die Bundesregierung wird nicht müde, das Glück der Deutschen zu preisen: So zufrieden, so wohlhabend, so bei sich selbst sei das Land noch nie gewesen, attestiert der Glücksbericht (im Auftrag der Bundesregierung) im Oktober 2016.

Und doch gibt es eine hässliche Kehrseite dieser Erfolgsgeschichte. Deutschland ist nicht ein Land des allgemein empfundenen Wohlstands, der Zufriedenheit und der Reformbegeisterung geworden, sondern eines der Zukunftsangst, der Verdrossenheit und der Verrohung. Es ist ein Land, das nach dem Terroranschlag auf dem Weihnachtsmarkt in Berlin verunsichert und verängstigt ist. Es ist ein Land, das die Flüchtlingskrise exemplarisch nutzt, um der Kanzlerin das Misstrauen auszusprechen. Denn Angela Merkel hat sich an der schönsten Utopie Deutschlands versündigt: Sie hat den Status quo in Frage gestellt.

Die Deutschen haben Angst. Sie wollen keine Veränderung, und doch sehen sie, dass sich alles ändert. Sie fürchten um ihre Sicherheit im eigenen Land, und sie sehen mit Grauen die Zinseinkünfte ihrer Lebensversicherungspolicen verschwinden. Sie registrieren, wie die traditionelle Arbeitswelt vor ihren Augen zerfällt, und finden kein Rezept, damit umzugehen. Vor allem aber sehen sie nicht, wie die Flüchtlingsfrage zufriedenstellend gelöst werden kann. Alles zusammen ergibt ein Klima der Überforderung, so analysierte die Meinungsforscherin Renate Köcher im vergangenen Jahr. Das Land hat bei allem Glück, allem Wohlstand, allem Erfolg die Kontrolle über sich selbst verloren. Die Kanzlerin hat das nicht verhindert.

Im September 2016 war Landtagswahl in Mecklenburg-Vorpommern, fast auf den Tag genau ein Jahr nach der legendären «Wir schaffen das»-Bemerkung von Angela Merkel. Mit diesem Satz hatte die Kanzlerin die gesellschaftliche Herausforderung durch die Flüchtlinge als lösbar bezeichnet. Sie wählte dafür einfache Worte, so wie sie im Baby-Comic «Bob der Baumeister» fallen. Beispielsweise, wenn der Held eine schwere Schubkarre einen Hügel hochschieben will. Er fragt «Können wir das schaffen?» und motiviert sich mit einem zuversichtlichen «Ja, wir schaffen das!». Der Merkel-Satz kam nur bei wenigen gut an. Die meisten nahmen ihr diese Vereinfachung nicht nur übel, sie waren aufgebracht.

So wurde eine eigentlich unbedeutende Wahl in einem der bevölkerungsärmsten und strukturschwächsten Bundesländer Deutschlands zum Fanal für die Kanzlerin: Die Nordostdeutschen wählten die CDU nur noch mit knapp 20 Prozent der Stimmen in den Landtag. Ausgerechnet die Alternative für Deutschland (AfD) zog an den Christdemokraten vorbei. Ein paar Wochen später ergab sich für Berlin ein ähnliches Bild: Die CDU deutlich unter 20 Prozent, diesmal nahezu gleichauf mit den Grünen und der Linkspartei. Für eine Volkspartei sind solche Ergebnisse eine Katastrophe. Warum sind die Bürger so undankbar, ja geradezu rachsüchtig? Anders als in anderen Ländern Europas kann die Erklärung nicht darin liegen, dass es den Deutschen heute schlechtgeht, dass eine Konjunktur- oder Strukturkrise auf die Stimmung drückt. Die Gründe für den deutschen Verdruss liegen tiefer, und ausgerechnet die Erfolgskanzlerin Merkel hat einen großen Anteil daran. Die Bürger trauen dem politischen System, den etablierten Parteien nicht mehr zu, die Sache in den Griff zu bekommen. Sie fühlen sich schlecht repräsentiert durch ihre gewählten Abgeordneten und schlecht regiert von der Kanzlerin und ihrem Kabinett.[1]

Die Kanzlerin hat die Demokratie geschwächt, um realpolitisch voranzukommen. Sie hat die Große Koalition zum Prinzip effizienten Regierens gemacht und damit die gewählten Abgeordneten zu Statisten degradiert. Sie hat ihre politischen Gegner gelähmt und deren Wähler demotiviert, indem sie ihre Themen, Forderungen und Vorstellungen aus taktischen Gründen übernommen hat. Sie hat zugelassen, dass die politische Alltagsarbeit im Parlament und in seinen Ausschüssen vernachlässigt wurde. In Krisen hat sie «durchregiert» – und damit den Wählern suggeriert, dass die Gefahr überall lauert und das Land und seine Leute ständig bedroht. Offene politische Auseinandersetzungen scheut sie. Im Hinterzimmer und nicht in demokratischen Abstimmungen fallen die Entscheidungen. Das gewohnte politische System dient als Kulisse für Entscheidungen in kleinem Kreis.[2] Diese

Todsünden haben das Land verändert, ohne dass die Bürger jemals gefragt worden wären, ob sie das für richtig halten. Sie halten es für falsch. Das haben sie im Sommer 2015 erstmals deutlich gemacht, als die Kanzlerin beschloss, Flüchtlinge aus dem Bürgerkriegsland Syrien ohne die üblichen Prüfungen und ohne Rücksicht auf europäische Vereinbarungen aufzunehmen. Damals wurde auch einer breiten Öffentlichkeit klar, wie sehr sich das politische System Deutschlands in den vergangenen Jahren zugunsten der Regierung und ihrer Chefin verschoben hat.

Angela Merkel hat in der Flüchtlingsfrage so entschieden, weil sie allein entscheiden konnte. Kein Parlament, kein Bundesrat, kein Parteivorstand und keine Bundestagsfraktion konnte sie daran hindern.

Klar: Es ist das Wesen der Demokratie und des Staates, sich zu verändern. Die Demokratie sei nun einmal das zum «politischen Gestaltungsprinzip erhobene Dauerprovisorium», das sich ständig weiterentwickelt und nie fertig wird. So sieht es Bundestagspräsident Norbert Lammert.[3] Gemeint ist damit aber nicht, dass eine einzige Person und ihr Mitarbeiterstab dieses Provisorium nach eigenem Geschmack vorantreiben sollen. Gemeint ist auch nicht, dass Deutschland sich unter der Hand zu einer unechten, weil nicht legitimierten, Präsidialdemokratie entwickeln soll. Heiligt hier der (gute) Zweck die Mittel? Das stimmt nur, wenn man den inneren Zustand des Landes für unwesentlich hält. Oder wenn man gar nicht erkennt, dass in einem demokratischen Land einsame Entscheidungen ohne eine Rückkopplung an das Parlament und damit an den Wähler auf die Dauer nicht funktionieren.

Das Prinzip Große Koalition

In acht von zwölf Jahren regierte die Kanzlerin in einer Großen Koalition mit der SPD, von 2005 bis 2009 und von 2013 bis 2017. Für die Bundesrepublik Deutschland waren das in ihrer fast sechzigjährigen Geschichte erst das zweite und dritte Kabinett aus CDU und SPD in der Regierungsverantwortung. Es handelt sich also historisch betrachtet um Ausnahmekonstellationen. Wenn es ging, haben die beiden Volksparteien bis dahin lieber mit einem kleinen Partner regiert. Meist mit den Liberalen, oder im Fall der SPD mit den Grünen.

Die jeweils andere Partei ging in die Opposition und bemühte sich nach Kräften, sich als die bessere Alternative für eine Regierung zu empfehlen. Sie versprach Wandel und Wechsel, stellte frische Gesichter und neuen Wind in Aussicht. In einer Großen Koalition passiert das nicht. Beide Parteien werden sich immer ähnlicher. Keine von beiden kann sich in den nächsten Wahlen als unverbrauchte Alternative anbieten. Man versteht also nur zu gut, warum Große Koalitionen in der Geschichte der Bundesrepublik so unbeliebt waren.

Dennoch waren genau diese Bündnisse der politische Normalzustand in den vergangenen Merkel-Jahren – und nicht die Zeit zwischen den beiden Großen Koalitionen: Erfolgreich waren die Konservativen mit dem großen Partner und Wettbewerber, mit der politisch eigentlich bekämpften SPD. Mit dem Wunschpartner FDP dagegen versagten sie kläglich.

Nachdem der bissige Altbundeskanzler Gerhard Schröder («Sie werden es nicht!») das Feld geräumt hatte, hellte sich die Stimmung im Laufe des Jahres 2006 gewaltig auf. Geradezu liebevoll regierten Angela Merkel und Franz Müntefering miteinander, die gemeinsame Sommerpressekonferenz nach dem ersten Regierungsjahr fand in allerschönster Harmonie statt. Als es dann hart auf hart kam, in der Finanzkrise ab September 2008, gaben die Kanzlerin und Finanzminister Peer Steinbrück ein gesetztes Paar in fortgeschrittenem Alter ab, das absolute Verlässlichkeit signalisierte. Gemeinsam versprachen sie ihren Bürgern, dass die Sparguthaben sicher seien. Das waren unhaltbare Zusagen, doch sie hatten Glück: Sie wurden nicht beim Wort genommen.

Hand in Hand bearbeiteten Merkel und Steinbrück auch die Regierungsfraktionen, damit diese den Bankenrettungspaketen zustimmten. Gemeinsam setzten Merkel und Müntefering die Verlängerung der Lebensarbeitszeit durch. Konjunkturpakete wurden geschnürt, Erziehungszeiten eingeführt, Kita-Plätze ausgebaut.

In den ersten vier Jahren mit der SPD war die parlamentarische Opposition so verblüfft von ihrer Bedeutungslosigkeit und die außerparlamentarische so unprofessionell, dass niemand kontinuierlich Druck auf die Regierungsparteien ausübte. Die Finanzkrise jagte allen einen gewaltigen Schrecken ein, sodass selbst Abgeordnete der Grünen und der Liberalen mit den Regierungsparteien stimmten, wenn es um Auswege aus dem Weltwirtschaftskrisen-Chaos ging. Die Große Koalition präsentierte sich als die angemessene politische Antwort auf das Desaster und signalisierte, es mit den weltweiten Herausforderungen schnell und entschlossen aufnehmen zu können. Der Staat erschien zunächst als einzige Instanz, die noch handlungsfähig war. Er ging mit großem Selbstbewusstsein und noch mehr Gestaltungswillen aus der Krise hervor.[4] Grund zur Auseinandersetzung hätte es mehr als genug gegeben. Denn die Kanzlerin suchte nie nach den *besten* Lösungen. Sie fand einzig und allein die *möglichen* und prägte so nicht nur die eigene Partei, sondern auch die SPD. Ausgerechnet der erste Beschluss der schwarz-roten Regierung wies den Weg: Die CDU hatte im Wahlkampf dafür plädiert, die Mehrwertsteuer um zwei Prozentpunkte anzuheben, um trotz der wachsenden Ausgaben für Arbeitslosen-, Renten- und Sozialleistungen die Vorgaben des Maastricht-Vertrages über die Staatsverschuldung wieder einhalten zu können. Die SPD hatte diese Idee vehement gegeißelt: Die CDU zeige ihr wahres kaltes und neoliberales Gesicht, wenn sie sich ausgerechnet bei den Armen das Geld holen wolle, das die Armut im Land lindern solle. Die Mehrwertsteuererhöhung treffe die Ärmsten besonders hart. «Mit uns nicht zu machen», hieß die Botschaft der Sozialdemokraten.

Am Ende der Koalitionsverhandlungen gab es dann eine kleine Überraschung: Nicht um einen oder um zwei Prozentpunkte stieg die Mehrwertsteuer. Die Große Koalition beschloss eine Erhöhung von 16 auf 19 Prozent. «Manchmal müssen im Interesse der Gesellschaft auch unpopuläre Entscheidungen getroffen werden», ließ Bundesfinanzminister Peer Steinbrück in der Bundestagsdebatte wissen – und gab damit das Motto vor, mit dem die Großen Koalitionen anschließend regieren würden: Die Regierung handelt im Interesse der Gesellschaft. Wenn die Gesellschaft das nicht erkennen kann, ist das ihr Problem. Nicht das der Großen Koalition. Denn die ist immer in der Mehrheit.

Die freundliche Erinnerung an die ersten vier Jahre mit der SPD mag die Kanzlerin dazu gebracht haben, nach den Wahlen des Jahres 2013 gar nicht ernsthaft mit dem anderen möglichen Partner, den Grünen, zu verhandeln. Die Zeit sei noch nicht reif für eine solche Kombination gewesen, heißt es in der CDU. Die Angst vor dem großen, dicken, konservativen Partner sei größer gewesen als die Lust am Regieren, heißt es bei den Grünen. So wurde der Weg in die zweite Große Koalition zu einer völlig normalen politischen Entscheidung banalisiert.

Die vier Jahre mit den FDP-Leuten dagegen, mit Außenminister und Vizekanzler Guido Westerwelle, mit den Ministern Philipp Rösler und Dirk Niebel, wurden innerhalb der CDU als der unglückliche politische Ausnahmezustand empfunden. Ewige Zänkereien kennzeichneten diese Zeit. Es fing mit dem missglückten Mövenpick-Privileg an, mit dem die Mehrwertsteuersätze für Hotelübernachtungen reduziert wurden. Als herauskam, dass die große Hotelkette Mövenpick den Liberalen zuvor mit üppigen Parteispenden geholfen hatte, geriet die Regierung schon in den ersten Monaten ihrer Existenz in eine tiefe Glaubwürdigkeitskrise. Ein Jahr nach der Wahl beschimpften sich die ehemaligen Wunschpartner als «Wildsau» und «Gurkentruppe», später wurde es noch viel schlimmer. Zu behaupten, es sei nicht rundgelaufen für das Kabinett Merkel/Westerwelle, ist eine freundliche Untertreibung. Die FDP bekam die Quittung mit der Bundestagswahl 2013: Sie wurde nicht nur aus der Regierung gewählt, sondern gleich ganz aus dem Parlament gejagt. Die Union dagegen durfte weitermachen – diesmal wieder mit der SPD.

Kein Zweifel: Wurden Große Koalitionen in Deutschland bis zur Amtszeit Merkels eher als Unfall der Demokratie empfunden, so erscheinen die ersten Jahre mit den Sozialdemokraten für die Union im Rückblick als Glücksfall, die zweite Regierung bis 2017 als Normalzustand. Ein Normalzustand, in dem die Qualität der politischen Arbeit kaum noch gemessen wird – es gibt ja keine Opposition mehr, und für die Regierungsparteien wird der Konsens selbst zum Maß der Dinge. Nur so ist zu erklären, dass in der zweiten Großen Koalition rentenpolitisch gleich zwei Dummheiten auf einmal beschlossen wurden, anstatt sich gegenseitig davon abzuhalten, das Rentensystem der jeweils eigenen Klientel als Beute vorzuwerfen.

Die CDU hatte versprochen, die Kindererziehungszeiten für vor 1992 geborene Kinder anzuheben. So sollte «die Gerechtigkeitslücke» für ältere Mütter wenigstens ein bisschen geschlossen werden. Zwischen 26 und 28 Euro pro Kind und Monat bekommen die älteren Rentnerinnen nun zusätzlich, die Ausgaben der Versicherung wuchsen dadurch um 6,7 Milliarden Euro im Jahr. Die SPD wiederum hatte sich für ihre Leute die «Rente mit 63» ausgedacht. Danach sollten Versicherte, die 45 Jahre Erwerbsleben auf dem Buckel haben, früher in Rente gehen dürfen als Arbeitnehmer, die erst später angefangen haben zu arbeiten. Das kostet zwischen zwei und drei Milliarden Euro jährlich.

Wieder verfuhr man wie schon in der ersten Großen Koalition. Statt die erfreuliche Einnahmesituation für eine Rentenreform zu nutzen, die die Altersvorsorge auch für die Zeit nach 2030 stabilisiert hätte, wurde das Geld lieber gleich ausgegeben. Und – natürlich – nicht für einen der beiden Pläne, sondern für beide.

Dass der Konsens so routiniert gefunden, Bedenken so eilfertig verdrängt werden konnten, hat viel mit dem politischen System Deutschlands zu tun. Mit einer Großen Koalition im Bundestag wird das Prinzip öffentlich, das seit langem heimlich wirkt. Weil die Bürger zuverlässig immer dann in den Bundesländern – und damit im Bundesrat – linke Mehrheiten wählen, wenn im Bundestag gerade die Konservativen den Hut aufhaben (und umgekehrt), ist Deutschland eine langweilige, aber zuverlässige Demokratie geworden. Der Interessenausgleich regiert. Nach außen mag man sich streiten und beschimpfen, doch innen ist eine Politik-Maschine am Werk, die im Vermittlungsausschuss zwischen Bundestag und Bundesrat jede noch so grundsätzliche Meinungsverschiedenheit zu einem Kompromiss häckselt[5] – oder man trifft sich im Kanzleramt.

Etwas grundsätzlich anderes passiert aber, wenn der Bundestag selbst durch eine Große Koalition bestimmt wird. Dann verliert das politische System die Balance. Nach und nach erstickt die öffentliche parlamentarische Debatte über politische Vorhaben und gesellschaftliche Probleme. Im Plenum dösen die Abgeordneten vor sich hin, auf der Besuchertribüne des Reichstages sterben die jugendlichen Schulklassen-Besucher vor Langeweile.

Die winzige Opposition als Kontrolleurin der Regierungsarbeit hätte zwar viel zu sagen, aber sie hat nichts zu melden. Die meiste Redezeit im Parlament liegt bei den Parteien der Großen Koalition, Untersuchungsausschüsse können nur noch gegründet werden, wenn die Koalition zustimmt oder gnädig die Geschäftsordnung des Bundestages anpasst.

Der «demokratische Staat des 21. Jahrhunderts (...) muss

offen für die demokratische Kontrolle seiner Verfahren (sein)», sagte Bundeskanzler Gerhard Schröder im Frühjahr 2004.[6] Große Koalitionen sind das nur auf dem Papier. Im parlamentarischen Raum erzeugen sie kaum Reibung. Das Prinzip von Macht und Kontrolle gerät aus dem Lot. Die politische Öffentlichkeit erstirbt.

Im außerparlamentarischen Raum dagegen rufen solche Konstellationen nach einiger Zeit allergische Reaktionen hervor. 1968 in Form der Studentenbewegung und der außerparlamentarischen Opposition, im 21. Jahrhundert in Form der Veto-Bürgerinitiativen und der AfD.

Die erste Große Koalition amtierte in Deutschland von 1966 bis 1969 unter Bundeskanzler Kurt Georg Kiesinger. Sie wurde in politisch schwierigen Zeiten geschlossen, die junge Republik durchlebte gerade die erste schwere Wirtschaftskrise nach dem Wirtschaftswunder. Drei lange Jahre hielten Kiesinger und sein Kabinett durch, von einer radikalen außerparlamentarischen Opposition, der Studentenbewegung, öffentlich vehement bekämpft. In realpolitischer Erinnerung geblieben ist die Regierung vor allem wegen des erfolgreichen Wirtschaftskrisenmanagements – und wegen der Ohrfeige, die Kanzler Kiesinger 1968 von der deutsch-französischen Journalistin Beate Klarsfeld wegen seiner nationalsozialistischen Vergangenheit kassierte. Franz-Josef Strauß (CSU) als Finanzminister, Karl Schiller (SPD) als Wirtschaftsminister, Außenamtschef Willy Brandt (SPD) und Justizminister Gustav Heinemann (SPD): Trotz der politischen Starbesetzung gediehen die Gemeinsamkeiten von CDU und SPD in der politisch aufgeheizten Lage der späten sechziger Jahre nicht weiter. Wiederholen wollte diese Erfahrung auch niemand. Erst als die Erinnerung gründlich verblasst war, wurde das Modell Große Koalition wieder gesellschaftsfähig. Die politische Kultur verkam bei der Neuauflage in ähnlicher Weise. CDU und SPD verfügten gemeinsam über eine so üppige Mehrheit im Parlament, dass sich die Kanzlerin den Satz von der Alternativlosigkeit des Regierungshandelns in der Finanzkrise gleich mehrfach leisten konnte: Abgeordnete, die sich diesen Ansagen verweigerten, fielen erstens nicht ins Gewicht und wurden zweitens bei der nächsten Bundestagswahl nicht mehr mit sicheren Listenplätzen berücksichtigt. Nur knappe Mehrheiten zwingen zu äußerster Koalitionsdisziplin. Großzügige Mehrheiten dagegen erlauben Abweichungen, aber auch die unnachgiebige Bestrafung der Ungehorsamen. Den einen oder anderen Feind in den eigenen Reihen kann man sich erlauben, wenn die Entscheidungsfähigkeit der Parlamentsmehrheit davon unberührt bleibt.

Wer sich – wie der in der Bevölkerung beliebte Unionspolitiker Wolfgang Bosbach – in der Bundestagsfraktion gegen die Kanzlerin stellt, kann seine weitere politische Karriere vergessen. Die ganze Riege der selbstbewussten Opfer der Kanzlerin ist eine ständige Mahnung an alle anderen, es gar nicht erst zu versuchen. Ob es der frühere hessische Ministerpräsident Roland Koch ist oder der ehemalige Fraktionsvorsitzende Friedrich Merz, Altbundespräsident Christian Wulff oder EU-Kommissar Günther Oettinger, jeder Hinterbänkler weiß, wer gegen die Kanzlerin aufsteht, «ist ein Arschloch und kann gehen», wie es CDU-Generalsekretär Peter Tauber im November 2015 bei einer CDU-Veranstaltung prägnant zusammengefasst haben soll.[7] Deshalb wagen das nur noch die ganz Alten und die ganz Jungen. Die ganz Alten, weil sie nichts mehr zu verlieren haben. Die ganz Jungen, weil sie auf eine zweite Chance in der Ära nach Angela Merkel hoffen dürfen.

Eigentlich würde man annehmen, dass in solchen Situationen die große Stunde der zweiten Kammer, des Bundesrates, schlägt. Doch auch der Bundesrat wurde in den vergangenen zwölf Jahren seiner Kontrollfunktion systematisch beraubt – er wurde korrumpiert. Wenn der Bundesrat in die Entscheidungsfindung einbezogen werden musste, sorgten schöne Geschenke an die chronisch klammen Landesregierungen für Zustimmung – wie Hochschulpakt und Exzellenzinitiative, oder die im Konjunkturpaket versteckte Milliardenhilfe für Straßen- und Turnhallenbau.

Wie muss das politische Personal für solche Regierungen aussehen? Nun, Angela Merkel ist die richtige Person für eine solche Koalition, in der nach Möglichkeit der Konsens über den streitigen Diskurs regiert. Sie ist Physikerin, ihr Verständnis von Politik ist das einer Naturwissenschaftlerin. Sie will Probleme lösen, politische Visionen sind ihr suspekt. Gibt es für ein Vorhaben keine Mehrheit, sucht sie einen anderen Weg oder ein anderes Vorhaben – so lange, bis die Zustimmung steht. Eigene Überzeugungen stellt sie in der Regel zugunsten des Erreichbaren hintan. «Wenn du mit Angela Merkel in einem Flugzeug sitzt, musst du dir keine Sorgen machen. Du wirst immer sicher landen. Du weißt nur nicht, wo», hat ihr früherer Vizekanzler Müntefering einmal über die Regierungschefin gesagt. In der Politik ist das ein Kompliment.

«Politik ist die Kunst des Kompromisses» – diesen Satz

von Willy Brandt hat Merkel verinnerlicht. Weil sie zudem keine glänzende Rednerin ist, kommt sie nicht einmal in Versuchung, dem politischen Partner öffentlich richtig weh zu tun. Sie lässt poltern.

Wie aber wird aus diesem so freundlichen Verhalten eine innere Gefahr für die Demokratie? Das lässt sich am besten in Österreich beobachten. Seit Jahrzehnten regieren die Sozialdemokraten und die Konservativen immer in einer Großen Koalition. Anfangs wurde das Bündnis aus Staatsräson geschlossen. Man wollte verhindern, dass die Rechtspopulisten in die Regierung einzogen. Dann gewöhnte man sich aneinander. Aus dem Sonderfall ist in Wien der Normalfall geworden. Der Schriftsteller Robert Menasse wirft der Regierung vor, die Verfassung nach Belieben umgeschrieben zu haben, wenn ein Gesetzesvorhaben nicht zu den demokratischen Grundsätzen der Republik passt. So sei innerhalb weniger Jahre die Verfassung zur «Ruine» sich widersprechender Rechtsnormen geworden, der Respekt sei vollends verlorengegangen.[8] Geschaffen wurde eine Situation, in der sich die Unzufriedenheit der Wähler nur noch im Wählen der Freiheitlichen ausdrücken konnte. Die Rechtspopulisten legten in diesen neun Jahren in den Wahlen deutlich zu und hätten um ein Haar den Bundespräsidenten gestellt.

Ähnliche Tendenzen sind in Deutschland zu beobachten. Große Koalitionen schaden der politischen Kultur, und sie schaden der repräsentativen Demokratie.

Die asymmetrische Demobilisierung

Was innerhalb der Fraktionen verboten ist, gilt natürlich nicht für den politischen Partner und für die Opposition. Mit ihm kann gestritten werden, in einer lebendigen Demokratie muss gestritten werden. Aber bis zum Jahr 2015 passierte das überaus selten. Das liegt einerseits an der mangelnden Phantasie des politischen Gegners. Andererseits aber liegt es an der Phantasie der Kanzlerin. Denn genau hier, im drohenden Streit mit der politischen Konkurrenz, hat sie ihre schärfste Waffe platziert: die asymmetrische Demobilisierung.

Gemeint ist: Erahne den nächsten Schachzug deines Gegners und verringere dann die Angriffsfläche. Entziehe dich der Attacke, indem du dir die Anliegen und Projekte des Gegners zu eigen machst. Verweigere die politische Auseinandersetzung, indem du dich tot stellst. Sorge so dafür, dass die Wähler des Gegners demotiviert werden und bei den nächsten Wahlen zu Hause bleiben – weil du ja schon die Politik der gegnerischen Partei machst oder weil der politische Diskurs in deinem Land ohnehin darniederliegt wie ein totes Kamel in der Wüste.

Angela Merkel ist die Großmeisterin dieser Taktik. Wie das Regieren in einer Großen Koalition kommt auch die asymmetrische Demobilisierung ihrem persönlichen Stil entgegen. Ein Visionär wäre kaum in der Lage, sich im Wahlkampf zurückzunehmen und sich die Parolen des Gegners zu eigen zu machen. Ein politischer Überzeugungstäter würde niemals seine Positionen umstandslos räumen. Ein Charismatiker würde sich auf den Glanz seiner Person verlassen und leidenschaftlich für seine Sache werben. Die Kanzlerin hat nichts von alledem. Sie ist viel erfolgreicher: Sie hat den politischen Wettbewerb im Land zur Strecke gebracht. Einer Pragmatikerin bereitet es wenig Mühe, einen Schritt zurückzutreten. Ohne jede Berührungsangst hat Angela Merkel ihren politischen Gegnern in den vergangenen zwölf Jahren die Umweltpolitik, die Frauenpolitik, die Wehrpflichtdiskussion und die Rentenfrage aus der Hand gewunden. Ehe die politische Konkurrenz es sich versah, standen ihre Forderungen und Provokationen als Regierungsbeschlüsse politisch fertig zubereitet auf dem Tischlein-deck-dich der Bundeskanzlerin. Der Atomausstieg etwa drohte nach der Katastrophe von Fukushima zum Wahlkampfthema der Grünen und der Sozialdemokraten für das Jahr 2013 zu werden. Innerhalb weniger Wochen organisierte die Kanzlerin das Abschalten der deutschen Kraftwerke. Sie hatte Erfolg. Die Wähler der anderen blieben bei der nächsten Wahl zu Hause, die CDU konnte ihre Regierung zwei Mal fortsetzen, auch wenn die absolute Zahl ihrer Stimmen deutlich zurückging. Zwischen 2002 und 2009 verlor die Union fünf Millionen Wähler und musste 2009 die Regierungsbildung mit ihrem schlechtesten Wahlergebnis seit 1949 anpacken. Die Kanzlerin stützte ihre immer größere Macht also auf immer weniger Wähler.

«Merkels Schwäche in absoluten Prozentzahlen korrespondiert mit einer nahezu absoluten Machtfülle», stellte der Publizist Albrecht von Lucke im Jahr 2010 verblüfft fest.[9] Die Logik: Solange der Regierungspartner und die Opposition noch viel stärker bestraft werden, ist der Machterhalt gesichert. Der Preis: Immer mehr Bürger wenden sich ab und nehmen am politischen Leben des Landes nicht mehr teil.

Längst geht es nicht mehr um politische Richtungen. Es geht nur noch um Macht. Erzeugt werde «mehr Macht durch weniger Politik», sagt der Philosoph Heiner Mühlmann.[10] So richtet sich die asymmetrische Demobilisierung skrupellos gegen ein Demokratieverständnis, das dem Wähler die Entscheidung zwischen politischen Richtungen, Parteiprogrammen und unterschiedlichen Wertevorstellungen ermöglichen will. Und – das ist nur gerecht – sie richtet sich irgendwann auch gegen ihre Urheber.

Als Folge der Merkel'schen Demobilisierungspolitik drängeln sich heute die meisten Parteien in Deutschland in der Mitte. Hier, in der gesellschaftlichen Mitte der urbanen Ballungsräume, werden die Wahlen entschieden, heißt es. Denn die Leute, die hier wohnen, denken politisch aktiv, oft genug sind sie Wechselwähler. Nicht nur die etablierten Parteien sind sich im ersten Jahrzehnt des neuen Jahrtausends zum Verwechseln ähnlich geworden, auch die Wähler in der Stadt sind es. Sie entscheiden unideologisch: Problemlos kann ein Anhänger der Grünen die Union wählen. Oder CDU-Wähler laufen gelegentlich – wie in Baden-Württemberg – scharenweise zu den Grünen über, weil sie ihre Werte da besser aufgehoben sehen als in der zerstrittenen Landes-CDU. Oder die Freunde der SPD liebäugeln mit den Konservativen, weil diese beim näheren Hinschauen gar nicht mehr so konservativ sind. Oder sie gehen einfach gar nicht mehr wählen. Warum auch? Sie kriegen ja doch immer dasselbe.

Mit der Aufforderung «Heißes Herz und klare Kante ist besser als Hose voll» hatte der frühere SPD-Vorsitzende Franz Müntefering im Spätsommer 2008 den verzagten

Genossen als Gegenmittel dazu die Attacke empfohlen. Nur eine unterscheidbare SPD sei eine wählbare SPD: Doch die Partei verzichtete, das politische Risiko erschien ihr zu groß, die personelle Besetzung zu schwach für die Abteilung Angriff. Gegen Angela Merkels Demobilisierungstaktik blieb sie glücklos, ratlos, hilflos.

Die Wahlbeteiligung ging in dieser Zeit kontinuierlich zurück. 1972 machten noch über 90 Prozent der Wahlberechtigten von ihrer Stimme Gebrauch. Die politische Landschaft war damals extrem polarisiert. Es ging um die Ostpolitik, und es ging um die Frage, ob SPD und FDP ein dauerhaft stabiles Gespann bilden könnten, es ging um Willy Brandt. Das ließ niemanden kalt.

Danach aber sank die Wahlbeteiligung, ausgenommen die Zeit nach der Wiedervereinigung. Seit der Jahrtausendwende sind es selbst bei Bundestagswahlen weniger als 80 Prozent, 2009 wurde der bisherige Tiefststand mit knapp 71 Prozent erreicht. Von den unter dreißigjährigen Wählern gehen nicht einmal mehr zwei Drittel zur Wahl.

Solange die Wähler zufrieden mit der Regierungspolitik sind, könne man damit doch auch gut leben, analysierten die Politikwissenschaftler 2009 eilfertig. Dass diese Erklärung vielleicht ein bisschen kurz gegriffen ist, zeigen die Erfolge der AfD seit 2012. Die euro- und zuwanderungskritische Partei mobilisiert ihre Anhänger vor allem unter bisherigen Nichtwählern. Die Wähler waren also alles andere als zufrieden. Sie hatten nur den Eindruck, mit ihrer Stimmabgabe nichts mehr bewirken zu können. Und: Sie wussten nicht, wen sie wählen können, wenn sie mit dem rot-grün-schwarzen Einheitsgericht nicht zufrieden sind. So unappetitlich die zur Wahl stehenden Alternativen auch sein mögen, wenn es um etwas geht, werden die Wähler mobilisiert.

Im mangelnden politischen Wettbewerb liegt der Keim für den Verdruss am politischen Establishment in Deutschland.[11] Wenn sich die politischen Akteure nicht mehr unterscheiden, wenn sie nicht mehr für ihre politischen Ideen kämpfen, sondern nur noch um die politische Macht, verweigert man zuerst die Bestätigung. Dann geht man nicht mehr hin. Am Ende sucht man sich ein Ventil außerhalb des eingespielten Politikbetriebs.

Bei den Christdemokraten wurden mit dem Einschwenken in die Mitte die konservativen Mitglieder und Wähler an den Rand gedrängt, bei den Sozialdemokraten zog der linke Flügel der Partei den Kürzeren. Wo der politische Mainstream regiert, wird an den Rändern des Spektrums Platz frei. Zuerst war es der Platz für die Linke, die sich unter Oskar Lafontaine und Gregor Gysi zwischenzeitlich zu einer bedeutenden Kraft entwickeln konnte. In jüngster Zeit, seit der Euro- und der Flüchtlingskrise, profitiert die Rechte.

Jetzt wendet sich die asymmetrische Demobilisierung mit aller Wucht gegen ihre Erfinderin. Das eigene Lager ist zerfallen – wie sehr, zeigte sich erstmals in der Euro-, dann in der Flüchtlingskrise in grellem Licht. Die bayerische CSU fiel öffentlich von der Kanzlerin ab, mehr als vierzig Bundestagsabgeordnete waren im Januar 2015 nur mit Mühe davon abzuhalten, eine Abstimmung über Merkels Flüchtlingspolitik in der Bundestagsfraktion zu erzwingen.

Dass eine Kanzlerin im Alleingang entscheidet, Flüchtlinge aufzunehmen, fanden vor allem anfangs viele richtig. Dass sie aber damit eindrucksvoll zeigte, wie die tatsächlichen Machtverhältnisse nach zehn Jahren Regierungszeit sind, akzeptiert weder die eigene Partei noch die politische Konkurrenz, noch stimmen die Bürger zu. Die asymmetrische Demobilisierung ist, wie Mühlmann sagt, symmetrisch geworden. So ist bei allem, was man zu Recht gegen die AfD einwenden kann und einwenden muss, der Rückstoß gegen die Unionsparteien ein gutes Zeichen für die Demokratie. Der Wähler lässt es sich auf die Dauer nicht gefallen, wenn das Parlament systematisch entmündigt wird.

Dass der Verdruss die politische Ursache überdauert, zeigt einmal mehr: Es geht nicht nur um einen zentralen Politikbereich, dem die Bürger nicht zustimmen. Sie wenden sich auch gegen das Zustandekommen der politischen Entscheidungen.

Die Ära der Exekutive

Der 20. September 2011 war ein warmer Spätsommertag. Das politische Berlin hatte sich aus der Sommerpause in die Hauptstadt zurückgemeldet, in der CDU bereitete man sich nach dem Sturm der Finanzkrise und dem Atom-Aktionismus der Tsunami-Katastrophe von Fukushima auf eine ruhige zweite Hälfte der Legislaturperiode vor. Die Kanzlerin hatte zu einem ihrer «Berliner Gespräche» ins Konrad-Adenauer-Haus geladen. An diesen Abenden werden Themen behandelt, die Angela Merkel besonders interessieren: Diesmal ging es um die Frage, ob man in Deutschland künftig auch mit weniger Wirtschaftswachstum auskommen könne. Für die Politik ist das ein wichtiges Thema.

Wenn Deutschland beispielsweise Vorreiter im Klimaschutz bleiben will, wird man mit weniger Wachstum auskommen müssen. Denn Wachstum und größerer Wohlstand schaden dem Klima, weil beides mehr Ressourcen verbraucht. Dazu kommt, dass alternde und schrumpfende Gesellschaften ohnehin weniger Wachstumspotenzial haben als junge aufstrebende Ökonomien.

2011 stand man noch am Beginn dieser Diskussion. Alle waren also gekommen, um endlich einmal wieder die tägliche Politik des Klein-Kleins hinter sich zu lassen. Jeremy Rifkin, der amerikanische Superstar gesellschaftlicher Visionen, munterte die Versammelten mächtig auf. Deutschland sei Pionier in Klimaschutz- und Energiewendeangelegenheiten, es werde sein Wissen und seine Technologie exportieren und so seinen Wohlstand künftig aus diesem Vorsprung heraus verteidigen und ausbauen können. Rifkin begeisterte sich so sehr für das deutsche Modell nachhaltiger Politik, dass sich manche der Anwesenden eher in einer Motivationsshow für Versicherungsmakler wähnten als in einer der üblichen politischen Abendrunden in Berlin. In so rosigem Licht sah man sich selbst keineswegs.

Doch dann ging es um die Frage der politischen Mehrheiten. Es wurde erörtert, wie man als Politiker in einer Postwachstumsgesellschaft zurechtkommt, wenn es keine materiellen Verteilungsspielräume mehr gibt, mit denen man Wähler beeindrucken und Mehrheiten belohnen kann. Kann man als Bundestagsabgeordneter seinen Wählern vor Ort erklären, dass es zwar Milliarden für die Rettung der Banken gibt, aber keine für Straßen, Schulen und den öffentlichen Nahverkehr? Der damalige Bundesumweltminister Norbert

Röttgen wurde in der Diskussion schnell schmallippig. Man brauche nicht für alles die Zustimmung des Wahlvolkes, beschied er die Frager. Für das Parlament hatte er erst recht kein Mitleid übrig. «In der Krise schlägt nun mal die Stunde der Exekutive», sagte er achselzuckend. In der Krise müsse sich das Parlament zugunsten der Regierung zurückhalten. Wenn die Krise vorbei sei, komme die Legislative schon wieder zum Zuge. Dann könnten die Parlamentarier auch wieder die Prioritäten setzen.

Röttgen täuschte sich. Die Legislative kam nie mehr zum Zuge. Krise reihte sich fortan an Krise, die Regierung entschied, das Parlament stimmte zu. Die Frage nach dem Glück der Bürger, die an diesem Septemberabend so verheißungsvoll geklungen hatte, verschwand in der Schublade auf dem großen grauen Stapel unerledigter Angelegenheiten.

Der Abend war symptomatisch für die Kanzlerschaft Angela Merkels. Niemand kann ihr vorwerfen, sie habe keine politischen Ideen gehabt. Ihre Vorstellungen gingen weit über die tatsächliche Politik hinaus. Als Herausforderin des Bundeskanzlers Gerhard Schröder trat sie 2005 mit einem straff neoliberalen Wirtschaftsprogramm auf. Als Kanzlerin präsentierte sie die Suche nach dem Glück und Klimabewusstsein für eine herbstliche Gesellschaft als überwölbendes Politikprinzip. Die Partei sollte diskutieren, die Ausschüsse im Parlament sollten Vorschläge erarbeiten, der Bürger sollte in Town Hall Meetings die Gelegenheit zu Partizipation und Teilhabe bekommen. Die Papierform stimmte immer.

Die Realität allerdings passte nicht dazu. In der Realität wurde die «Stunde der Exekutive», die Norbert Röttgen erwähnt hatte, zu einer Ära. Fleiß und langsame, kleine Schritte auf der einen Seite, große und schnelle politische Entscheidungen als Reaktion auf Großereignisse auf der anderen – das ist das Handlungsmuster der Politik der vergangenen zwölf Jahre. Angela Merkel hat als Bundeskanzlerin die Erkenntnis Jean Monnets, dass Europa nur in seinen Krisen vorankommt, zum Prinzip ihres Regierens gemacht: Deutschland kommt nur in seinen Krisen voran. In normalen Zeiten dagegen entwickelt es sich kaum.

Die normalen Zeiten sind die, in denen die Komplexität des politischen Systems so hoch ist, dass alle Veränderungen des Status quo gefürchtet werden. Die Gefahr unbeabsichtigter Folgen von Entscheidungen ist zu groß geworden, als dass es nicht immer Bedenken und Vorbehalte gäbe, die am Ende die Vorstellungen einer großen Reform zunichtemachten und selbst kleinere Reformen verhindern oder versanden lassen.[12]

Externe Schocks dagegen liefern die Legitimation für große politische Aktionen, die all diese Gesetzmäßigkeiten aushebeln. Das sind die «Stunden der Exekutive». Gab es in der Geschichte der Bundesrepublik bisher in allen Regierungen prägende politische Grundhaltungen und Vorstellungen – Konrad Adenauers Westpolitik, Willy Brandts Ostpolitik, Helmut Kohls Europapolitik als Resultat tiefer Überzeugungen und gefestigter politischer Vorstellungen –, so scheinen unter Angela Merkel die Krisen selbst Lösungen hervorzubringen, die vorher gedanklich kaum angelegt, gelegentlich sogar offen bekämpft wurden oder politisch ganz und gar undenkbar waren. Niemand kann ernsthaft behaupten, dass der Ausstieg aus der Kernkraft oder die Abschaffung der

Wehrpflicht zu Merkels politikprägenden Überzeugungen gehört hätten – wenn sie denn welche hat. Nicht mehr der Krieg ist der Vater aller Dinge, die Krise ist die Mutter des politischen Fortschritts.

Hier findet die Politik Angela Merkels ihre verhängnisvolle Parallele zu den Strategien der Populisten. Wie sie immer neue Krisen als politisches Lebenselixier brauchen, braucht die Kanzlerin die Ausnahmesituation, um «durchregieren» zu können.[13] Sie hat in Kauf genommen, dass sich das Land trotz blendender wirtschaftlicher Lage in einem Zustand permanenter Bedrohung und krisenhafter Entwicklungen wähnt. Damit hat sie nicht nur die eigene Handlungsfähigkeit hergestellt. Sie hat auch den Boden für die deutschen Populisten bereitet.

Die innere Logik der internationalen Krisengipfel, die der Kölner Soziologe Wolfgang Streeck als moderne Vereinbarungsmaschinen beschreibt, verstärkt diesen Trend: Gegen eine Übereinkunft, die bereits mit anderen Staaten getroffen ist, steht man als Parlament nicht mehr auf.[14] Und wenn es mal einer versucht, wird die Sache ganz schnell abgewiegelt. In der Finanz- und in der Eurokrise haben die Kanzlerin und ihre Bundesfinanzminister Peer Steinbrück (bis 2009) und Wolfgang Schäuble (seit 2009) dieses Instrument bis an die Grenzen der Verfassungsmäßigkeit strapaziert. Nur mühsam konnte der Anschein erhalten werden, das Parlament habe beispielsweise die Rettungspakete für Griechenland tatsächlich veranlasst. Ein kaum legitimierter Sonderausschuss wurde installiert, damit wenigstens so getan werden konnte, als habe sich das Parlament nach einer langen Brüsseler Nacht im Morgengrauen zur Auszahlung der nächsten

Tranche der Griechenland-Hilfe versammelt. Nicht umsonst musste das Verfassungsgericht in den vergangenen Jahren wieder und wieder beurteilen, ob die Souveränitätsrechte des Bundestages durch das Handeln der Regierung und der Notenbank beeinträchtigt werden.

Die Kanzlerin fügt sich nicht nur in diese Logik, sie glaubte im Sommer des Jahres 2015 sogar, sie zu beherrschen. Schließlich hatte sie reiche Erfahrung im Managen von Krisen sammeln können: Die Energiewende der CDU/FDP-Regierung beispielsweise kam nicht zustande, weil der Bundestag aus Verantwortung der Welt gegenüber beschlossen hätte, die Klimaziele zu erfüllen. Schon gar nicht war visionäre Umweltpolitik am Werk. Der Atomunfall in Fukushima und der anschließende Express-Atomausstieg haben die Energiewendepolitik der Ära Merkel geprägt, ohne dass es vorher eine eigene Vorstellung darüber gegeben hätte, wie der Übergang vom Atom- zum Erneuerbare-Energien-Zeitalter zu bewerkstelligen sei. Am Ende griff man auf die Gutachten zurück, die die Regierung Schröder hatte anfertigen lassen.

Auch das Comeback des Staates als Ordnungsmacht und Mitspieler in der Wirtschafts- und Finanzpolitik wurde nicht als wirtschaftspolitische Grundsatzentscheidung getroffen. Es fand darüber nicht einmal eine ordnungspolitische Grundsatzdebatte statt, wie sie angemessen gewesen wäre. Nein, die Wiederauferstehung des Staates in der Wirtschaft folgte scheinbar zwangsläufig auf die Finanz- und Euroschuldenkrise.

Deutschland als Einwanderungsland schließlich ist mit der CSU als Regierungspartei lange Zeit unvorstellbar gewesen. Es sei denn, man braucht eine Art Einwanderungsgesetz zur Begrenzung eines nicht beherrschbaren Zustroms an Migranten. Dann kann man schon – wie man das im Fall der Migranten aus den Staaten des westlichen Balkans tut und nun auf weitere sichere Herkunftsländer ausdehnt – ein kleines Einwanderungsgesetz verabschieden. Und schon können Arbeitsmigranten aus diesen Ländern in ihrer Heimat eine Aufenthaltserlaubnis beantragen. Die kriegen sie, wenn sie ein Arbeitsangebot eines deutschen Unternehmens in der Tasche haben. Liberaler als in Deutschland ist die Einwanderung fast nirgends geregelt. Es soll halt nur keiner wissen, solange die CSU auf der Bremse steht.

In all diesen Fragen hat die Bundesregierung mit unorthodoxen politischen Maßnahmen auf die Krise reagiert, in allen Fällen fand sich das Land hinterher in einem neuen Rahmen wieder. Immer wieder schlug damit laut vernehmbar eine «Stunde der Exekutive».[15] Die oft mühsamen Verhandlungsmechanismen des parlamentarischen Betriebs wurden mit dem Argument der Alternativlosigkeit, der Eilbedürftigkeit oder der Stimmung im Land außer Kraft gesetzt. Das Parlament wurde fortlaufend degradiert und entmachtet, weil sich der politische Normalbetrieb nur noch unterhalb der Wahrnehmungsgrenze abspielte. Es gab nur noch Ausnahmesituationen, in denen schnell, entschlossen und unwidersprochen gehandelt werden musste.

Wie schon im zweiten Kabinett Gerhard Schröders, als mit großem Druck der Bundeswehreinsatz in Afghanistan oder auch die Agenda 2010 zur Sozial- und Arbeitsmarktreform durchgepaukt wurden, erscheint eine überraschende Aktion der einzig erfolgversprechende Weg zu sein, um

54

Blockaden zu lösen.[16] Erst wenn eine Situation sich krisenhaft zugespitzt hat, lassen sich schlagartig Veränderungen durchsetzen, für die eine gewisse Rücksichtslosigkeit um bestehende Befindlichkeiten charakteristisch ist. Wird dagegen aus der Überzeugung des Politikers heraus gehandelt und reformiert, sind entweder das persönliche Scheitern oder das Ende des Vorhabens vorprogrammiert.[17] «Wer die Reform wagt, wird bestraft», fasst der frühere Präsident des Münchner ifo-Instituts, Hans-Werner Sinn, das politische Geschehen der vergangenen Jahrzehnte zusammen.[18]

Hatte die Regierung Gerhard Schröders noch darunter gelitten, Visionäres nur unter außergewöhnlichen Umständen und um den Preis der Wahlniederlage umsetzen zu können, hat sich die politische Generation Merkel von Visionen und Überzeugungen verabschiedet. Die CDU hat sich unter der Kanzlerin sowohl von den neoliberalen Vorstellungen des Leipziger Programms getrennt als auch ihre Energiepolitik auf den Kopf gestellt. Sie konnte sich sowohl für als auch gegen ein Einwanderungsgesetz positionieren. Sie lieferte in der Eurokrise Versprechen von Eigenverantwortung und nationaler Souveränität, um gleichzeitig europäischen Transfermechanismen zustimmen zu können.

Die Bundeskanzlerin scheint entschlossen zu sein, unerwartete Ereignisse politisch zu nutzen. Sie reagiert auf Schocks und reichert sie durch allgemeine politische Erwägungen an, die dem Gebot der Zeit, nicht dem eventueller eigener Vorstellungen folgen. Das ist wenig charismatisch, war aber lange sehr erfolgreich: Bis zur Jahreswende 2015/2016 schrieb eine Mehrheit der Deutschen der Kanzlerin Intelligenz, Mut und sogar eine politische Linie zu. Sie hielt Angela Merkel für eine starke Kanzlerin, die das Land vorangebracht habe.[19] Erst die Flüchtlingskrise ließ Zweifel wachsen, ob die Kanzlerin das System im Griff hat – oder das System die Kanzlerin. Die Regierung hatte ihr Mandat überdehnt, das Parlament probte den Aufstand, die Bürger nahmen auf einmal ein Verhaltensmuster übel, von dem sie sich jahrelang hatten einschläfern lassen.

Nicht, dass der Parlamentarismus völlig zum Erliegen gekommen wäre: In politisch ruhigeren Zwischenphasen wurden für viele Politikbereiche oft kleine, pragmatische Fort- oder auch Rückschritte veranlasst, je nachdem. Mal wurden Krankenhäuser wirtschaftlicher gemacht, dann wieder wurde die Pflegeversicherung umgebaut. Das Erneuerbare-Energien-Gesetz wurde fast im Jahresrhythmus angepasst, Bundeswehrreformen wurden genauso beschlossen wie Maßnahmen zur Verbesserung der inneren Sicherheit und der Terrorabwehr.

Nur: Die einzelnen Maßnahmen blieben meist unterhalb der öffentlichen Wahrnehmungsschwelle, sie wurden von den Fachpolitikern verhandelt, in den Ausschüssen und im Vermittlungsausschuss zwischen Bundestag und Bundesrat festgezurrt. Für den Bürger gibt diese politische Alltagsarbeit wenig her – sie ist kompliziert und kaum durchdringbar. Nicht kampagnenfähig und deshalb auch nicht so wichtig.

Das ist keine deutsche Spezialität. In allen hochentwickelten Wohlstandsländern des europäischen Kontinents sind die Macht- und Einflusssphären zwischen den etablierten Kräften verteilt, politischer Wagemut ist nicht mehr gefragt. Vorsichtig werden Machtverhältnisse geklärt und

Mehrheiten sondiert. Die Komplexität der schon existierenden Regelungen und die überschaubaren Optionen einer
Bundesregierung, die zwar im Parlament die Mehrheit hat,
im Bundesrat aber den Ausgleich mit der Opposition suchen
muss, erlauben nur kleine Schritte. «Der Pendelschlag vom
ostentativ starken Staat der Vergangenheit zu einer leisen
Regierungstechnik der Defensive (ist) erfolgt», kritisiert der
frühere Verfassungsrichter Udo Di Fabio und charakterisiert
damit den politischen Alltag.[20]

Erst wenn sich die politischen Underdogs von rechts und
links lautstark bemerkbar machen, wird diese Routine durch-
brochen. In England ließ sich die Bevölkerung von diesen
Kräften überzeugen, der Europäischen Union den Rücken zu
kehren. In Griechenland wählten die Bürger den Linksaußen
Alexis Tsipras gleich in die Regierung. In Osteuropa sind
orthodox-konservative Nationalstaatler auf dem Vormarsch.
In Deutschland war die Flüchtlingskrise der Zündfunke für
eine rasante Repolitisierung des öffentlichen Lebens. Die
Alleingänge der Kanzlerin rückten in das Zentrum der politischen Auseinandersetzung. Die politische Stimmung in
Deutschland schwenkte nach rechts.

Im Sommer und Frühherbst des Jahres 2015 kam den
nördlichen Ländern Europas ein Problem näher, das sich bis
dahin in gesicherter Entfernung auf der italienischen Insel
Lampedusa, auf den kanarischen und auf den griechischen
Inseln aufgebaut hatte: Zehntausende Flüchtlinge aus Afrika,
dem Mittleren und Nahen Osten sammelten sich an den Grenzen Ungarns, Mazedoniens und Kroatiens, um nach Deutschland, Österreich und Schweden zu gelangen. Nach der Übereinkunft aus dem Dubliner Abkommen von 1990 und seinen

Nachfolgeregelungen hätten alle diese Flüchtlinge das Land um politisches Asyl oder den Flüchtlingsstatus ersuchen müssen, in dem sie zuerst europäischen Boden betreten hatten. Andere Länder Europas haben das Recht, nicht registrierte Flüchtlinge in diese Länder zurückzuschicken.

Die Bundesregierung reagierte auf den Ansturm, indem sie im Sommer 2015 eine gerechtere Verteilung der Flüchtlinge forderte – obwohl sie selbst eine Quote noch im Frühjahr 2015 abgelehnt hatte, als das Problem noch in maroden Dschunken vor der italienischen Küste dümpelte. Andererseits aber kündigte sie im Fall der syrischen Bürgerkriegsflüchtlinge an, diese nicht mehr zurückzuschicken. In einem Interview in der ARD-Sendung «Anne Will» sagte die Bundeskanzlerin, welche Überlegungen die Bundesregierung über ihre humanitäre Verpflichtung hinaus leiteten: Deutschland sei demographisch in einer schwierigen Situation. Die Flüchtlinge könnten dazu beitragen, das Schrumpfen der Bevölkerung zu bremsen und die Situation auf dem Arbeitsmarkt zu entspannen.

Damit verabschiedete sich die Bundesregierung zwar offiziell von dem Vorhaben, dem Bundestag aus Gründen der Demographie einen Gesetzentwurf für ein Einwanderungsgesetz vorzulegen. Das hatte die bayerische Schwesterpartei der CDU, die CSU, erbittert bekämpft. Stattdessen aber verknüpfte sie die Flüchtlingsfrage mit dem Einwanderungsthema.

Bewusst nahm man den Bruch mit allen rechtsstaatlichen Gepflogenheiten in Kauf: Galt es vorher als politisch unanständig, die Frage nach dem Nutzen von Flüchtlingen für das Aufnahmeland zu stellen, wurde das nun zum Stan-

dardargument. Wenn man immer wieder betonte, wie sehr
Deutschland von den Flüchtlingen profitieren werde, wurden klassische Begründungen aus der Einwanderungspolitik
verwendet: Die Flüchtlinge seien jung und gut ausgebildet,
es sei wichtig, sie schnellstmöglich in den Arbeitsmarkt zu
integrieren.

Dass die Datenlage zu dünn war, um den tatsächlichen
Bildungsgrad der Flüchtlinge korrekt zu erfassen, wurde
ebenso vernachlässigt wie die Tatsache, dass der Bildungsgrad und das Alter eines Migranten gerade kein Kriterium für
politisches Asyl oder den Flüchtlingsstatus sein dürfen. Hier
gelten ausschließlich die Regelungen nach der Genfer Kon-
vention, wonach Deutschland wie alle anderen Länder Europas verpflichtet ist, Schutz und Obdach zu gewähren.

Zum ersten Mal in der Regierungszeit Angela Merkels
wurde eine Krise genutzt, um ein eigenes, konkretes politisches Ziel zu erreichen. Deutschland sollte auch offiziell ein
Einwanderungsland sein, wenn die Flüchtlingswelle abebbt.
Dafür nahm die Bundesregierung ein hohes politisches
Risiko in Kauf: nicht mehr wiedergewählt zu werden, weil sie
sich zu weit von der Stimmung im Volk entfernt hatte. Hier
Parallelen zu Gerhard Schröders Agenda-2010-Politik zu
sehen, liegt nahe.

Was auf dem langen Weg durch die politische Ebene
nicht zu erreichen war, sollte nun die normative Kraft des
Faktischen herbeiführen. Junge CDU-Politiker wie der
Staatssekretär Jens Spahn benannten das zugrundeliegende
Politikprinzip ganz offen: Weil Deutschland sich mit weg-
weisenden Entscheidungen schwertue, seien die Flüchtlinge
ein Segen. Sie brächten in Bewegung, was vorher erstarrt und

bis zur Ermattung ohne Ergebnis verhandelt worden sei, sie brächten «disruptive Energie» in das System.[21]

Hier wurde deutlich, wie weit sich die Auffassung, Deutschland sei nur in seinen Krisen zu politischem Fortschritt fähig, auch unabhängig von der Person Angela Merkels schon verbreitet hat. Der öffentliche Diskurs und seine Aufmerksamkeitsrhythmen für politische Angelegenheiten entscheiden heute, was Politiker tun und wie sie etwas tun. Ein Plan spiele keine Rolle mehr, bemerkt Hans-Werner Sinn.[22] «Politische Repräsentanten werden immer wieder durch Wellen der Erregung getrieben. Das Drängende – sprich das Problem, das auf der Medienagenda ganz oben steht – verdrängt so das langfristig Wichtige», klagen Thomas Matussek und Claudia Huber. Was früher aufwendig von Meinungsforschern erhoben worden sei, könne man heute zumindest für bestimmte Bevölkerungsgruppen sekundengenau in den sozialen Medien ablesen – das präge die politische Agenda.[23] Kanzleramtsminister Peter Altmaier umschreibt dieses Phänomen mit der Chiffre der «Unfertigkeit», die die politischen Entscheidungsprozesse im 21. Jahrhundert präge. Heißt: Wir haben kein politisches Konzept, aber es fällt uns schon etwas ein. Wir wissen, dass uns die Probleme immer wieder begegnen, dass wir immer wieder neu und nachentscheiden müssen. Das gilt für die Energiewende genauso wie für die Eurokrise oder die Flüchtlingsfrage.

Der Preis dafür scheint auf einem anderen Spielfeld anzufallen: «Als Bürger erwarten wir einen großen Parteienstreit in diesen zentralen Fragen voller Leidenschaft», sagte der Politikwissenschaftler Karl-Rudolf Korte am 9.11.2015 im Deutschlandfunk zur Flüchtlingsfrage.[24] Der Verzicht auf eine solche programmatische Politik, auf das Entwickeln unterschiedlicher Entwürfe, die man dem Bürger zur Abstimmung vorlegen kann, führe zu Verärgerung und Politikabstinenz. In Ausnahmezeiten wird zu viel entschieden, als dass der Wähler den Überblick behalten könnte. Nahezu zwangsläufig folgt daraus die Versuchung, allein das politische Krisenmanagement zu bewerten und das Wahlverhalten entsprechend auszurichten. Politische Krisen lassen sich am besten mit großen Mehrheiten bewältigen, denken viele Wähler – kein Wunder, dass eine Große Koalition auch als wahrscheinliche Regierungskonstellation für die kommenden Jahre gilt. Dennoch reagiert selbst der politikzugewandte Teil der Bürger verschnupft. Längst hat er bemerkt, dass im kurzfristigen Krisenmodus die repräsentative Demokratie immer häufiger ausgehebelt wird. Städte, die eine mobilisierungsfähige Bürgerschaft haben, erleben in diesen Jahren, wie Bürgerbegehren und Volksentscheide an die Stelle des üblichen politischen Verfahrens treten. Man kann und muss auch hier fragen, wie diese Bürgerbewegungen die repräsentative Demokratie verändern, ob sie ihr nutzen oder schaden.[25]

«Was der Mensch auch tut, er schafft unvorhergesehene Folgen», resümiert der Mainzer Zeithistoriker Andreas Rödder[26] und stöhnt, «die Ära der großen Entscheidungen ist vorbei».[27] Ganz offensichtlich gilt das nur für den politischen Normalbetrieb.

Der permanente Krisenmodus der Regierungen Angela Merkels hat das Land auf der realpolitischen und der wirtschaftlichen Seite stärker gemacht. Auf der anderen Seite aber hat es im Inneren Verletzlichkeiten und Legitimationsdefizite geschaffen, die langfristig die Fundamente der Demokratie verändern.

Die Zeit des Hinterzimmer-Konsenses

Es war eine beachtliche Szene: Der CDU-Parteitag im Dezember 2014 in Köln schleppte sich gewohnt ruhig dahin. Ausgerechnet bei der Wahl der Beisitzer zum Parteipräsidium aber gab es eine schockierende Situation. Sieben Sitze, acht Bewerber. Wie konnte das passieren? Alles war so schön ausgerechnet worden: Die Frauen sollten mit einem Drittel der Sitze im Präsidium vertreten sein, die Landesverbände entsprechend ihrer Größe. Die Kandidaten waren vorher nach Quote, Landsmannschaft und Zugehörigkeit zu den richtigen Parteigruppierungen ausgesucht worden.

Dann aber muckte einer auf: Jens Spahn. Das nordrhein-westfälische Nachwuchstalent war von der Regie nicht vorgesehen, bestand aber auf seiner Kandidatur. Der Parteitag erstarrte. Eine Kampfkandidatur hätte womöglich das multiple Quotenpuzzle ruiniert. An Wettbewerb ist man in der Kanzlerinnenpartei nicht mehr gewöhnt. Gesundheitsminister Hermann Gröhe, wahrscheinlich der loyalste Verbündete der Kanzlerin, zog seine eigene Bewerbung schließlich zurück. Der Mann, der als Generalsekretär der CDU jahrelang in der Parteizentrale für Angela Merkel die Fäden zog, rettete den Parteitagsfrieden. Spahn rückte auf.

Die Kanzlerin ist eine Meisterin des informellen Gesprächs. Politischen Wettbewerb dagegen scheut sie. Zu unberechenbar sind seine Ergebnisse, zu viel Porzellan kann auf dem Weg zum Kompromiss zu Bruch gehen. Der CDU hat sie den Streit um Posten und Positionen auf diese Weise weitgehend ausgetrieben. In der Außenpolitik hat sie sich mit ihrem Stil große Verdienste erworben. Nach dem Einmarsch Russlands in der Ukraine erhielt sie das Gespräch mit Russland aufrecht. Wegen seiner geduldigen Gesprächsbereitschaft hat Deutschland auch beim Ausgleich im Atomstreit zwischen dem Iran und den USA eine gute Rolle gespielt. In der Euro- und Staatsschuldenkrise organisierte Merkel immer wieder neue Vereinbarungen zwischen den völlig zerstrittenen Partnerländern. «Sie ist eine gute Zuhörerin», sagt der frühere britische Außenminister David Miliband über sie.

Auch in der Innenpolitik klärt sie am liebsten alles im Vorfeld. Als Parteivorsitzende der CDU hätte sie schon 2002 den ersten Zugriff auf die Kanzlerkandidatur gehabt. Sie tauschte die Kandidatur gegen eine Käsesemmel: Im Januar 2002 reiste sie ins oberbayerische Wolfratshausen, um dem bayerischen Ministerpräsidenten Edmund Stoiber die Kanzlerkandidatur zu Füßen zu legen. In den Tagen zuvor war ihr klargeworden, dass sie den offenen Wettbewerb gegen Stoiber nicht gewinnen konnte. Sie antizipierte den Ausgang der Abstimmung und nahm ihm die Spitze. Drei Jahre später war sie als Kanzlerkandidatin nicht zu verhindern. Im Frühstückszimmer der Stoibers hatte sie die Grundlage dafür geschaffen. Eine tatsächliche Grundsatzentscheidung mussten CDU und CSU gar nicht mehr treffen.

Das gilt auch für die Zusammenarbeit mit den Ländern. Statt Bundestag und Bundesrat im Vermittlungsausschuss verhandeln zu lassen, legt Merkel lieber selbst Hand an. Sie lädt die Ministerpräsidenten regelmäßig zu Kaminrunden, in denen die früher lautstark ausgetragenen Kontroversen geräuscharm beigelegt werden. Ob Asylkompromiss oder Hochschulfinanzierung, Gesundheits- oder Pflegereform: Die Kanzlerin glänzt an den langen Abenden mit Detailwissen, die Ministerpräsidenten lassen sich das gerne gefallen. Sie wissen: Am Ende solcher Abende bekommen sie in der Regel mehr Geld. Dafür lassen sie sich Mitentscheidungsrechte und Kompetenzen abhandeln. Kein Wunder, dass der baden-württembergische Ministerpräsident Winfried Kretschmann Angela Merkel in sein Abendgebet einschließt.

Müssten die Ministerpräsidenten mit ihren Kollegen aus dem Bundestag im Vermittlungsausschuss streiten, behielten sie zwar ihre politische Macht. Sie könnten ihr politisches Profil in Berlin stärken und sich für die Bundespolitik ins Gespräch bringen. Doch finanziell wäre die Sache weniger einträglich. Auch Ministerpräsidenten wollen wiedergewählt werden. Da sind demokratische Prinzipien wie die Gewaltenteilung manchmal nicht so wichtig.

Die Kanzlerin weiß das. Das vertrauliche Gespräch im kleinen Kreis ist ihr Format. Es steht für ein introvertiertes Demokratieverständnis: Die besseren Entscheidungen fallen im klugen kleinen Kreis. Das Parlament und den Bundesrat braucht man, um diese Beschlüsse zu legitimieren.

Die Kanzlerin meidet das politische Risiko

Nichts zeigt die Verschiebung politischer Kräfteverhältnisse deutlicher als die Wahl des Bundespräsidenten. Das Staatsoberhaupt wird von der Bundesversammlung gewählt. Dieses Gremium besteht aus allen Mitgliedern des Bundestages. Genau gleich viele Stimmberechtigte entsenden die Länder. Die Bundespräsidentenwahl wird meist als Indikator für den Zustand einer Regierung gewertet. Sie spiegelt die gesamtpolitische Stimmung auf der Bundes- und der Länderebene. In den zwölf Jahren unter Angela Merkel musste dreimal gewählt werden. Die Bundespräsidenten hielten einfach nicht mehr so lange durch wie früher. Kandidatensuche und -wahl demonstrieren ein Politikverständnis, das nicht vom Wettbewerb der Ideen und der Kandidaten lebt. Es ist getrieben von der Schrumpfung des politischen Risikos. Das Meisterstück dafür lieferte sie im Jahr vor ihrer Kanzlerschaft.

Horst Köhler war früher Chef des Internationalen Währungsfonds. Davor war der schwäbische Wirtschaftsmann Präsident des Sparkassenverbandes, davor Staatssekretär im Bundesfinanzministerium. Als Bundespräsident war er die überraschendste Kreation, die das politische Hinterzimmer Angela Merkels jemals hervorgebracht hat. Niemand hatte ihn als Kandidaten auf der Rechnung, als sich die Chefs der Oppositionsparteien CDU, CSU und FDP auf die Suche nach einem reputierlichen Kandidaten machten. Die drei Parteien hatten damals wegen der vielen konservativ regierten Bundesländer die Mehrheit in der Bundesversammlung.

Köhler galt als ein etwas hölzerner, aber aufrechter Neoliberaler, angenehm fremd im Berliner Regierungszirkus.

Bei seinen Mitarbeitern war er wegen seines cholerischen Temperaments gefürchtet, bei seinen Weggefährten wegen seiner höflichen Zurückhaltung beliebt. Aber ein Bundespräsident? Das hätte sich vor dem Frühjahr 2004 niemand vorstellen können.

Dann aber trafen sich die Oppositionsführerin Angela Merkel, der damalige CSU-Chef Edmund Stoiber und der FDP-Vorsitzende Guido Westerwelle im März 2004 in der Berliner Stadtwohnung Westerwelles. Streng vertraulich und extrem öffentlich zugleich. Es sollte eine erste Machtdemonstration der späteren Kanzlerin werden. Ein Coup.

Auf dem Trottoir vor dem Haus drängten sich die Kamerateams, im Lauf des Abends kam es zu einem regelrechten Volksauflauf. Der Gehsteig musste abgesperrt werden. Ein solches Spektakel hatte es zur Kür eines Bundespräsidenten noch nie gegeben: «Wer (...) glaubte, instinkt- und würdeloser könnte die Wahl eines Kandidaten für das höchste Staatsamt nicht werden, sah sich (...) eines Besseren belehrt»[28], notierte der inzwischen verstorbene Herausgeber der *Frankfurter Allgemeinen Zeitung*, Frank Schirrmacher, entsetzt. «Saß die Gesellschaft um den Ikea-Küchentisch, als sie um das Amt feilschte, oder auf dem roten Sofa, auf dem der Politiker ‹gerne entspannt›, oder gar in Corbusier-Ledersesseln, zwischen denen ein Eileen-Grey-Tisch steht?», empörte er sich.

Der Preis, der im Frühjahr 2004 zu zahlen war, war beachtlich. Wolfgang Schäuble wäre gern Präsident geworden, und die Parteivorsitzende Merkel hatte ihm Hoffnung auf das Amt gemacht. Für den CDU-Spitzenpolitiker wäre es eine späte Genugtuung gewesen. Schäuble, der 1990 Opfer eines Attentats wurde und seitdem im Rollstuhl sitzt, war schon Kronprinz und potenzieller Nachfolger Helmut Kohls als Bundeskanzler gewesen. Doch Kohl verlor 1998 die Wahl. Anschließend brach die CDU-Spendenaffäre über die Partei herein. In deren Verlauf musste Schäuble als Parteivorsitzender zurücktreten. Als stellvertretender Fraktionsvorsitzender in der Opposition war er im Frühjahr 2004 erkennbar unzufrieden und unterbeschäftigt. An diesem Abend hat er darauf gewartet, angerufen zu werden. In Westerwelles Wohnzimmer wurde er den Ambitionen Angela Merkels geopfert. Nicht er, sondern Horst Köhler wurde Präsident.

Das Spiel wiederholte sich im Jahr 2010 nach Köhlers Flucht aus dem Amt, diesmal mit Ursula von der Leyen. Wieder wurden Hinterzimmergespräche geführt, wieder hatte die Kanzlerin einer Kandidatin Mut gemacht. Wieder wurde nichts daraus. Merkel wollte eine offene Auseinandersetzung in der Koalition vermeiden. Sie wollte demonstrieren, dass die CDU/FDP-Regierung trotz enormer Verschleißerscheinungen noch nicht abgewirtschaftet hatte. Dafür konnte sie keine Kandidatin brauchen, die so stark polarisiert wie von der Leyen. Zur Inszenierung der Kandidatenkür versammelten sich die Vorsitzenden der Koalitionsparteien, diesmal trafen sie sich im Kanzleramt. Am Ende entschieden sie sich für den damaligen Ministerpräsidenten von Niedersachsen, Christian Wulff.

Sie hatten nicht damit gerechnet, dass es einen starken Gegenkandidaten geben würde. Denn die Parteivorsitzenden der Regierung hatten zudem vernachlässigt, dass der Bundespräsident nicht von ihnen allein ausgesucht wird. Er muss auch gewählt werden. Im kleinen Kreis hatten sie verdrängt, dass Demokratie das Denken in Alternativen sein muss. Sonst funktioniert sie nicht.

Die Bundesversammlung beugte sich nicht so problemlos, wie es die Ministerpräsidenten im Gespräch mit der Kanzlerin getan hatten. Christian Wulff brauchte drei Wahlgänge, bevor er Bundespräsident wurde. Der Präsident war von den eigenen Leuten nicht geschlossen gewählt worden. Er bringe «nur eine Laufbahn» auf die Waage, sein prominenter Gegenkandidat Joachim Gauck dagegen «ein Leben», hatte SPD-Chef Sigmar Gabriel im Vorfeld gehöhnt.

Was im Hinterzimmer als Demonstration der Handlungsmacht der Regierung geplant worden war, endete in einer Niederlage für die Koalition. Die Bundesversammlung wählte Wulff zwar, geliebt aber wurde der andere. Gauck wurde schließlich wenige Jahre später doch noch Bundespräsident – nachdem Christian Wulff vorzeitig zurückgetreten war.

Diese erste große Abmahnung für ihre Geheimdiplomatie hätte die Kanzlerin warnen können. Doch Angela Merkel vertraute auch für die Präsidentenwahl 2017 wieder auf die Kraft des Gesprächs im kleinen Kreis. Diesmal wusste sie, dass kein Kandidat der CDU eine Mehrheit in der Bundesversammlung bekommen würde. In den Ländern hatte sich die Mehrheit gedreht. Ohne die Stimmen der SPD oder der kleinen Oppositionsparteien konnte kein Kandidat gewählt werden.

Das Einfachste wäre eine weitere Amtszeit für Bundespräsident Joachim Gauck gewesen. Der Bundespräsident war in der Öffentlichkeit beliebt wie kaum ein anderer vor ihm.

In einer Zeit wachsender Unsicherheit und Bedrohung hatte der frühere ostdeutsche Pfarrer den richtigen Ton gefunden. Doch Gauck fühlte sich zu alt und gesundheitlich nicht fit genug, um weitere fünf Jahre an der Spitze des Landes zu stehen. Immer öfter brauchte er Pausen. Schwächeanfälle häuften sich. Auslandsreisen wurden ihm zur Tortur. Im Juni 2016 sagte der Präsident ab.

Mit der SPD verabredete Merkel, einen parteiübergreifenden Kandidaten zu suchen. Unterschätzt hatte sie, dass das Interesse der Sozialdemokraten an einer diskreten Verabredung im Jahr vor der Bundestagswahl nicht sonderlich ausgeprägt war. Auch die SPD weiß, dass die Präsidentenwahl vielen als Vorentscheidung für neue politische Mehrheiten im Bundestag gilt.

Diesmal wurde die Suche nach dem richtigen Kandidaten in aller Öffentlichkeit zelebriert. Die Kanzlerin brauche eine Frau, damit auch die Grünen mitstimmen könnten: eine wie die evangelische Pfarrerin Margot Käßmann? Oder die CSU-Frau Gerda Hasselfeldt? Die saarländische Ministerpräsidentin Annegret Kramp-Karrenbauer? Oder wäre ein Kandidat besser, der über allem steht und alle Wahlmänner der Bundesversammlung überzeugt: Verfassungsgerichtspräsident Andreas Voßkuhle? Bundestagspräsident Norbert Lammert? Der frühere Ratspräsident der evangelischen Kirche in Deutschland, Wolfgang Huber? Würden Wolfgang Schäuble oder Ursula von der Leyen, die enttäuschten Schattenkandidaten der vorherigen Bundespräsidentenwahlen, diesmal überzeugen können? Oder wäre ein Überraschungskandidat aus der Politik die richtige Wahl: Winfried Kretschmann von den Grünen zum Beispiel, der baden-württembergische

Ministerpräsident. Die Absagen stapelten sich auf dem Tisch der Kanzlerin. So etwas war noch nie vorgekommen. Für die Frage, ob man Bundespräsident werden will, ist eigentlich nur eine Antwort vorgesehen: Ja. Wenn das Land ruft, müssen persönliche Lebenspläne zurücktreten.

Es hätte noch eine Alternative gegeben: der offene politische Wettbewerb. In einer demokratischen Gesellschaft ist der Wettstreit um Personen, Konzepte und politische Werte nicht ehrenrührig. Im Gegenteil, er ist notwendig. Doch die Idee, die Bundesversammlung zwischen zwei aussichtsreichen Kandidaten aus unterschiedlichen Lagern entscheiden zu lassen, gefiel der Kanzlerin gar nicht. Ein Scheitern auf offener Bühne wollte sie um jeden Preis vermeiden. In letzter Sekunde versuchte sie noch, Marianne Birthler ins Rennen zu schicken, um Steinmeier zu verhindern – auch das war vergeblich. Deshalb stimmte die Union am Ende der Kandidatur ihres Außenministers Frank-Walter Steinmeier zu. In einem blieb die Kanzlerin sich also doch treu: Auch ihre Niederlagen finden im Hinterzimmer statt.

Die Präsidialkanzlerin

Ob bei der Nachfolgefrage für den Bundespräsidenten oder bei den Bund-Länder-Beziehungen, ob auf der Ebene der Staats- und Regierungschefs der Europäischen Union oder bei der Energiewende: Wenn alle tief in der Nacht müde davonfahren, hält der Aufzug im Kanzleramt oft noch einmal im Zwischengeschoss. Die Kanzlerin steigt aus und marschiert in die Büros der Mitarbeiter, die den Abend begleitet haben. Merkel kontrolliert, ob die Beamten die Einigung vollständig aufgeschrieben haben, ob die Formulierungen sitzen und die Details stimmen. Erst wenn sie sicher ist, dass der jeweilige Kompromiss korrekt erfasst ist, fährt sie nach Hause.

Die Ergebnisse der Beratungen werden tags drauf in die Ministerien und Staatskanzleien, die Parteizentralen oder Fraktionsgeschäftsstellen expediert. Von dort werden sie dann als Gesetzentwürfe in Bundestag und Bundesrat eingereicht. Die Zustimmung ist sicher. Die Arbeit ist ja schon getan.

Der immerwährende kleine Kreis hat in den zwölf Jahren der Kanzlerschaft Angela Merkels eine Plattentektonik der Demokratie in Bewegung gesetzt, die kaum noch zu stoppen ist. Angela Merkel handelt, verhandelt und entscheidet wie eine Präsidialkanzlerin. Die Ergebnisse sind meist effizient und alltagstauglich. Doch demokratisch legitimiert sind sie nur dürftig: Erst im Nachhinein wird der Souverän gefragt, ob er einverstanden ist. Dann sind die Handlungsspielräume aber schon eng definiert. Statt einer offenen politischen Beratung ist Gefolgschaft gefordert.

Diese Politikkultur nährt die Vorbehalte gegen das politische Establishment. Ihre Legitimation ist zu dünn, um als politisches Prinzip dauerhaft zu funktionieren. «Die Suche nach unbedingtem Konsens ist ein Grundübel der politischen Kultur Deutschlands»,[29] urteilt der Chemnitzer Politikwissenschaftler Eckhard Jesse.

Die Bundespräsidentenwahl 2017 hätte eine Glanzstunde der Demokratie werden können. Sie wurde verschenkt.

Die «Stunde der Exekutive» ist unter Angela Merkel zu einer Ära geronnen. Die Kanzlerin und ihr Kabinett regieren am Parlament vorbei. Der Souverän, das Volk, wird immer öfter nur noch benutzt, um Entscheidungen im Nachhinein gutzuheißen. Die Regierung hat sich von ihrem Volk abgesetzt.

3. Die entmündigten Volksvertreter

Die Verfassung, die wir haben
(...) heißt Demokratie, weil der
Staat nicht auf wenige Bürger,
sondern auf die Mehrheit aus-
gerichtet ist.

THUKYDIDES, PELOPONNESISCHER
KRIEG, 2,37

Mitglieder des Bundestages genießen viele Privilegien. Kostenlos reisen sie mit der Bahn, erster Klasse. In Lufthansa-Flugzeugen sitzen sie in den vorderen Reihen. In Berlin benutzen sie Dienstwagen. In den dunklen Limousinen der Fahrbereitschaft des Deutschen Bundestages fahren sie vom Flughafen zu ihren Abgeordnetenbüros nahe dem Reichstag oder zum Frühstücken ins Kaffeehaus «Einstein» Unter den Linden. Sie werden oft eingeladen. Manche rühmen sich ihrer Sparsamkeit: Sie müssten während der Sitzungswochen in Berlin keinerlei Ausgaben fürs Essen machen, erzählen sie.

Die Parlamentarier können für 16000 Euro im Monat Mitarbeiter beschäftigen. Über 50000 Euro werden im Jahr für Wahlkreisbüros und Zweitwohnungen überwiesen. Für Stifte, Radiergummis, Kaffeemaschinen und Papier bezahlt das deutsche Volk 1000 Euro im Monat.

Daran gibt es immer wieder – berechtigte – Kritik. Einige Abgeordnete haben die Fahrbereitschaft genutzt, um ihre Kinder vom Kindergarten abzuholen. Andere haben auf

Rechnung des Hohen Hauses mehr Montblanc-Füllfederhalter mit dekorativen Tintenfässern gekauft, als man in einem ganzen Leben verbrauchen kann. Doch das ist läppisch im Vergleich zu ihrem Versagen in der Politik.

Deutschland leistet sich 631 Abgeordnete für rund 80 Millionen Bürger. Zum Vergleich: 319 Millionen Amerikaner fühlen sich von 435 Abgeordneten im Repräsentantenhaus angemessen vertreten. Obwohl es so viele von ihnen gibt, haben die deutschen Parlamentarier immer weniger zu sagen. Schlimmer noch: Sie finden sich mit ihrer Bedeutungslosigkeit ab und richten sich darin ein. Bundeskanzler Helmut Kohl hat sie gelehrt, dass der Kanzler – und nicht sie – für die großen Pläne wie die Wiedervereinigung und die Währungsunion zuständig ist. Bundeskanzler Gerhard Schröder hat die Parlamentarier bei den Auslandseinsätzen der Bundeswehr und bei der Agenda 2010 rigoros auf seine Linie gezwungen. Bundeskanzlerin Angela Merkel muss keine Gewalt mehr anwenden. Die Abgeordneten haben sich längst ergeben. Deutschland ist zu einer heimlichen und verschämten Präsidialdemokratie geworden.

In der Praxis sind die Abgeordneten schon lange nicht mehr die Repräsentanten des Volkes. Etwas mehr als die Hälfte von ihnen sitzt im Bundestag, obwohl sie ihren Wahlkreis gar nicht gewonnen haben. Denn nur knapp die Hälfte der Mandate wird direkt in den Wahlkreisen vergeben. Die anderen Abgeordneten gelangen über die Landeslisten ins Parlament. Nicht den Bürgern fühlen sie sich deshalb in erster Linie verbunden, sondern ihren Parteien und der Bundesregierung. Sie sind Hörige geworden, obwohl sie ihr Amt selbstbewusst und zum Wohl der Allgemeinheit ausüben müssten.[1] Sie haben sich vom Bürger entfremdet, um ihren Parteien und deren Vorsitzenden zu dienen.

Das Magazin *Stern* hat im Februar 2016 eine repräsentative Umfrage zum Ansehen der Abgeordneten veröffentlicht. Nicht einmal jeder zweite Bürger vertraut den Abgeordneten. Zwei Drittel der Befragten waren der Ansicht, dass die Mandatsträger weder engagiert noch sachgerecht bei der Arbeit seien. Vier Fünftel glaubten, die Parlamentarier seien überfordert, drei Viertel wünschten sich mehr Unabhängigkeit von den Parteien.[2] Haben solche Umfragen Einfluss auf den Parlamentarier? Er ärgert sich darüber. Er fühlt sich missverstanden. Er ändert – nichts.

Diese Wahrnehmung der Bürger ist ja auch verzerrt. Viele Vertreter des Volkes arbeiten tatsächlich hart und erfüllen ihre Pflichten. Ohne sie kommt kein einziges Gesetz zustande. Sie fuchsen sich in komplizierte Themengebiete ein, ohne dass sie dafür große öffentliche Aufmerksamkeit erwarten können. Kordula Kovac, CDU-Abgeordnete aus dem baden-württembergischen Ortenau-Kreis, weiß beispielsweise alles über die Kirschessigfliege und darüber, wie schlimm das Insekt in Deutschlands Weinbergen wütet. Oliver Krischer von den Grünen sitzt für den rheinischen Kreis Düren im Bundestag. Er kann jede Veränderung in der Windstromförderung seit der Jahrtausendwende auswendig.

Doch das Fachwissen ist den Abgeordneten Nachweis ihrer Arbeit und Existenzberechtigung zugleich geworden. Es steht für die Überforderung, die großen und umfassenden Themen anzupacken. Es beleuchtet die Schwierigkeit, verständliche Regeln für immer kompliziertere Situationen zu finden, unerwünschte Nebenwirkungen zu vermeiden, sich von Details nicht irritieren zu lassen. Hier lassen sich die Abgeordneten lieber von den großen Anwaltskanzleien helfen. Die formulieren für sie Gesetzentwürfe und schätzen ab, wie viele konkurrierende Regeln es schon gibt. Die Kirschessigfliegen-Kompetenz ist gut für ein Leben *von* der Politik. Doch ein erfülltes Leben *für* die Politik kann sie nicht rechtfertigen.

Darin liegt der Grund für den Akzeptanzverlust des Bundestages. Der Vorwurf, den die Wähler ihren Abgeordneten machen, ist einfach. Sie haben sich von der Realität so weit entfernt, dass es ihnen nicht mehr gelingt, ihre politischen Entscheidungen zu erden: «In Berlin» denke kein Mensch mehr an den ordentlichen Bürger. Stattdessen pflege die politische Klasse ein permanentes Rendezvous mit sich selbst. Probleme werden nicht gelöst, sondern verschoben. Verantwortung wird nicht übernommen, sondern verteilt.

Darin liegt die größte Gefahr für die Demokratie. Die Probleme der Leute sind, aus Berlin betrachtet, vielleicht klein. Deshalb sind sie aber nicht unwichtig.

Wer nicht mehr glaubt, durch seine Stimme die Geschicke des Landes beeinflussen zu können, geht im günstigsten Fall einfach nicht mehr wählen. Er wird gleichgültig. Im ungünstigsten Fall aber wendet er sich verbittert ab und schließt sich extremen Gruppierungen an, die – wie einst die Feinde der Demokratie in der Weimarer Republik – behaupten, das Parlament sei eine Quasselbude, sie allein seien die wahre Stimme des Volkes.[3]

Jenseits der Stammtische ist die Legitimation staatlichen Handelns tatsächlich bedroht, wenn sich das Volk im demokratischen Verfahren nicht mehr wiederfindet. Der Staatsrechtler Ernst-Wolfgang Böckenförde hat diesen Zusammenhang so erklärt: «Die Wahrnehmung staatlicher Aufgaben und die Ausübung staatlicher Befugnisse bedarf einer Legitimation, die auf das Volk direkt zurückführt.»[4] Wenn diese Legitimationskette reißt, verlieren Politik und Verwaltung zuerst nur die Zustimmung der Bürger, dann den Respekt.[5]

Man kann dem Bürger nicht vorwerfen, dass er Unverschämtes verlangt, wenn er möchte, dass seine Stimme zählt. Im Gegenteil: In funktionierenden Demokratien sind Bürger sogar erstaunlich gutmütige Wesen. Sie akzeptieren das Mehrheitsprinzip und beugen sich den Entscheidungen der Politiker in der Regel auch dann, wenn sie anderer Ansicht sind. Das ist naturgemäß oft der Fall. Wer ist schon einverstanden, wenn die eigene Steuerlast per Gesetz angehoben wird, die eigene Stromrechnung wegen neuer Energiewenderegelungen steigt oder das eigene Auto nicht mehr in die Innenstadt fahren darf, weil es den falschen Treibstoff braucht? Noch anstrengender ist es, den Mehrheitswillen zu akzeptieren, wenn eine politische Partei die Regierung stellt, deren ganze Richtung man schlecht findet und deren Werte man nicht teilt. Dennoch unterwerfen sich die Bürger in einer Demokratie diesen Gesetzen. Sie zahlen ihre Steuern und den höheren Strompreis und fahren keinesfalls ohne grüne Feinstaubplakette in die Innenstadt. Die Demokratie lebt von der Frustrationstoleranz und der Rechtstreue ihrer Bürger. Sie lebt davon, dass der Bürger das Parlament für vier Jahre legitimiert hat und dessen Entscheidungen akzeptiert.

Umso wichtiger ist es, dass das demokratische Prinzip dahinter funktioniert: Die Bürger müssen glauben können, dass das Parlament im Sinne des Gemeinwohls entscheidet. Und sie müssen tatsächlich eine Wahl haben. Sie selbst müssen die Leute ausgewählt haben, die die Entscheidungen treffen. Sie müssen sie abwählen können, wenn die Parlamentarier versagen. Früher konnten sich die Parteien auf den Gleichmut des Souveräns verlassen. Heute nicht mehr. Denn erstens richtet sich das Parlament zunehmend nach innen und verweigert sich allen Bemühungen, besser zu werden – weil damit Unbequemlichkeit und Unsicherheit für die Abgeordneten verbunden wären. Zweitens hat es selbst das Gemeinwohl aus den Augen verloren. Es hat Steuervergünstigungen für Hotels zugestimmt, und es hat den Rentnern Extra-Vergünstigungen zukommen lassen. Es hat die große Linie verloren und sich in Widersprüche und Klientelpolitik verstrickt. Drittens hat es sich, und dieser Punkt ist entscheidend, von den Parteien und von der Regierung entmachten lassen.

So hat es den Anspruch verschenkt, das politische Kraftfeld der Demokratie zu sein.

Die Partei, die Wahl, die Loyalität

Es ist nicht verwunderlich, dass viele Bürger keinen großen Drang mehr verspüren, zur Wahl zu gehen. Sie spüren, dass den meisten Abgeordneten ihre Parteifreunde wichtiger sind als sie selbst. Sogar beim Hochamt der Demokratie, der Bundestagswahl, spielen die Wähler in den Augen der Kandidaten nur die zweite Geige. Gibt es einen engagierten politischen Wettbewerb der Bewerber vor Ort? Meistens nicht, klare Fehlanzeige. Versuchen die Kandidaten, Nichtwähler und Gleichgültige zurück ins Boot zu holen? Ganz sicher nicht – ihnen reicht es völlig aus, wenn sich die ohnehin politisch Aktiven zur Wahlurne bemühen. Die niedrige Wahlbeteiligung wird zwar offiziell laut beklagt, inoffiziell aber wissen die Parteien spätestens seit dem beeindruckenden Erfolg der AfD im Jahr 2016, dass sie normalerweise nicht profitieren, wenn mehr Leute zur Wahl gehen. Im Gegenteil. Deshalb lässt man den unwilligen Wähler lieber da, wo er ist: zu Hause.

Tony Blairs Wahlkampfstratege Philip Gould hat seine Leute immer wieder vor dem «Empty Stadium», dem leeren Stadion, gewarnt. Nur ein temperamentvoller Austausch zwischen Wählern, Mandatsträgern und Regierung halte die Demokratie wach, sagte er. Herrschten dagegen Langeweile und Frustration, verfalle das System schnell. Wie die Fans beim Fußball wegbleiben, wenn die Mannschaft nur verteidigt und mauert, bleiben in der Demokratie die Wähler weg. Oder sie laufen einem anderen Verein zu. Dem aktuellen Kader einer Mannschaft ist das zwar nicht egal. Aber er nimmt lieber das leere Stadion in Kauf, als sich zugunsten eines besseren Spiels vom Feld stellen zu lassen.

Für mehr als die Hälfte der Parlamentarier entscheidet nicht der Wähler seines Wahlkreises, ob er auch in der kommenden Legislaturperiode wieder dabei sein darf. Die Landesliste und damit die Parteifreunde sind viel wichtiger. Mit der Landesliste regeln die Parteien, wer entsprechend dem Anteil der Zweitstimmen in den Bundestag ziehen darf. Je weiter vorne man auf der Liste landet, desto sicherer lebt man in den kommenden vier Jahren. Listenplätze sind in der Welt der Abgeordneten Eintrittskarte und Überlebensgarantie. Sie zeigen das Ansehen eines Kandidaten innerhalb der Partei. Sie sind alles.

332 von 631 Abgeordneten des 18. Deutschen Bundestages verdanken ihr Mandat nur einer solchen Liste. Sie haben zwar ihren Wahlkreis verloren und damit den direkten politischen Vergleich nicht bestanden. Dennoch winken sie dem Souverän freundlich von einem der königsblauen Sessel unter der Reichstagskuppel zu. Die Landeslisten machen es möglich.

Mit dem zweifachen Wahlrecht – jeder Wahlkreis schickt den Abgeordneten, der die einfache Mehrheit der Erststimmen erreicht, ins Parlament, und jede Partei kann entsprechend ihrem prozentualen Zweitstimmenanteil Politiker mit Mandaten ausstatten – sollte das politische System in Deutschland nach dem Zweiten Weltkrieg stabilisiert werden. Heute ist es darüber eingeschlafen.

Je schlechter die Umfragewerte einer Partei sind, desto wichtiger wird der Listenplatz. Statt sich auf die Wähler zu konzentrieren, sie gerade jetzt mit besserer Politik und mehr Präsenz vor Ort zu überzeugen, investiert der Abgeordnete nun den größten Teil seiner Energie in die Zustimmung der Parteifreunde. Nicht auf dem Marktplatz muss der Listen-Politiker um seine Zukunft kämpfen. Er muss es im Hinterzimmer tun.

Wenn sich viele Parteien mit Aussicht auf Erfolg um Sitze im Bundestag bewerben, wird das besonders deutlich. Die kleinen Parteien bekommen nur in Ausnahmefällen ein Direktmandat. Sie konzentrieren sich ganz auf die Liste. Bei der kommenden Bundestagswahl im September 2017 werden mit CDU / CSU, SPD, FDP, Bündnis 90 / Die Grünen, Linkspartei und AfD möglicherweise sieben Parteien im Parlament vertreten sein. Drei davon, CDU / CSU und SPD, werden voraussichtlich die meisten Direktmandate unter sich aufteilen. Bei allen anderen spielen die Parteilisten die entscheidende Rolle. Die Folge: Der Bundestag wird noch größer. Die Versammlung der Volksvertreter wird anschwellen wie ein Kürbis in der Spätsommersonne. Doch die Abgeordneten werden ihren Wählern deshalb nicht näherkommen.

Vergeblich bemühte sich Bundestagspräsident Norbert Lammert (CDU), die Parteien zu einer Begrenzung der Abgeordnetenmandate zu drängen. Er fand allgemeine Zustimmung, aber keine Mehrheit. Die Wahlrechtsreform wurde verschoben. Erst nach der Bundestagswahl 2017 will man sich der leidigen Frage wieder widmen. Klar: Wer einmal ein Mandat hat, tut sich schwer damit, mit der Zahl der Parlamentssitze auch die eigenen politischen Chancen zu reduzieren. Wer stimmt schon gegen seine eigene Arbeitsplatzgarantie?

Der Soziologe Niklas Luhmann hat zwei Wege beschrieben, wie der Bürger politischen Einfluss geltend machen kann. Der eine geht über die Wahlen. Wenn aber das Wahlverfahren selbst dafür sorgt, dass immer mehr Abgeordnete durch die Wahl nicht direkt legitimiert sind, wird der zweite Weg der Einflussnahme umso wichtiger: Demonstrationen, Bürgerinitiativen, Leserbriefe, Gespräche mit Politikern.[6] Je entfernter die Politiker für die Wähler erscheinen, desto lauter verschaffen die sich auf dem anderen Weg Gehör.

Die Abgeordneten beschweren sich bitter über die renitente Verweigerungshaltung der «Nimby»- und «Bananas»-Bürger, die nur ihre eigenen Interessen im Blick und keinerlei Einsicht für die wichtige Arbeit im Parlament hätten. Sie erkennen nicht, dass darin eine Reaktion auf ihre eigene Demokratieferne liegt. Nimbys (das Akronym steht für «Not in my backyard») wehren sich nur dagegen, dass in ihrer direkten Nachbarschaft Hochspannungsleitungen, Bahnhöfe oder Flüchtlingsunterkünfte gebaut werden. Die anderen sind gegen alles («Build absolutely nothing anywhere near anybody»). Die Parlamentarier selbst haben dafür gesorgt, dass beide Gruppen Konjunktur haben. Sie haben in Kauf genommen, dass der Königsweg der Legitimation verschüttet wird. Nur Politiker, die darauf hoffen dürfen, ihren Wahlkreis zu gewinnen, engagieren sich tatsächlich vor Ort. Wer in seinem Wahlkreis wohnt und direkt gewählt ist, lässt sich auch zwischen den Wahlterminen blicken. Wer nicht hier wohnt und einer kleineren Partei angehört, kann sich das sparen. Er hat oft nur einen Mitarbeiter, der einmal in der Woche zum Blumengießen und Postholen ins Wahlkreisbüro kommt.

Die entfremdeten Volksvertreter tummeln sich dafür umso intensiver in den Landeshauptstädten und in Berlin. Hier finden sie diejenigen, die die Listen für die Zweitstimmen zusammenstellen. Wie diese Zweitstimmenlisten entstehen, ist für Außenstehende ein weiteres Ärgernis. Nur selten fällt ein Schlaglicht auf das Gezerre im Hintergrund, wenn es um das Zuteilen von Wahlchancen geht. Zum Beispiel, wenn für einen verdienten Mann wie den SPD-Politiker und Kanzlerkandidaten Martin Schulz schnell ein Weg in den Bundestag gebahnt werden muss. Kaum war im November 2016 klar, dass Schulz als Präsident des Europa-Parlaments nicht wiedergewählt werden würde, wurde er auch schon zum Anführer der Landesliste Nordrhein-Westfalen für die Bundestagswahl gemacht. Beschlossen hatten das die nordrhein-westfälische Ministerpräsidentin Hannelore Kraft und der Landesvorstand der Sozialdemokraten in einer Nacht-und-Nebel-Aktion. Die Basis durfte wenige Wochen später einmal begeistert nicken.

Auch wenn Gerichte wegen eines Streits von Parteifreunden bemüht werden müssen, bekommt die Öffentlichkeit einen Einblick, wie hemdsärmlig es beim Chancenmanagement der Parteien zugeht. Die Parteivorsitzende der AfD, Frauke Petry, wurde verklagt, weil sie vor den sächsischen Landtagswahlen im Jahr 2014 einen missliebigen Kandidaten eigenhändig von der Landesliste strich. Das Gericht gab dem Kläger recht. Die parteipolitische Quittung kassierte Petry postwendend: Sie musste im Lauf des Jahres 2016 händeringend einen Wahlkreis für die Bundestagswahl 2017 suchen. Da Petry in großen Teilen der Partei gehasst wird, wurde ihr in aussichtsreichen Wahlkreisen regelmäßig die Tür vor der Nase zugeschlagen. Die Partei ließ sie eiskalt auflaufen.

Die Botschaft: Nur wer sich ordentlich und kollegial verhält, wer Beziehungen auch in die niederen Parteiränge pflegt und Gefälligkeiten erweist, wird mit guten Wahlkreisen belohnt. Was nach außen gilt, zählt innen nichts. Das ist in der Linkspartei nicht anders als bei der CSU, bei den Grünen genauso wie in der AfD. Am Ende wurde Petry im Elbsandsteingebirge mit einem Wahlkreis ausgestattet.

Wenn die Basis anhaltend murrt und nach einem Opfer verlangt, bricht das Schweigekartell ebenfalls kurzzeitig auf. Das musste die frühere Bildungsministerin Annette Schavan (CDU) erfahren, die heute deutsche Botschafterin im Vatikanstaat ist. Sie war im Jahr 2005 für den Wahlkreis Ulm in den Bundestag gezogen. Im ersten Kabinett Merkel wurde die Vertraute der Kanzlerin gleich auf einen der besten Posten befördert. Sie wurde Wissenschaftsministerin. Die Schwaben fanden das nicht so lustig. Denn die Ministerin mit dem notorisch rheinischem Zungenschlag ließ sich nur selten bei den Parteifreunden im Bodenseegebiet blicken. Sie schwänzte Parteitermine und begleitete südschwäbische Herzensangelegenheiten wie den Bahnausbau zwischen Stuttgart und Ulm wenig leidenschaftlich. Fremd sei sie den Schwaben geblieben und getan habe sie auch nichts für den bombensicheren CDU-Wahlkreis, hieß es in der Ulmer CDU. Die Rechnung wurde vor dem nächsten Wahltermin serviert: Unter drei Mitbewerbern wurde sie 2009 mit Ach und Krach erst im zweiten Wahlgang mit 57 Prozent der Stimmen nominiert.

Schavan lernte schnell aus dieser Blamage. Sie legte sich für ihren Wahlkreis ins Zeug, erschien sonntags regelmäßig zum Hochamt in der Klosterbasilika Birnau am Bodensee, und sorgte als Wissenschaftsministerin für den Bau eines nagelneuen Forschungszentrums in Ulm. Die Partei war zufrieden. 2013 wurde sie mit über 90 Prozent der Stimmen für den Wahlkreis aufgestellt, obwohl sie zuvor als Ministerin zurücktreten musste. Ihr war der Doktortitel aberkannt worden.

Gibt es keine Aussicht auf ein Direktmandat, ist es unerheblich, ob jemand sich für den Wahlkreis aufopfert oder ob er ihn links liegenlässt. Hauptsache, die Partei findet den Kandidaten gut. Die Listen-Abgeordneten sind die stets willfährigen Unterstützer der Fraktionsspitze im Bundestag. All diese Abgeordneten gehören zur Stammbelegschaft des «Politikkartells», das der frühere SPD-Kanzlerkandidat Peer Steinbrück im September 2016 in seiner Abschiedsrede im Bundestag als Gefahr für die Demokratie beschworen hat. Der Bürger dürfe nicht das Gefühl bekommen, dass dieses Kartell seine Befindlichkeiten, Anliegen und Wünsche wegfiltere, sagte er. Sonst sinke die Legitimation des Parlamentsbetriebs.[7]

Steinbrück hat recht. Auch wenn er selbst ein gutes Beispiel für die beklagte Distanz ist. Nicht einmal den eigenen Wahlkreis konnte er als Finanzminister oder als Kanzlerkandidat der SPD gewinnen. Zu selten da, sagten selbst die Genossen. Steinbrück trat in Mettmann zur Wahl an, wohnte aber in Berlin und Bonn. An den SPD-Ständen des Wahlkreises 104 hätten die Bürger allzu oft gefragt: «Kümmert der sich denn überhaupt um uns?», berichtete der Kreisvorstand nach der Wahl.[8]

Die Abgeordneten müssen wieder in die Wahlkreise, in den politischen Dialog vor Ort gezwungen werden. Nur wenn es einen stärkeren Zusammenhang zwischen Wahlkreis und Mandat gibt, wird die Loyalität der prominenten und weniger prominenten Abgeordneten wieder dahin wandern, wo sie hingehört: zu den Wählern.

Im Wahlkreis könnte der Wähler die Wirksamkeit seiner Stimme wieder erfahren, dem Bundestag wüchse neue Legitimation zu. «Die Menschen draußen» bekämen «in Berlin» wieder die Bedeutung, die ihnen zukommt. Sie wären der Souverän.

Auch der Charakter der Abgeordneten würde sich ändern. Aus braven Parteisoldaten würden wieder echte Politiker. Solche, die mit Leidenschaft, rhetorischem Talent und Mut für ihre Überzeugungen und um Mehrheiten kämpfen. Die Bewerber um ein Mandat müssten sich kontroversen Diskussionen stellen und vor Ort um Zustimmung für ihre Person und ihr Programm werben. Niemand könnte sich mehr hinter einem dicken Redemanuskript verschanzen und annehmen, die Bürger im Wahlkreis seien von seinen Leistungen im Finanz-, Sport- oder Petitionsausschuss beeindruckt. Lokale und regionale Angelegenheiten würden in der Bundespolitik zwangsläufig aktiver wahrgenommen. Die Aufmerksamkeit für Stimmungen und gesellschaftliche Trends in den Regionen wüchse. Ganz einfach: Wer im Wahlkreis nicht überzeugen kann, kommt nicht ins Parlament. Das leere Stadion würde sich wieder füllen.

Davon sind wir heute weit entfernt, und das hat Folgen: In der Finanz- und Eurokrise ließen sich die Abgeordneten detailliert vorschreiben, wem sie wann zuzustimmen haben. Die Fraktionssitzungen wurden zu Befehlsausgabeterminen. Es wurde kurz referiert, was in den nächtlichen Sitzungen in Brüssel zwischen den Staaten der Europäischen Union beschlossen worden war. «Dann erklärten sie, man könne jetzt nicht lange debattieren, man müsse jetzt schnell abstimmen. Und den Abgeordneten wurde gesagt: ‹Wer jetzt nein sagt, der bedroht die Einigung!› Wir kennen das seit Jahren», erzählte der CDU-Abgeordnete Wolfgang Bosbach der Zeitung *Die Welt*.

Bosbach, übrigens direkt gewählt, stimmte irgendwann nicht mehr zu. «Die Stimmung vieler Unionsabgeordneter ist auf den Fluren und in der Kantine eine andere als in der Fraktionssitzung», berichtete der Abgeordnete, der 2017 nicht erneut für den Bundestag kandidiert.

Es ist keine Überraschung, dass in der Finanz- und Eurokrise auch in der Öffentlichkeit die demokratische Legitimation politischer Entscheidungen vehement angezweifelt wurde. In ihren Wahlkreisen redeten die Abgeordneten frei von der Leber weg, gestanden ihre Zweifel an der Griechenland-Rettung und schimpften mit den Bürgern auf die Europäische Union. In Berlin sagten sie nichts. Sie stimmten zu. Das Parlament hatte sich für die internationalen Vereinbarungen der Regierung vereinnahmen lassen.

Hier geht es nicht darum zu entscheiden, ob der Bundestag in der Eurokrise möglicherweise die falschen Weichen gestellt hat. Es geht nicht einmal um die Frage, ob die Entscheidungen allesamt im Einklang mit dem Grundgesetz getroffen wurden. Es geht um die Art, wie diese Entscheidungen gefällt wurden: Es wurde so entschieden, weil die Exekutive es verlangt hatte. Sie hat über ihre Mittelsmänner – die Fraktionsvorsitzenden – Abweichler bedroht und Zauderer unter Druck gesetzt. Die Stärke der Regierung ist die Schwäche des Parlaments. Die Schwäche des Parlaments aber ist der Kern der deutschen Demokratiekrise.

Bundestagspräsident Norbert Lammert hatte einmal eine Idee, wie die Aufmerksamkeit der Öffentlichkeit für die Arbeit des Parlaments zu heben sei. In der konstituierenden Sitzung des Bundestages am 27. Oktober 2013 beschwerte er sich, dass die Sitzung in der ARD und im ZDF nicht live übertragen werde. Stattdessen sende das öffentlich-rechtliche Programm die Komödie «Schaumküsse», außerdem die 158. Folge von «Alisa. Folge deinem Herzen». Lammert fehlte dafür «jedes Verständnis».[9]

An jedem normalen Sitzungstag müssen die Abgeordneten dankbar sein, dass ihre Debatten nicht live übertragen werden. Sie können erleichtert registrieren, dass die Parlamentskameras nur auf die Reihen gerichtet sind, in denen auch wirklich jemand sitzt.

Der Publizist Roger Willemsen hat das gesamte Jahr 2013 auf der Besuchertribüne des Bundestages zugebracht. Er hat ein Buch über dieses Jahr geschrieben. Er kritisierte, dass im Parlament zwar geredet, aber nicht debattiert wird. Es gebe keinen echten Austausch. Immer wieder beschreibt er die Reaktion der Besuchergruppen auf die quälend langweiligen Verlesungen vorbereiteter Texte. Gedacht sind die großen Besucherareale mit freiem Blick auf das Hohe Haus, um die Offenheit und Transparenz der deutschen Demokratie zu dokumentieren. Die Besucher sollten genau das bezeugen – so haben es sich die Architekten und Politiker gedacht. Doch Willemsen beobachtete die Zeugen des demokratischen Prozesses beim Schlafen, beim Reinigen der Fingernägel oder beim Studium des Kantinenplans. Allen gemeinsam war die Bestürzung über den leidenschaftslosen Austausch formelhafter Bekenntnisse. Willemsens Fazit: Die Leere des Saals entspricht in den meisten Fällen der geistigen Leere der Debatten, die dort geführt werden.[10]

Das Volk ist nicht dumm

Im Grundgesetz heißt es im Artikel 20: «Alle Staatsgewalt geht vom Volke aus.» Das Volk ist der Souverän, und das Parlament ist das Herz der repräsentativen Demokratie. Hier soll die ständige Verbindung zwischen dem Volk und der Politik hergestellt werden. Formal klingt das ganz einfach. Der Bürger wählt die Abgeordneten, die an seiner Stelle politisch handeln. Über das Mandat hinaus hat der Abgeordnete ein zeitlich befristetes Amt. Er ist nicht nur seinen Wählern verpflichtet, sondern der Allgemeinheit. Ihr gegenüber ist er rechenschaftspflichtig. In einer funktionierenden repräsentativen Demokratie herrscht darüber Einigkeit.

Das Volk weiß, dass es für einen direkten Einfluss auf das politische Leben nur wenig Spielraum gibt. Es ist ja nicht dumm. Erstens kann man nicht immerzu das ganze Volk um Entscheidungen bitten. Zweitens will man selbst nicht ständig über alles abstimmen. Drittens aber sind direkte Abstimmungen vielleicht noch stärker verzerrt als allgemeine Wahlen: Denn für Bürgerentscheide engagieren sich in der Regel überdurchschnittlich gebildete, wohlhabende Bürger mit Zeit. Sie bestimmen die Themen und die Fragen in der direkten Demokratie, und sie entscheiden sie am Ende auch. Gegen die Beteiligung an Bürgerentscheiden sind allgemeine und freie Wahlen, so gering die Beteiligung an ihnen auch sein mag, geradezu Plebiszite. Viertens würden direkte Abstimmungen womöglich durch die ein oder andere Aufwallung des Augenblicks verzerrt. Fünftens sind Volksabstimmungen in Deutschland auf nationaler Ebene aus gutem Grund nur in absoluten Ausnahmefällen vorgesehen.

Dem möglichen Erfolg von Populisten ist so in Deutschland immer eine turnusmäßige, allgemeine und freie Wahl vorgeschaltet. Dieses Moment der Verlangsamung politischer Prozesse ist sehr wichtig. Es verhindert die in einem Moment nationaler Aufregung überhastete Entscheidungen: wie etwa nach der Kölner Silvesternacht 2015/2016, als überwiegend ausländische Jugendliche Frauen massiv sexuell belästigten, oder nach dem Attentat auf dem Berliner Weihnachtsmarkt im Dezember 2016 mit zwölf Toten. In solchen Ausnahmesituationen würden Plebiszite möglicherweise zu Ergebnissen führen, die einer späteren ruhigen Betrachtung nicht standhalten.

Dennoch haben deutsche Politiker in den vergangenen Jahren – bis zur Brexit-Entscheidung und der Trump-Wahl – gerne mit der direkten Demokratie kokettiert. Die Urwahlen bei den Grünen und den Sozialdemokraten waren Versuche in diese Richtung. Die bayerische Entscheidung über das Rauchverbot in Gaststätten und die baden-württembergische Abstimmung über den Bau des Bahnhofs Stuttgart 21 gehören ebenfalls in diese Reihe. In diesen Fällen ging das Kalkül der Politiker auf: Ihre Entscheidungen wurden durch das Votum des Volkes zusätzlich legitimiert.

Anders verlief die Sache beim Hamburger Schulentscheid über die Einführung einer einheitlichen sechsjährigen Grundschulzeit und bei der Berliner Abstimmung über die Bebauung des Tempelhofer Feldes. Beide Male verweigerten die Wähler die Zustimmung. In Hamburg führte das letztlich zum Ende der schwarz-grünen Regierungskoalition und zum Rücktritt des Ersten Bürgermeisters Ole von Beust (CDU). In Berlin wird trotz wachsender Wohnungsnot die größte innerstädtische Freifläche, der ehemalige Flughafen Tempelhof, nicht bebaut. Nach diesen Abstimmungen war erst einmal Schluss mit der Begeisterung der Politiker für Plebiszite. Das gilt erst recht seit der Brexit-Entscheidung der Briten.

«Alles könnte anders sein – und fast nichts kann ich ändern.» Mit diesem Satz hat Luhmann das Wissen des modernen Menschen um seine Beschränktheit umschrieben, die Welt ändern zu können. Dennoch hat die demokratische

Fata Morgana, mit einem Stimmzettel Großes bewirken zu können, jahrzehntelang funktioniert. Es genügte dem Wähler, eine neue Regierung ins Amt zu bringen und eine neue Politik zu erzwingen. Mit der Großen Koalition hat sich das geändert. Die eigene Unwirksamkeit wird nun unbarmherzig beleuchtet. Der Mainzer Historiker Andreas Rödder zitiert dafür einen Aphorismus des britischen Fußballers und Sportreporters Gary Lineker: «Fußball ist ein einfaches Spiel. 22 Männer jagen 90 Minuten lang einem Ball nach, und am Ende gewinnen immer die Deutschen.» Übertragen auf die politische Lage in Deutschland bedeutet das: Der Wähler kann wählen, wen er will, am Ende bleibt Angela Merkel Kanzlerin.

Das Herz der Demokratie, das Parlament, leidet unter dieser koronaren Verengung. Es ist krank geworden. Das ist nicht nur in Deutschland so. Auch in anderen Ländern hat die Versammlung der Abgeordneten in den vergangenen Jahrzehnten an Bedeutung gegenüber der Regierung verloren. «Die Stimme, die sie (die Bürger, die Verf.) über die Wahlen haben ertönen lassen, verhallt ungehört», bemerkt Pierre Rosanvallon.[11] Er beschreibt damit die französische Präsidialdemokratie. Nur dass in den meisten dieser Länder die Regierung traditionell die wichtigste Rolle spielt. Neidvoll starren europäische Regierungschefs auf die starke Stellung des US-Präsidenten. Indem er den Präsidenten direkt gewählt hat, empfindet der Bürger seine eigene Machtlosigkeit nicht so deutlich wie in Deutschland. Im Gegenteil. Wenn er einen Mann wie Donald Trump für das Präsidentenamt nominiert, macht er eine Wirksamkeitserfahrung. Er kann sich zumindest einbilden, es dem politischen Establishment einmal ordentlich gezeigt zu haben. Wenn die Briten ihr Parlament zwingen, die Mitgliedschaft in der Europäischen Union aufzukündigen, ist das ähnlich.

In Deutschland dagegen bekommt das politische Establishment durch Wahlen gelegentlich eine etwas andere Farbe. Einen regelrechten Umsturz gibt es nicht. Das Land ist eine unechte Präsidialdemokratie geworden: Die Kanzlerin regiert, aber sie kann nicht direkt gewählt oder abgewählt werden. Nicht nur der Bundestag, auch die Bundestagswahl hat an realpolitischer Bedeutung verloren. Darin liegt eine große Enttäuschung, vor allem für die Ostdeutschen. Während der Wähler in Westdeutschland mit dem symbolischen Charakter der Wahl vertraut ist und ihn mehr oder weniger gutmütig hinnimmt, haben die Ostdeutschen nach der Wiedervereinigung von Wahlen mehr erwartet. Sie haben gehofft, mit ihrer Stimme tatsächlich Einfluss auf die Politik nehmen zu können, von der Politik als entscheidende Spieler im demokratischen Betrieb wahrgenommen zu werden. In ihrer Enttäuschung wenden sie sich intensiver als die Westdeutschen denen zu, die ihnen versprechen, den wahren Volkswillen zu repräsentieren: den Populisten.[12]

Der lange Arm der Partei

Dienstag ist der Tag der Fraktionssitzung. Um Punkt 15 Uhr nehmen die Abgeordneten normalerweise ihre Plätze in den Sitzungssälen in den Türmen des Reichstags ein. Alle erscheinen zum Zählappell, es ist schließlich die wichtigste Sitzung der Plenarwoche. Hier erreicht der lange Arm der Partei die Gewählten. Gemeinsam mit den Fraktionsvorsitzenden sorgen die Parteivorsitzenden mit Überzeugungskraft, Energie und manchmal auch schnöder Erpressung dafür, dass die Abgeordneten die Haltung ihrer Parteien zu bestimmten Themen teilen. Hier wird ausgemacht, wer im Plenum redet. Hier wird verabredet, wer die anderen Parteien unter Druck setzen darf. Hier entscheidet sich der politische Aufstieg – oder der Niedergang. Jeder wird hier daran erinnert, wem er seine politische Karriere verdankt: dem Fraktionsvorsitzenden, dem Parteivorsitzenden, der Partei.

Ist der Abgeordnete nur seinem Gewissen verantwortlich? So sieht es das Grundgesetz vor. Auch in der Arbeitsordnung der CDU/CSU-Bundestagsfraktion steht das. Die Abgeordneten seien in ihrem Abstimmungsverhalten nicht gebunden, hält die Geschäftsordnung ausdrücklich fest. Ernst nehmen muss man das im politischen Alltag aber nicht. Die Fraktionen sind, wie es das Erklärbuch *So arbeitet der Deutsche Bundestag* vermerkt, «die politischen Kraftzentren und Motoren des parlamentarischen Geschehens».[13] Der Fraktionsvorsitzende Volker Kauder (CDU) interpretiert Letzteres so: «Wir diskutieren, streiten und stimmen ab, aber am Schluss muss die Minderheit mit der Mehrheit stimmen.»[14] Deutlicher kann man nicht aussprechen, wie klein die Freiheit der Mandatsträger tatsächlich ist und wie das fragwürdige Mehrheitsprinzip das Gewissen der Parlamentarier schon aufgefressen hat.

Vor allem wenn die Partei die Regierung stellt oder an ihr beteiligt ist, schwinden die Freiheitsgrade schneller als Eis in der Sonne. Wer die Meinung seiner Fraktion zu einem

Thema nicht teilt, muss sein abweichendes Votum der Fraktionsführung anzeigen. Dann beginnt der unangenehme Part
im Leben des mutigen Abgeordneten.

Als Bundeskanzler Gerhard Schröder (SPD) im November 2001 – die Terroranschläge auf das World Trade Center in
New York waren gerade einmal acht Wochen her – das Bun-
deswehrmandat in Afghanistan durchsetzen wollte, machten
zwanzig SPD-Abgeordnete Gewissensgründe geltend. Sie
konnten der Entsendung der Bundeswehrsoldaten in das
Kriegsgebiet nicht zustimmen. Alle Parlamentarier standen
noch unter dem Schock der Bilder der in New York einstür-
zenden Türme. Doch nicht alle konnten deshalb umstandslos den Tabubruch akzeptieren, deutsche Soldaten zu einem
Einsatz ins Ausland zu schicken.

Der damalige Fraktionsvorsitzende Peter Struck zwang in
den Tagen nach der Regierungserklärung die Parlamentarier
in Einzelgesprächen, mit Drohungen und Versprechungen
auf Parteilinie. Am Ende blieb nur eine Abweichlerin übrig,
trotz täglicher Privataudienzen bei Struck. Es war Christa
Lörcher aus Villingen-Schwenningen. Sie konnte die Mehrheit nicht gefährden. Doch wurde sie für ihren Mut bestraft.
Sie verließ die Fraktion, verlor ihre Ausschussposten und
schied 2002 aus dem Bundestag aus. Für die anderen gilt:
Das Gewissen ist eine leicht formbare Masse, wenn es in die
Hände der Fraktionsvorsitzenden gerät.

Bei den Grünen, die damals gemeinsam mit der SPD
regierten, ging es ebenfalls nicht einfühlsam zu. Der Par-
tei-Linke und Pazifist Christian Ströbele, der einzige Grüne
mit einem Direktmandat im Bundestag, sagte, einige der
Abweichler in seiner Partei seien so hart bedrängt worden,

dass sie «regelrecht krank» wurden. Er selbst habe nur durch sein Direktmandat Schutz genossen. Einen, der sein Mandat seiner persönlichen Überzeugungskraft an der Basis verdankt, kann man nicht so leicht erpressen. Für alle anderen trifft das nicht zu: Wenn der Kanzler den Verbündeten «uneingeschränkte Solidarität» zusichert und die Vertrauensfrage stellt,[15] folgt das Parlament.

Zwar sind die Zeiten heute komfortabler, die Entscheidungen sind nicht annähernd so dramatisch wie die im Spätherbst des Jahres 2001. Die Große Koalition verfügt über 80 Prozent aller Abgeordneten. Doch nun geht es um Mehrheiten für die Kanzlerin und ihren Vizekanzler. Der Druck ist dadurch nicht geringer geworden. Die Spitzenpolitiker der Regierungsparteien dürfen bei entscheidenden Abstimmungen nicht beschädigt werden. Der Bundestag wurde so zu einer Abteilung in der Public-Relations-Strategie der Regierungsparteien gemacht.

Kein Wunder, dass das Plenum nicht gerade ein Ort ist, an dem sich die Volksvertreter tummeln. Der Parlamentarismus ist das leere Stadion, vor dem sich Philip Gould so gefürchtet hatte. Die Musik spielt noch, obwohl das Publikum längst gegangen ist. Selbst bei kontroversen Abstimmungen fehlt im Durchschnitt jeder zehnte Abgeordnete. Bei normalen Debatten und bei unstreitigen Entscheidungen sind gelegentlich mehr Pförtner, Saaldiener und Garderobenfrauen im Reichstagsgebäude als Mandatsträger.

Die wichtigen Entscheidungen fallen woanders. Sie fallen in den Fraktionen. Um diese Entwicklung zu orchestrieren und abzusichern, braucht es hartgesottene Gewährsmänner, treu ergebene Fraktionschefs. Männer wie Volker Kauder

(CDU) und Thomas Oppermann (SPD). Die beiden regieren ihre Abgeordneten effizient im Sinne der Parteichefs. An lebendigen Debatten sind sie nicht interessiert. Sie müssen die richtigen Ergebnisse liefern.

Kauder hat sein gesamtes Berufsleben der CDU gewidmet. Geboren als Kind donauschwäbischer Flüchtlinge, ist er mit schon sechzehn Jahren in die Junge Union eingetreten. Schnell wurde er zu einer Schlüsselfigur der Partei in Süddeutschland. Nach Schule, Bundeswehr und Jurastudium – am Ende der Ausbildung war er bereits Pressesprecher und Vorstandsmitglied der CDU in Südbaden – wurde er Sozialdezernent und stellvertretender Landrat im Landkreis Tuttlingen. Hier lernte Kauder, was seine politische Laufbahn bis heute prägt: Verbündete finden, Beziehungen pflegen, Strippen ziehen, Loyalität und Parteidisziplin.

1990 zog er zum ersten Mal in den Bundestag ein. Minister wollte er nie werden, auch eine Bewerbung um das Amt des baden-württembergischen Ministerpräsidenten kam für ihn nicht in Frage. Seine Macht entfaltet sich im Verborgenen. Volker Kauder ist einer, der sich für das Spitzenpersonal unentbehrlich macht. Er sicherte zuerst die Machtbasis des früheren baden-württembergischen Ministerpräsidenten Erwin Teufel, jetzt ist er der Bundeskanzlerin zu Diensten. Große politische Ideen hat Kauder noch nie geboren. Es sind sein Pflichtbewusstsein und seine Effizienz, die ihn auszeichnen und unverzichtbar machen.

Thomas Oppermann sieht nur auf den ersten Blick wie ein Gegenentwurf dazu aus. Der smarte Jurist gilt als einer, der einen guten Minister abgeben würde. Er selbst teilt diesen Eindruck. Den Posten in der Fraktion hat er übernommen, nachdem bei der Regierungsbildung 2013 kein Schlüsselministerium für ihn übrig blieb. Die Fraktionsführung ist Sprungbrett für Höheres – nach der nächsten Wahl.

Beim zweiten Hinschauen ergeben sich allerdings Ähnlichkeiten zwischen den beiden Fraktionsvorsitzenden der Regierungskoalition: Wie Kauder ist Oppermann ein Politiker, der Seilschaften und Loyalitäten in der eigenen Partei pflegt, manchmal über die Schmerzgrenze hinaus. So soll er es gewesen sein, der dem niedersächsischen SPD-Innenpolitiker Sebastian Edathy 2014 über einen Bundestagsabgeordneten die Warnung zukommen ließ, gegen ihn werde wegen des Besitzes kinderpornographischen Materials ermittelt. Dass anschließend die Quelle dieser Information, CSU-Bundesminister Hans-Peter Friedrich, zurücktreten musste, nahm er billigend in Kauf. Hauptsache, der damalige Parteivorsitzende Sigmar Gabriel, über den die stille Post von Friedrich weitergegeben wurde, bleibt unversehrt. Oppermann weiß sehr gut, dass er nur mit den Spitzen der SPD Karriere machen kann. Keinesfalls aber ohne sie.

Längst sind die Büros der Fraktionsvorsitzenden keine Ideenlabors mehr, wie sie das unter Wolfgang Schäuble oder Friedrich Merz (beide CDU) waren. Selbstbewusste Abgeordnete mit einem eigenen Anspruch, Politik zu gestalten, führten damals die Bundestagsabgeordneten. Auch sie waren in der Lage, im Notfall hart durchzugreifen.

Aber ihr Selbstverständnis war ein anderes: Sie scheuten sich nicht, Gesetzesinitiativen in den Bundestag einzubringen, selbst wenn die eigene Partei an der Regierung beteiligt war. Jedes fünfte Gesetz ging in dieser Zeit auf eine Bundestagsinitiative zurück. Heute ist die Quote auf unter 15 Prozent gesunken, eine steigende Zahl von Gesetzentwürfen kommt direkt aus der Bundesregierung. Das klingt erst einmal nicht besorgniserregend. Ohne die Zustimmung des Parlamentes geht schließlich nichts. Doch es macht deutlich, dass der Motor der Politik heute nicht im Plenarsaal des Reichstages sitzt. Die Antriebsmaschinen arbeiten nun im Kanzleramt und im Schlüsselministerium des jeweiligen Koalitionspartners. Für die Regierung sind Fraktionsvorsitzende wie Kauder und Oppermann bequem und zuverlässig. Für den Bundestag aber sind sie schlecht. Sie organisieren Mehrheiten. Und Langeweile.

Besonders deutlich wurde diese Drift im dramatischen Sommer 2015, als im Bundestag das dritte Hilfspaket für Griechenland verabschiedet werden musste. Angela Merkel hatte beim vorhergehenden Eurogruppen-Treffen den griechischen Ministerpräsidenten Alexis Tsipras unter vier Augen so lange bearbeitet, bis dieser schließlich einlenkte. Er akzeptierte die Reformauflagen der Europäischen Union und fuhr als Verlierer des großen Pokers nach Athen zurück. Griechenland durfte zwar in der Eurozone bleiben, musste aber versprechen, die Bedingungen der anderen Euroländer zu erfüllen.

Nicht nur in Griechenland brach daraufhin der Sturm los. Auch in Deutschland wurde der Deal abgelehnt. Es war kein Geheimnis, dass Finanzminister Wolfgang Schäuble auf ein Ausscheiden der Griechen aus dem gemeinsamen Währungsraum gesetzt hatte. In Meinungsumfragen hatten sich längst klare Mehrheiten gegen den Verbleib Griechenlands in der Eurozone ausgesprochen. Kaum jemand glaubte noch, dass die Hilfen sinnvoll seien und dass Griechenland seine Probleme tatsächlich lösen würde. Doch die Kanzlerin fürchtete den Ansteckungseffekt. Wenn erst einmal ein Land aus der Eurozone ausgetreten sei, werde man Spanien, Portugal und vielleicht sogar Italien nicht mehr halten können, argwöhnte sie. Ohne diese Länder aber wäre die Eurozone Geschichte. Es half nichts. Sechzig Abgeordnete der CDU/CSU-Bundestagsfraktion machten ihrem Ärger öffentlich Luft. Sie verweigerten der Kanzlerin die Gefolgschaft. Eine deutliche, aber eigentlich unschädliche Minderheit. Die Griechenland-Hilfe wäre mit den restlichen Stimmen der Union und der SPD ohne jedes Problem durchs Parlament gekommen. Dennoch drohte Volker Kauder den Abweichlern: Wer gegen den Rettungsplan sei, könne nicht im Europa- oder im Haushaltsausschuss bleiben. Nur die Sommerpause und der Ausbruch der Flüchtlingskrise verhinderten die offene Kraftprobe.[16]

Die Verbitterung über die Alleingänge der Kanzlerin hielt an. In der Flüchtlingskrise wollten sich die Parlamentarier – zum großen Teil identisch mit den Abweichlern in der Eurofrage – ebenfalls nicht beugen. Wieder wurden sie zurechtgewiesen, wieder lenkten die allermeisten ein.

Der Ton wird eben rüde, wenn die Autorität der Partei- und Regierungsspitze in Gefahr ist. Es wird diszipliniert und gemaßregelt, geschimpft und gemobbt. Wer in der Eurokrise nicht mitzog, durfte nicht mehr in den Haushaltsausschuss, bei der nächsten Bundestagswahl wurden sichere Listenplätze verweigert. Manche sprachen von «Säuberungsaktionen». Nur wer eine sichere Verankerung in seinem Wahlkreis hat, steht solche Auseinandersetzungen gelassen durch.

Wer weniger Rückgrat hat, oder mehr Angst, muckt nach solchen Krisen lieber schon von sich aus nicht mehr auf. Er akzeptiert, dass die Partei im Abgeordnetenhaus die Fäden zieht. Im Jahr 2015 haben zwei Drittel der Mitglieder der Regierungsfraktion nicht ein einziges Mal gegen die Fraktionsdisziplin verstoßen. Das Parlament ist zu einer Bestätigungsmaschine geworden.[17] Ein freies Parlament sieht anders aus.

Wie weit das Vertrauen der Wähler in ihre Parlamente schon zerfallen ist, zeigt am besten ein Blick auf die Jux- und Anti-Parteien: Ins Europa-Parlament wurde 2014 mit Martin Sonneborn ein Satiriker gewählt, der die Schwächen des europäischen Politikbetriebs durch subversiven Humor entlarven will. In gleicher Weise will auch «Die Partei» zur Bundestagswahl 2017 antreten, mit einem türkischen Kanzlerkandidaten und einem Wahlkampf, «der an Primitivität und Plakativität nicht zu überbieten ist».[18] Die Isländer bescherten im Jahr 2010 einer Partei namens «Beste Partei» eine rasante politische Karriere, die gleich klarstellte, sie sei korrupt und werde keines ihrer Wahlversprechen halten.[19] Wer eine dieser Parteien wählt, hat den Glauben an eine echte politische Auseinandersetzung definitiv verloren.

Das Parlament ist, so das Fazit, für seine Entmachtung selbst verantwortlich. Es hat sich zum Instrument der Regierung und der Parteien machen lassen. Weil mehr als die Hälfte der Abgeordneten nur über die Landesliste ihrer Partei in den Bundestag einzieht, lassen die Parlamentarier den ständigen Kontakt zu ihren Wählern abreißen. Die Stimme der Wähler wird im Politikbetrieb immer schwächer. Die Legitimationskette, die die Demokratie ausmacht, zerreißt an ihrem ersten Glied.

4. Staatsversagen

Aus großer Macht erwächst große
Verantwortung.

Klaus Wowereit (SPD) war früher einmal Regierender Bürgermeister von Berlin. Viele hielten ihn für leichtfertig und faul, weil er einmal öffentlich Champagner aus einem Damenschuh getrunken hat. Außerdem hing er gerne auf den Partys der Hauptstadt ab. Seine Mitarbeiter erzählen jedoch, dass er auch nach langen Nächten seine Akten gewissenhaft las. Nicht wegen persönlicher Faulheit scheiterte er. Er scheiterte als oberster Dienstherr.

Berlins Behörden gelten heute als spektakulär schlecht. Sie bringen es weder fertig, einen Flughafen zu bauen, noch sind sie in der Lage, den Bürgern in überschaubarer Zeit einen Termin zur Zulassung ihres Autos zu geben. Sie lassen Asylbewerber und Flüchtlinge tage- und nächtelang im Schlamm warten und stellen «Sucher» ein – Leute, die auf den Fluren von Ämtern nach verschollenen Akten fahnden. Manche Schüler der Hauptstadt lernen in von Einsturz bedrohten Gebäuden.

Es ist nicht so, dass die Beamten und Angestellten das nicht ändern wollten. Viele arbeiten bis zum Umfallen. Sie haben nur den Überblick verloren. Sie wissen nicht mehr, für wen sie arbeiten.

Friedrich Wilhelm I. von Preußen, der Soldatenkönig, hatte das Staatsbeamtentum erfunden, um den ineffizienten, verschwenderischen und korrupten Adel zu bändigen. Sie sollten unabhängig von der Politik, neutral und kompetent agieren. Gut dreihundert Jahre später wird in Berlin verzweifelt ein Mittel gesucht, die undurchsichtigen, ineffizienten und verschwenderischen Behörden des Landes zu bändigen. Ausgerechnet am Geburtsort des preußischen Beamtentums ist sein Verfall am deutlichsten zu besichtigen.

Klagen über die Obrigkeit hat es schon immer gegeben, Bürokratien waren schon immer bürokratisch. Doch diesmal ist es eine Schicksalsfrage für die westlichen Gesellschaften. Es geht darum, ob die Beamten die Demokratie stabilisieren können. In Deutschland sieht es zurzeit nicht so aus.

Den Bürokratien wachsen immer mehr Aufgaben zu, die früher von Regierung und Parlament erledigt wurden. Je komplizierter die Welt wird, desto mehr Arbeit delegieren Regierungen an Experten, desto besser sollten die Beamten und Angestellten des Staates sein. Doch sie werden nicht besser. Jedenfalls nicht schnell genug.

Zweitens werden die Leistungen der Beamten – ob mit oder gegen ihren eigenen Willen – immer transparenter. Die Bürger sind vernetzt. Sie tauschen sich untereinander aus und wissen jetzt, wie lange sie auf Termine warten müssen. So erkennen sie, ob nur eine Dienststelle nicht gut arbeitet oder ob das gesamte System zu langsam ist. Internationale Vergleiche wie der Pisa-Test in den Schulen oder die Arbeit der nationalen Normenkontrollräte zeigen zudem, in welchen Ländern der öffentliche Dienst funktioniert und in welchen nicht. Deutschland gehört nicht zu den Aufsteigern.

Drittens wachsen überall die Möglichkeiten, effizienter und schneller zu werden. Die Digitalisierung beschleunigt alle Wirtschaftsbereiche in unerhörter Weise. Sie verändert die Art, wie Menschen zusammenarbeiten. Alles, was automatisierbar ist, wird automatisiert. Nur die Bürokratien bleiben davon weitgehend ausgenommen. Die Kluft zwischen der Leistungsfähigkeit der Wirtschaft und dem Wandel in den Behörden wird immer tiefer.

Als das Nürnberger Institut für Arbeitsmarkt- und Berufsforschung im Jahr 2015 untersuchte, welche Berufe durch die Digitalisierung am meisten betroffen sind, ergab sich für die Industrieberufe eine Gefährdungsquote von rund 70 Prozent. Neben Friseuren, Fußpflegern und Personenschützern war der öffentliche Dienst am wenigsten gefährdet.[1] Ist das so, weil die Digitalisierung Angst vor den Rathaustüren hat und sich nicht hineintraut? Oder ist es so, weil der öffentliche Dienst eigene Schutzmechanismen und Trägheitsmomente besitzt und sich einfach langsamer verändert als andere Bereiche der Wirtschaft?

Die Beamten und Angestellten des öffentlichen Dienstes sind gut ausgebildet. Sie bleiben ihren Themen treu. Die meisten von ihnen sind unbestechlich. Wegen der Sicherheit seiner Arbeitsplätze ist der Staat auch bei jungen Leuten der beliebteste Arbeitgeber.[2] Er findet also die besten Absolventen von Schulen und Universitäten, die im mittleren, gehobenen oder höheren Dienst anheuern wollen. Irgendwo aber geht die Exzellenz verloren. Der frühere Chefredakteur des *Economist*, John Micklethwait, hat den Verdacht, dass es an einer verschobenen Wahrnehmung derjenigen liegt, die ihre Ambitionen gegen einen lebenslänglichen Arbeitsplatz getauscht haben: «Der öffentliche Dienst ist von Leuten geprägt, die einen sicheren Job suchen und sich für völlig unterbezahlt halten.»[3]

Beamte haben schon aus beruflichen Gründen ein großes Interesse am Fortbestand der Demokratie. Mit der unabhängigen Gerichtsbarkeit und mit dem Gewaltmonopol des Staates haben sie die Mittel in der Hand, ihre eigene Position und das Land vor sich selbst zu schützen. Die Beamten sind selbst davon überzeugt, Dinge fair und nur im Interesse der Allgemeinheit regeln zu können. Das ist eine Einstellung, die viele Bürger immer noch teilen. Man beugt sich den Beschlüssen und Bescheiden aus den Behörden, auch wenn man persönlich ganz anderer Ansicht ist.[4] Wenn man es nicht tut, wählt man ganz zivilisiert den Rechtsweg. So sind die Bürokraten eigentlich bestens ausgerüstet, um die Legitimationslücke der westlichen Demokratien zu stopfen.[5] Doch weder die Beamten selbst noch ihre Aufsicht sind sich dieser Aufgabe bewusst.

Die politische Ordnung wird nicht nur von Regierungen und Abgeordneten hergestellt. Sie wird nicht nur von Verfassungsgerichten gesichert. Sie muss jeden Tag neu errichtet werden: von einem Staat, der seinen Bürgern garantiert, sicher zu leben und auch spätabends unbehelligt nach Hause gehen zu können. Von einer Polizei, die sie vor Dieben und Betrügern schützt. Von Gerichten, die nicht nur versprechen, dass vor dem Gesetz jeder gleich ist, sondern am Ende auch dafür sorgen.

Ihrem Staat begegnen die Bürger auf dieser Ebene täglich. Wenn er hier funktioniert, sind die Bürger auch im großen Maßstab geneigt, seine Regeln und Gesetze zu befolgen. Dann werden sie bereitwilliger ihre Steuern zahlen. Sie halten den Bürgersteig vor ihrem Haus sauber. Sie nehmen Gerichtsurteile hin und erkennen die Arbeit von Behörden und Ämtern an.[6] Wenn der Staat aber schon auf der lokalen Ebene nicht ordentlich arbeitet, werden die Bürger nachlässig. Sie zahlen ihre Steuern nicht mehr pünktlich oder überhaupt nicht mehr. Sie übertreten Gesetze und schauen, ob etwas passiert. Sie respektieren das Gemeinwesen, in dem sie leben, nicht länger. Sie höhlen es aus.

Es ist offensichtlich, dass auch in Deutschland und Europa der Glaube an die Einhaltung von Regeln erodiert. Schuld daran sind nicht die Bürger. Die Regierungen und ihre Behörden selbst sind die Treiber des Niedergangs: In der Griechenland-Rettung offenbarte die Europäische Währungsunion, dass sie die Maastricht-Verträge eher als grobe Politikleitlinie betrachtet denn als gültiges Recht. Kein Verfassungsgericht hinderte sie an dieser Rechtsbeugung. Wer gegen die Verträge verstößt, muss keine Folgen fürchten: 109 Verfahren hätte die EU-Kommission bis Mitte 2016 einleiten müssen, weil die Vereinbarungen aus dem Stabilitäts- und Wachstumspakt verletzt worden seien. So rechnet es der Präsident des Münchner ifo-Instituts, Clemens Fuest, vor. Doch kein einziges Mal hat es am Ende Sanktionen gegeben. Für eine Institution, die von sich behauptet, den europäischen Rechtsstaat zu repräsentieren und für die Einhaltung des Rechts zu bürgen, ist das eine zum Verzweifeln deprimierende Bilanz.

Denn der Rechtsstaat funktioniert nur dann, wenn das Recht auch durchgesetzt wird. Das ist auf nationaler Ebene nicht anders als bei internationalen Verträgen und Verpflichtungen, bei zwischenstaatlichen Beziehungen nicht anders als in den Bundesländern, den Städten und Gemeinden. Eine Mentalität der Vertragsuntreue überträgt sich auf die nachgeordneten Ebenen. Kaum jemand hält die Bundesländer beispielsweise für gerüstet, vom Jahr 2020 an die Schuldenbremse einzuhalten. Für die sogar im Grundgesetz verankerte Pflicht der Bundesländer, keine neuen Schulden mehr zu machen, fehlen in den meisten Landeshauptstädten die Voraussetzungen. Sie haben nämlich die wachsenden Pensionslasten vorsichtshalber gar nicht berechnet. Folgen? Keine. Was den Regierungen und Verwaltungen recht ist, ist den Unternehmen billig. Die Deutsche Bank oder Volkswagen mussten das geltende Recht jahrelang nicht fürchten. Anders ist nicht zu erklären, dass die Deutsche Bank über einen langen Zeitraum hinweg Anleger hintergangen, Preise manipuliert und Investoren getäuscht hat. Der Abgasskandal um die Dieselautos von Volkswagen zeigt, dass Regeln und Normen bewusst und über Jahre übertreten wurden. Die Abgasmessungen der Dieselautos wurden systematisch manipuliert, damit die Autos zum Schein den verlangten Schadstoffnormen genügten – das alles geschah ohne jede Angst, erwischt zu werden. Zwei Unternehmen, die wie kaum andere für die deutsche Wirtschaft stehen, haben sich auf die dunkle Seite der Macht geschlagen. Drastischer kann man den Verlust rechtsstaatlicher Gesinnung nicht demonstrieren.

Man kann natürlich argumentieren, dass die beiden Konzerne irgendwann doch erwischt wurden, dass der Rechtsstaat also am Ende gesiegt hat. Doch war es nicht die deutsche Justiz, die den Tricksern das Handwerk gelegt hat. Den Betrug bei Volkswagen haben die Umweltbehörden der USA aufgedeckt. Die deutschen Ämter dagegen haben jahrelang weggesehen. Die EU-Kommission hat im Dezember 2016 deshalb sogar ein Verfahren gegen Deutschland eröffnet. Der Vorwurf: Das Land sei nicht bereit, Volkswagen angemessen zu bestrafen. Auch die Preis- und Zinsmanipulationen an den internationalen Börsen wurden nicht in Deutschland entdeckt, sondern in London und in den USA.

Wie bei den Großen, bei Topmanagern und Politikern, schwindet auch bei den Kleinen inzwischen der Glaube an die Rechtsordnung. Geschädigte wundern sich, wenn ihnen schon wenige Tage nach einem Diebstahl oder einem Wohnungseinbruch mitgeteilt wird, das Verfahren werde eingestellt, weil kein Täter ermittelt werden konnte. Erstaunt registrieren sie, dass Straftätern ihre Buße erlassen wird, weil die Plätze in Gefängnissen nicht ausreichen. Entsetzt lesen sie, dass die Polizei in der Kölner Silvesternacht 2015/2016 kapituliert hatte – weil diejenigen, die dort Frauen angriffen, belästigten und beraubten, den Anweisungen der Beamten nicht Folge leisteten. Verdruss ist hier keine Attitüde des kleinen Mannes mehr. Er ist eine angemessene Reaktion des Bürgers auf offenkundiges Staatsversagen.

«Wir brauchen eine Kultur, in der man an die Durchsetzung von Recht glaubt und das Recht auch als maßgeblichen Ordnungsfaktor akzeptiert», verlangt der Präsident des Bundesverfassungsgerichtes Andreas Voßkuhle mit Blick auf Europa.[7] Dass diese Kultur gerade vor unseren Augen verfällt, sieht auch er. Das Verfassungsgericht muss immer häufiger gegen die bewusste Verletzung von Grundregeln urteilen. Wenn der Staat auf der höchsten Ebene nicht mehr im Einklang mit dem Grundgesetz handelt, können ihn die Verfassungsrichter zwar zum Einlenken zwingen. Doch die Kollateralschäden sind erheblich: Die Zustimmung zur politischen Ordnung sinkt, die Autorität staatlicher Vertreter verfällt.[8] Klaus Wowereit hat seine Beamten immer verteidigt. Wenn in seiner Gegenwart über Bürokraten geschimpft wurde, wurde er richtig laut. «Ohne Bürokratie ist der Staat nichts», wetterte er dann. Er hatte recht. Politiker und Regierungen brauchen die Verwaltungen, um ihre Beschlüsse umzusetzen.

Umso schlimmer, dass in seiner Regierungszeit die Bürokratie in Berlin so weit verrottete, dass der Staat dahinter kaum noch erkennbar ist. Ein ganzer Park wurde nahezu widerstandslos Drogenhändlern überlassen. Bei immer neuen nächtlichen Autorennen werden Unbeteiligte umgebracht, ohne dass es der Polizei gelingt, solche Straftaten zu verhindern. Die Zahl der Wohnungseinbrüche ist im Jahr 2015 laut der amtlichen Kriminalstatistik auf einen Höchststand gestiegen. Doch nur zwei Drittel der Opfer haben das Gefühl, dass die Polizei anschließend ordentlich ermittelt.

Verwaltungen und Behörden verkommen langsam und unausweichlich, wenn sie sich nicht mal mehr darum bemühen, ihre Aufgaben zu erfüllen. Anfangs merkt kaum jemand, dass die Wartezeiten in Bürgerämtern länger werden, die Frostlöcher in den Straßen spät und nur notdürftig gestopft werden, dass die Jobcenter trotz guter Arbeitsmarktlage keine Stellen mehr vermitteln. Die Behördenchefs müssten es merken – doch nicht alle haben dafür gesorgt, dass die interne Leistung ständig gemessen wird. Sie müssten gegensteuern – aber es kostet viel Kraft und Energie, sich gegen das eigene Haus zu stellen.

Irgendwann aber schaut jemand hin.

Die Rechtsordnung: Wie die Verfassungs-richter vom Ansehensverlust der Politiker profitieren

Wenn es gilt, seiner Verachtung Ausdruck zu verleihen, macht der Bürger nur wenige Ausnahmen. Politiker und Journalisten, Kirchenleute und Lobbyisten sind gleichermaßen in Verruf geraten. Ausgenommen von diesem pauschalen Urteil sind die Verfassungsrichter. Das Bundesverfassungsgericht glänzt im öffentlichen Wohlwollen. Den Richtern wird Integrität und Neutralität attestiert. Vielen gelten sie als die letzte Bastion demokratischer Vernunft. Es stimmt ja auch. In den großen Urteilen des Gerichtes wird erkennbar, was Deutschland sein könnte: eine hochentwickelte Demokratie mit einem klaren eigenen Kompass.

Im Alltag aber ist kaum eine Institution des Staates demokratisch so dürftig legitimiert wie das Verfassungsgericht selbst. Weder werden die Richter in einem transparenten Verfahren ausgesucht, noch werden sie kontrolliert. «Auch Verfassungsrichter sind am Ende Gewählte – und nicht Gesalbte von Gottes Gnaden», spottete der CDU-Politiker Jens Spahn im Oktober 2014, als der Bundestag sich mehr Rechte bei der Auswahl der Verfassungsrichter zubilligte.[9]

Die Verfassungsrichter haben in den vergangenen Jahrzehnten in Deutschland Macht und Einfluss gewonnen, weil Regierung und Parlament sich nicht mehr trauen, eigene Prioritäten zu setzen. So wurden zum Beispiel die Vorgaben zu einer künftigen Erbschaftbesteuerung nicht in Berlin gemacht, sondern in Karlsruhe. Dasselbe gilt für alle Fragen des Asylrechts. Oder für das Kindergeld. Oder für die Terrorbekämpfung. Oder für das Tragen von Kopftüchern. Die Verfassungsrichter sind Akteure mit höchster politischer Durchschlagskraft.

Ihr Einfluss wächst, weil wegen des permanenten Krisenmodus in Berlin die Gesetze immer kurzatmiger und handwerklich schlechter werden. Hier erteilt das Verfassungsgericht zwangsläufig Nachhilfestunden. So bekam das Bundeskriminalamt im Jahr 2008 vom Parlament viele neue Rechte in der Terrorbekämpfung zugewiesen. Leider wurde im Gesetz zu viel geregelt, es wurde zu schnell und zu nachlässig formuliert. Das Verfassungsgericht ließ das Gesetz im April 2016 zurückgehen – und lieferte den Beipackzettel mit, der dem Parlament erklärt, wie eine ordentliche Anti-Terror-Gesetzgebung aussehen sollte.

Die Schwäche der Parlamente ist der Bedeutungsgewinn des Verfassungsgerichtes.[10] Doch wer sind eigentlich diese Verfassungsrichter? Wer sucht sie aus? Sind sie tatsächlich so unabhängig, wie alle glauben? Niemand weiß, ob die Richter am Verfassungsgericht die «politischen und gesellschaftlichen Wertvorstellungen (des) Bevölkerungsschnitt(s) repräsentieren», wie es gewünscht ist.[11]

Dabei wäre eine Debatte darüber dringend nötig: Je mehr Macht eine Verfassungsinstitution bekommt, desto genauer sollte man wissen, wer das rote Barett aufsetzen darf. Denn wenn die Verfassungsrichter beispielsweise in ihrer Gesamtheit konservativer wären als der Durchschnitt aller Deutschen, würde das Land nach und nach ebenfalls konservativer werden – ohne dass eine Wahl daran etwas ändern könnte. Säßen in Karlsruhe mehr Linksorientierte oder Liberale als in der Bevölkerung, gäbe es am Ende eine Drift zugunsten von

Minderheiten. Da, wo der Souverän eigentlich repräsentiert wird – in den Parlamenten –, gibt es immerhin alle vier, fünf Jahre Wahlen, in denen sich veränderte Interessen und Einstellungen der Bevölkerung widerspiegeln sollen. Dort aber, wo die Macht hingewandert ist, dauert die Amtszeit zwölf Jahre. Eine erneute Berufung ist nicht möglich. So werden die Verfassungsrichter auch unabhängig von den Parteien, die sie vorgeschlagen haben. Sie sind die einzig völlig freien Individuen im demokratischen System Deutschlands.[12] Sie werden in einem merkwürdigen Verfahren gewählt. Bundestag und Bundesrat sind zuständig. Sie benennen jeweils die Hälfte der Richter. Muss der Bundestag einen Verfassungsrichter wählen, bildet das Parlament einen zwölfköpfigen Ausschuss aus allen Parteien, die in ihm vertreten sind. Der Wahlausschuss tagt geheim. Welche Kandidaten es aus welchen Gründen auf die Liste der Abgeordneten schaffen, ist nicht bekannt. Immerhin gibt es seit 2015 ein Beteiligungsrecht des Parlaments: Hat sich der Ausschuss auf einen Richter geeinigt, muss der Bundestag ebenfalls mit einer Zweidrittelmehrheit zustimmen. Muss ein Posten neu besetzt werden, für den der Bundesrat zuständig ist, schlagen die Ministerpräsidenten einen Kandidaten vor. Der muss mit zwei Dritteln der Bundesratsstimmen gewählt werden.

Das Verfahren soll sicherstellen, dass die gewählten Richter am Ende auch von allen Politikern auf Bundes- und Landesebene akzeptiert werden. Es soll die relevanten politischen Strömungen im Land auch im Gericht abbilden. Denn die Karlsruher Richter haben kaum Instrumente, ihre Rechtsprechung tatsächlich durchzusetzen. Sie müssen sich auf die öffentliche Wirkung ihrer Urteile verlassen. Sie sind darauf angewiesen, dass der Gesetzgeber ihre Fristen mehr oder weniger freiwillig einhält oder dass die Öffentlichkeit ihn dazu treibt. Sie machen Politik ohne den politischen Wettbewerb der Meinungen, ohne Mehrheiten und Abstimmungen. Das bekommt ihnen sehr gut.

Unter Politikern herrscht allerdings gerade deshalb eine Art Hassliebe zu den Juristen. Sie finden es ungerecht, dass die Verfassungsrichter so gut angesehen sind, während sie selbst sich durch die Mühen der Ebene quälen. Denn die Parlamentarier sehen einerseits, wie die «Arschlöcher in Karlsruhe» (der Ausruf wird dem SPD-Urgestein Herbert Wehner zugeschrieben) ihre mühsam verhandelten politischen Kompromisse gnadenlos aburteilen. Das Grundgesetz kennt und würdigt den Kompromiss nicht. Die Politik lebt davon.

Bundestagsabgeordnete und Regierungsmitglieder verfolgen zähneknirschend, wie die Richter unbelastet von der Pflicht, Mehrheiten zu organisieren, selbst politisch wirken. Während die Abgeordneten den Zorn des Wählers fürchten müssen, ruhen die Karlsruher Richter weltentrückt mit Blick ins Grüne in sich selbst. Der frühere Bundesinnenminister Hans-Peter Friedrich hat den immerwährenden Ärger der Politiker einmal so zusammengefasst: «Wenn Verfassungsrichter Politik machen wollen, mögen sie bitte für den Deutschen Bundestag kandidieren.» Sie wären verrückt, wenn sie es täten.

Auf der anderen Seite aber hoffen dieselben Politiker, dass das Verfassungsgericht ihnen die heiklen Sachen vom Hals schafft. Beim «Soldaten sind Mörder»-Urteil hat das Verfassungsgericht die Meinungsfreiheit neu definiert, der Bundestag musste gar nichts mehr tun. Zu weitgehenden

Rechten für homosexuelle Partnerschaften hätte sich die CDU/CSU-Bundestagsfraktion niemals durchringen können, hätte nicht das Verfassungsgericht geurteilt. Das Verfassungsgericht erfüllte hier seine Aufgabe, «den demokratischen politischen Prozess zu entlasten und (...) zu stabilisieren».[13]

Ganz deutlich wurde das Bedürfnis von Politikern, die Karlsruher Richter für sich arbeiten zu lassen, bei der Vermögensteuer und bei der Erbschaftsteuer. Beide Steuern spielen, obwohl ihr Aufkommen immer ziemlich gering war, in der öffentlichen Debatte eine große Rolle. Die richtige Besteuerung der Reichen ist vor allem seit der Finanzkrise zum politischen Kampfgebiet geworden. Die Occupy-Bewegung, die nach 2008 ein paar Jahre lang an den großen Börsenplätzen der Welt für eine gerechtere Verteilung von Vermögen demonstrierte, forderte eine drastische Besteuerung der Vermögenden. Es könne nicht sein, dass 99 Prozent der Bevölkerung die Folgen der Finanzkrise trügen, während das andere eine Prozent immer reicher werde. Vor allem sozialdemokratische und linke Politiker schlossen sich dieser Sichtweise an. Ein parteiübergreifender Konsens über eine faire Besteuerung von Erbschaften und Vermögen war nicht zu erreichen.

Darüber hinaus werden Fragen von Gleichheit und Ungleichheit für demokratische Gesellschaften immer wichtiger. Sehr große Ungleichheit gefährdet den Zusammenhalt, denn nicht nur das Vermögen konzentriert sich auf die Dauer in der Hand weniger. Die sozialen Gruppen grenzen sich auch stärker gegeneinander ab. Steuern auf Vermögen können ein Instrument gegen diese wachsende Ungleichheit sein.

Alle Regierungen in der Geschichte der Bundesrepublik haben gemeint, man müsse bestimmte Vermögensarten von der Besteuerung ausnehmen, um nicht die Falschen zu treffen. Das Eigenheim zum Beispiel sollte nach Möglichkeit steuerfrei bleiben. Deshalb wurde der Immobilienbesitzer deutlich besser behandelt als der Eigentümer von Geld, Gold oder Aktiendepots. Auch wollte man das Eigentum an Unternehmen anders behandeln als den Besitz einer Luxusyacht. Mittelständische Unternehmer schaffen schließlich stabile Arbeitsplätze und Wohlstand für ihre Beschäftigten. Deshalb dürfe man ihre Existenz nicht gefährden; sie wurden bei der Steuer begünstigt.

Je komplizierter und unübersichtlicher Steuergesetze aber sind, desto höher ist die Wahrscheinlichkeit, dass am Ende das Verfassungsgericht angerufen wird. So war es auch bei den Reichensteuern. Schon 1995 urteilte das Verfassungsgericht, dass die Ausnahmestellung von Immobilien bei der Vermögensteuer nicht mit dem Grundgesetz vereinbar ist. Gleiches muss gleich behandelt werden, Vermögen ist Vermögen. Dieses Urteil führte de facto zur kompletten Abschaffung der Vermögensteuer: Weil sich die Politiker nicht innerhalb der vom Verfassungsgericht gesetzten Frist auf eine Neufassung einigen konnten, wird sie seit 1997 nicht mehr erhoben.

Auch die Erbschaftsteuer wurde vom Verfassungsgericht im Jahr 2006 verworfen, weil sie Grundbesitz steuerlich besserstellte als anderes Eigentum. Hätten sich Regierung, Parlament und Bundesrat nicht auf eine Neufassung geeinigt, hätte die Steuer ab 2009 ebenfalls nicht mehr erhoben werden dürfen. Inzwischen aber hatte die Finanzkrise alles geändert. Es war undenkbar geworden, die Erbschaftsteuer – wie einst die Vermögensteuer – einfach auslaufen zu lassen. Also machten sich die Verhandlungsführer der Parteien ans Werk.

Die neue Erbschaftsteuer musste zwischen den Bundesländern und dem Bundestag verhandelt werden, weil das Geld aus der Steuer den Ländern gehört. Ein Vorschlag jagte den anderen, keiner fand Zustimmung. Mal erschienen die Unternehmen zu stark belastet, mal sah man das Gerechtigkeitsgefühl der Bürger verletzt. Ende 2008 verloren die Politiker die Nerven. Sie wussten nicht, wie sie ihren Wählern erklären sollten, dass in Deutschland zwar von Jahr zu Jahr steigende Vermögenswerte vererbt werden, der Anteil der Allgemeinheit daran aber immer kleiner ausfällt. Aus Angst vor einer Blamage schusterten sie einen Gesetzentwurf zusammen, bei dem alle wussten, dass er verfassungswidrig war. Er enthielt umfangreiche Sonderbestimmungen für Unternehmer.

Es kam, wie es kommen musste. Gegen das Gesetz wurde wieder geklagt, das Verfassungsgericht kassierte die Erbschaftsteuerregelung wegen der Ausnahmen für Unternehmen und forderte eine Neuregelung. Im Oktober 2016 einigten sich Bundestag und Bundesrat auf die nächste Neufassung – die demnächst wieder vor dem Verfassungsgericht landen wird.

Längst sind Bundestag, Bundesrat, Bundes- und Länderregierungen nicht mehr die Taktgeber in der Sache. Sie haben die politische Gestaltung der Reichensteuern an die Karlsruher Richter abgegeben. Sie lassen sich von ihnen erklären, welche Ausnahmen zulässig sind, und versuchen, die Gesetze entsprechend zu ändern.

Die Verfassungsrichter haben es dagegen einfach. Streiten sie sich, erfährt man das allenfalls, wenn es ein Sondervotum gibt. Das haben sie allen anderen Institutionen der Demokratie voraus.

In der Praxis garantieren die Richter nicht nur die Demokratie. In vielen Fällen sind sie die Demokratie. Das Verfassungsgericht ist zu einem politischen Mitspieler geworden, der sogar über ein Vetorecht verfügt.[14] Noch registrieren die Bürger das vor allem wohlwollend – weil sie in den Karlsruher Richtern mächtige Verbündete in ihrem Zorn auf die Politiker in Berlin sehen. Und weil das Verfassungsgericht tendenziell im Sinne der öffentlichen Meinung urteilt.[15]

Doch auch diese Macht ist bedroht. Nicht von innen, sondern von außen wird das Verfassungsgericht immer deutlicher beschränkt. Die Europäische Union hat eine eigene Rechtsprechung, die auf das Verfassungsgericht ausstrahlt. Wie stark, wurde erstmals deutlich, als das Bundesverfassungsgericht im Herbst 2015 vor seinem Urteil zu den Offenmarkt-Programmen der Europäischen Zentralbank (EZB) den Europäischen Gerichtshof anrief.

Die Europäische Zentralbank hatte auf dem Höhepunkt der Eurokrise im Juli 2012 angekündigt, die Gemeinschaftswährung mit allen ihr zur Verfügung stehenden Mitteln zu verteidigen. Zu diesen Mitteln gehöre auch der Ankauf von Staatsanleihen, die die Krisenländer der Eurozone begeben hatten. Die Zinssätze dieser Anleihen waren in den Wochen zuvor enorm gestiegen, weil die Investoren Angst vor dem Verlust ihrer Geldanlage bekommen hatten. Neben Griechenland könnten auch andere Krisenkandidaten von einem Staatsbankrott bedroht sein, fürchteten sie. Das Versprechen von EZB-Chef Mario Draghi, die Anleihen im Notfall zu kaufen, wirkte sofort. Die Zinsen sanken, die Lage beruhigte sich – auch ohne dass die Zentralbank das Versprechen einlösen musste. Nur: Mit dem deutschen Grundgesetz ist das eigentlich nicht vereinbar. Danach hat nämlich das Parlament das alleinige Recht, über den Staatshaushalt zu entscheiden. Risiken, die dem Staat von Dritten eingebrockt werden, sind nicht zulässig.

Nachdem der Europäische Gerichtshof aber befunden hatte, das Anleihekauf-Programm sei in Ordnung, schloss sich das Bundesverfassungsgericht im Juni 2016 trotz erheblicher Bedenken dieser Entscheidung an. Seinem Ruf in Deutschland schadete das. Viele hatten gehofft, das Verfassungsgericht werde mutig genug sein, das Draghi-Programm zu verbieten.

Doch zwei Tage vor der britischen Entscheidung über den Brexit wollten die Verfassungsrichter keine neue Eurokrise heraufbeschwören. Schon gar nicht wollten und konnten die Verfassungsrichter diejenigen sein, die das Endspiel für den Euro einleiteten. Und: Auf keinen Fall wollten sie eine anhaltende und öffentliche Auseinandersetzung über die Position des nationalen Verfassungsgerichtes in einem durch europäische Verträge geregelten Umfeld riskieren.

Udo Di Fabio, früher selbst Richter am Verfassungsgericht, ist da freier. Er sieht die Karlsruher Richter bereits mitten in der «Legitimitätskrise (...) des politischen Systems» angekommen.[16] Es ist nur noch eine Frage der Zeit, bis ihre Macht und Autorität auch öffentlich angezweifelt werden.

Die Richter und das Recht:
Der unbestimmte Rechtsbegriff

Der unbestimmte Rechtsbegriff ist in der Rechtsprechung das, was das x in einer mathematischen Gleichung bezeichnet: Er ist ein Platzhalter. In der Mathematik wird eine Gleichung durch ein x berechenbar. Beim Recht ist das anders. Es wird durch den unbestimmten Rechtsbegriff unberechenbar.

Unbestimmte Rechtsbegriffe sind Vokabeln wie «entlegene Orte», «ausreichender Wohnraum», «öffentliches Interesse», «Waidgerechtigkeit», aber auch «Kindeswohl» oder «politisch Verfolgte». Es ist offensichtlich, warum es sie gibt: Diese Begriffe unterliegen mit der Zeit Wandlungen und neuen Zuschreibungen. Es ist schließlich gut, wenn ein Gesetz auch dann noch zutreffend bleibt. Manchmal traut sich der Gesetzgeber aber einfach nicht, aus dem unbestimmten schon im Gesetzgebungsverfahren einen bestimmten Rechtsbegriff zu machen: wenn Interessenverbände und Lobbys gegen eine Neuregelung sind oder wenn die Beratungen in einem aufgeheizten öffentlichen Klima stattfinden. Dann wird der unbestimmte Rechtsbegriff ein Ausdruck politischer Feigheit. Ist das wissentliche Formulieren eines verfassungswidrigen Gesetzes der Hilferuf des Bundestages an das Verfassungsgericht, so richtet sich der Appell des unbestimmten Rechtsbegriffs an Behörden und Gerichte. Sie definieren ihn.

So war es beim Asylverfahrensbeschleunigungsgesetz, das im Oktober 2015 beschlossen wurde. Deutschland stand im Zeichen der Flüchtlingskrise. Es ging den Regierungsparteien darum, anerkannte Asylbewerber und Flüchtlinge schneller zu integrieren, den Missbrauch des Asylrechts abzustellen und abgelehnte Antragsteller schneller abschieben zu können. Eigentlich ein Grund, die Asylgesetze sprachlich genau zu fassen. Doch die deutsche Öffentlichkeit war extrem polarisiert. Die Kritik an der Flüchtlingspolitik wuchs, die Übergriffe auf Unterkünfte häuften sich. Auf der anderen Seite der Barrikade organisierten Ehrenamtliche Deutsch-Kurse und luden zu Willkommensabenden ein. Aus dem geplanten Beschleunigungsgesetz wurde eine Regelung, die Flüchtlingsbehörden im Regen stehenließ. Nun sollten sie doch wieder allein bestimmen, was eine «besondere Härte» ist oder wer ein «sonstiger Familienangehöriger» sein kann. Mit der Häufung der unbestimmten Rechtsbegriffe zog sich der Bundestag aus der Affäre. Der interessierten Öffentlichkeit wurde Handlungsfähigkeit demonstriert. Der informierten Fachgemeinde aber wurde klargemacht, dass die Sache mit der Beschleunigung der Verfahren ausschließlich auf ihren Schultern ruht.

Erst die Rechtsentwicklung und Verwaltungsvorschriften machen aus dem unbestimmten Rechtsbegriff konkrete Gebote. Erst nach und nach werden sie durch Gerichtsurteile oder durch das Handeln von Verwaltungen bestimmt.[17] Das dauert meist sehr lang.

In der Praxis haben unbestimmte Rechtsbegriffe in den vergangenen Jahren einen steilen Aufstieg erlebt. Je komplizierter die Lage ist, je schneller sich Gewissheiten ändern, desto lieber wählt der Gesetzgeber statt konkreter Sachverhalte allgemeine Formulierungen. Für Kläger und Verklagte ist das ein ständiger Quell von Ärger, Zorn und dem Gefühl, vor Gericht ungerecht und unfair behandelt zu werden. In der Sozialgesetzgebung kann man dies besonders häufig beobachten: In den Hartz-IV-Gesetzen, die sehr schnell und mit heißer Nadel formuliert wurden, wimmelt es von unbestimmten Rechtsbegriffen. «Angemessen» groß sollen die Räumlichkeiten sein, in denen Hartz-IV-Empfänger wohnen. Wenn sie ebenfalls unter «besonderen Härten» zu leiden haben, können sie einen Zuschlag beantragen. Es sei denn, es wird ihnen eine «Eignung» zu stundenweiser Arbeit nachgewiesen.

Die Folgen sind fatal: Rund 10 000 Einwände von Hartz-IV-Empfängern gehen bei der Bundesagentur für Arbeit Monat für Monat ein, 40 Millionen Euro gibt die Bundesagentur jährlich für Anwaltshonorare aus. Das alles passiert vor allem deshalb, weil der Gesetzgeber im Zuge der Hartz-Reformen im Jahr 2005 so viel zu tun hatte, dass er sich ins Unbestimmte flüchtete. Mittlerweile sechzig Novellen des Gesetzes konnten daran nichts ändern, im Gegenteil: Für viele unterbeschäftigte Rechtsanwälte tat sich ein attraktiver Markt auf. Unbestimmte Rechtsbegriffe in Kombination mit ständigen Änderungen der Rechtsgrundlage bei vollständiger Kostenübernahme der Anwaltskosten entweder durch die Bundesagentur oder durch die Beratungs- und Prozesskostenhilfe: Sicherer kann man als Anwalt mit Massenverfahren nicht verdienen. Und weil nahezu die Hälfte der Klagen erfolgreich ist,[18] bleibt auch der Nachschub an neuen Verfahren niemals aus. So wie bei Hartz IV verhält es sich in vielen Rechtsgebieten. Die unbestimmten Rechtsbegriffe sind schon lange nicht mehr Ausdruck gesetzgeberischer Demut. Sie sind ein Arbeitsbeschaffungsprogramm für Anwälte. Zur Rechtssicherheit und zur Gewissheit, dass vor dem Gesetz jeder gleich ist, tragen sie nicht bei.

Die Bürokratie: Die wundersame Ämterhäufung

Der Privatisierung öffentlicher Dienstleistungen begegnet die Öffentlichkeit mit großer Skepsis. Deutet jemand an, beispielsweise die Planung einer neuen Autobahnbrücke in die Hände eines privaten Ingenieurs geben zu wollen, erhebt sich höhnisches Gelächter. Am Flughafen Berlin habe man sehen können, dass so etwas schiefgehen muss. Bei der Elbphilharmonie seien die Kosten explodiert. Statt knapp 100 Millionen Euro habe das Prachtbauwerk wegen der Fehler der privaten Bauplaner und -unternehmer am Ende fast eine Milliarde gekostet. Lieber solle man selber planen. Ärgerlich, dass die Bundesländer das oft gar nicht mehr können. «Geld ist im Augenblick nicht das Problem», sagt selbst DIW-Chef Marcel Fratzscher, der für das Bundeswirtschaftsministerium darüber nachdenkt, wie große Verkehrsprojekte schneller verwirklicht werden können. Das Problem sind die Planungsämter. Die wurden nämlich in nahezu allen Bundesländern in Zeiten des knappen Geldes deutlich abgespeckt, jetzt fehlt das Personal. Nur Bayern hat in der Krise durchgeplant – und hat nun die Nase vorn, wenn sich jedes Jahr im Herbst die Ländervertreter treffen, um darüber zu beraten, wer die Mittel bekommt, die im Laufe des Jahres nicht ausgegeben werden konnten. Dass das Geld in Bayern verbaut wird, ist den Verkehrsministern bisher immer noch lieber gewesen, als Planungen an Dritte zu vergeben. Die Folge: Dort sind die Straßen und Brücken besser im Schuss als in allen anderen Bundesländern.

Wo Länder wie Schweden – die kein bisschen im Verdacht

stehen, neoliberal zu sein – immer mehr Dienstleistungen völlig pragmatisch zwischen privaten, öffentlichen und sogenannten gemischten Anbietern vergeben, geht Deutschland den umgekehrten Weg. Statt die Verwaltungen und spezialisierte Anbieter der Privatwirtschaft systematisch anzuhalten, gemeinsame Aufgaben gemeinsam zu erledigen, folgt man hier einem dogmatischen Trennungsprinzip. Es wird gar nicht erst überlegt, wer welche Aufgabe am besten erledigen kann. Stattdessen werden Geschäftsverteilungspläne ausgearbeitet und Zuständigkeiten diskutiert. Die schlimmste Schwäche der deutschen Bürokratie ist gar nicht, dass sie so groß ist. Es ist ihre Unfähigkeit zur Zusammenarbeit untereinander und mit Außenstehenden.[19]

Davon lässt sich die Bundesregierung nicht irritieren. Im Gegenteil: Regierung und Parlament haben erkannt, dass man politische Auseinandersetzungen am besten vermeiden kann, wenn man politische Aufgaben zu neuen Behörden verlagert. Dazu schaffen sie neue Stellen und Ämter. Die sind nicht mehr als Abklingbecken für politisch brisante Themen: Gegen die Löcher auf den deutschen Autobahnen soll eine neue Bundesautobahngesellschaft helfen. Die Suche nach einem Atommüllendlager wird seit August 2016 vom neuen Bundesamt für kerntechnische Entsorgungssicherheit erledigt – das alte Bundesamt für Strahlenschutz, das diese Aufgabe bisher zu erfüllen hatte, darf sich nun voll auf Handy-Strahlen, Röntgen-Strahlen und Sonnenstrahlen konzentrieren.

Neben den neuen Ämtern stehen die alten Behörden als Ruinen vergangener politischer Schlachten. Sind die neuen Behörden durch das Votum des Gesetzgebers legitimiert, begründen sich die alten allein dadurch, dass sie noch da sind. Das Bundesamt für Zivildienst zum Beispiel hat seine Zukunft noch lange nicht hinter sich. Den Wehrersatzdienst gibt es zwar seit 2011 nicht mehr. Das Amt aber darf bleiben. Es wurde zu einem «Bundesamt für Familie und zivilgesellschaftliche Aufgaben». Heute beaufsichtigt die Behörde den Bundesfreiwilligendienst, organisiert ein Sammelsurium von Hilfstelefonen («Schwangere in Not»), Aktionen («Allianz gegen Demenz») und bewacht die Kontaktdaten von Müttern, die bei der vertraulichen Geburt ihrer Kinder ihre Identität nicht preisgeben. Die Pressestelle der Familien- und Zivilgesellschaftsbehörde ist mit stattlichen acht Personen besetzt. Sie produzieren – sicherlich neben anderen Aufgaben – durchschnittlich vier Pressemitteilungen im Jahr.

Die Stasi-Unterlagen-Behörde hat ihre wichtige Arbeit auch getan. Doch gegen den Vorschlag, sie abzuschaffen und ins Bundesarchiv einzugliedern, gibt es vehementen Widerstand. So verlangt nicht nur die Stasi-Unterlagen-Landesbeauftragte in Brandenburg, Ulrike Poppe, die Ämter auf Bundes- und Landesebene zu Gedenk- und Erinnerungsbehörden weiterzuentwickeln. Der Bundestag hat im Jahr 2015 ausgerechnet das Amt selbst beauftragt, seine Perspektiven zu klären.

Oder die Lastenausgleichsämter, die nach dem Zweiten Weltkrieg den Ausgleich zwischen enteigneten Vertriebenen und glücklicheren Westdeutschen organisierten: Sie könnten längst zumachen, es gibt kaum noch offene Vermögensfragen. Doch ein Bundesamt mit seinen 1900 Mitarbeitern darf nicht einfach verschwinden. Lieber entwickelt man es zur Behörden-Behörde weiter. Heute werden im früheren

Kriegsfolgenamt die Reiseanträge der Bundesbediensteten bearbeitet und deren Spesentüten ausgeschüttelt. Auf diesen Heldenfriedhöfen des deutschen Beamtentums wächst nichts mehr. Die Behördenchefs suchen neue Aufgaben, um sich und ihre Posten erhalten zu können. Rund 4,6 Millionen Beschäftigte arbeiten im öffentlichen Dienst, mit steigender Tendenz. Nur der Personalabbau bei der Bundeswehr und die Privatisierung von Bahn und Post überdecken die beschämende Bilanz. Der öffentliche Dienst wird durch die Digitalisierung nicht effizienter.

21 oberste, 66 obere, 8 mittlere und 155 untere Bundesbehörden rechnen, regulieren und beaufsichtigen das Staatsvolk. Sie teilen und vereinigen sich, werden neu gegründet und umfirmiert. Immer stärker übernehmen sie Aufgaben der Politik. Sie regeln die politische Temperatur der öffentlichen Debatte herunter und ersetzen sie durch Verwaltungshandeln. Nur besser werden sie darin nicht.

Politische Beamte

Das hat viel mit der Personalpolitik der Behörden zu tun. Diejenigen, die die Facharbeit machen, können so gut sein, wie sie wollen. Ohne Parteibuch kommen sie nicht an die Spitze. Wer in einem Bundesministerium eine Abteilung leiten will, sollte tunlichst Mitglied einer politischen Partei sein. Abteilungsleiter und beamtete Staatssekretäre sind nämlich politische Beamte. So kommt es, dass SPD-Mitarbeiter an den Spitzenbeamten vorbei ins Familienministerium wechseln, sich frühere Angestellte aus den Parteizentralen in den großen Büros des Arbeitsministeriums einrichten. CDU-Leute beziehen nach und nach die besten Posten im Finanzministerium.

Die Nähe zur Politik zeigt, wo das Prinzip des Beamtenstaates an seine Grenzen stößt: da, wo die Übereinstimmung mit der Grundlinie des politischen Dienstherrn für erforderlich gehalten wird. In der Realität ist das praktisch überall der Fall, wo es um Leitungspositionen geht. Durch die Hintertür ist in den Verwaltungen die Parteilichkeit wieder eingezogen.

Ein ganzes Heer junger Christ- und Sozialdemokraten, Liberaler und Grüner bereitet sich in Stadt- und Landesverwaltungen auf Aufgaben in der Bundespolitik oder in den Parteizentralen vor. Mit jedem Politikwechsel wechseln auch sie den Posten, das Bundesland oder den Aufgabenbereich. Sind sie wirklich unparteiisch, neutral und kompetent?

Selbst die Spitzenposten der Bundesämter werden gerne von politischen Beamten oder von ehemaligen Politikern besetzt. Ausgerechnet in den Institutionen, deren Aufgaben entpolitisiert werden sollen, kehrt mit dem Direktor des Hauses die Tagespolitik zurück. Wolfram König zum Beispiel war früher einmal für die Grünen Umweltstaatssekretär in Sachsen-Anhalt. Er wurde entlassen, als die Grünen 1998 aus dem Landtag flogen. Lange musste er nicht auf einen neuen Posten warten. 1999 – inzwischen regierte Rot-Grün auf Bundesebene, Jürgen Trittin war Umweltminister – wurde der studierte Stadtplaner Präsident des Bundesamtes für Strahlenschutz. In der neugegründeten Schwesterbehörde, dem Bundesamt für kerntechnische Entsorgungssicherheit, regiert Ursula Heinen-Esser von der CDU. Das Amt wurde eingerichtet, weil die Politiker sich nicht zutrauten, ein Endlager für die radioaktiven Abfälle der deutschen Atomkraftwerke zu finden. Heinen-Esser hatte bis 2013 einen Platz im Bundestag und war Staatssekretärin im Ministerium für Umwelt, Naturschutz und Reaktorsicherheit im zweiten Kabinett von Angela Merkel. Hamburgs früherer Sozialsenator Detlef Scheele (SPD) ist seit Anfang 2017 der neue Chef der Bundesagentur für Arbeit.

«Je mehr parteipolitisch orientierte Vorgesetzte ein Beamter hat, desto mehr wird er gedrängt, sich in seinem amtlichen Handeln parteipolitisch zu orientieren», warnte der berühmte Staatsrechtler Theodor Eschenburg schon im Jahr 1959.[20] Eine Mahnung, die an Aktualität noch gewonnen hat: Rainer Wendt, Vorsitzender der Polizeigewerkschaft, findet, dass sich die Parteien den Staat zur Beute gemacht haben, indem sie das politische Beamtentum auf praktisch allen Leistungsposten in Behörden haben wuchern lassen. In Bundes- und vielen Landesministerien sind nicht nur die Staatssekretäre politische Beamte. Auch die Abteilungsleiter, die Pressesprecher, die Leiter des Ministerbüros und der Leitungsstab fallen darunter. Die Bundesämter kommen als erweiterter Einflussbereich hinzu.

Sie alle sorgen dafür, dass sich die Mehrheitsverhältnisse im Parlament nach und nach auch im Beamtenapparat widerspiegeln. Doch sie sorgen meist nicht dafür, dass die Verwaltungen neutral und gut funktionieren.

Aufstieg und Fall des Bundesamtes für Migration und Flüchtlinge

Das Bundesamt für Migration und Flüchtlinge (BAMF) in Nürnberg ist ein Beispiel für den Aufstieg und Fall einer Behörde. Das Amt war bis weit in das letzte Drittel des vergangenen Jahrhunderts eine überschaubare Einheit, die sich im Wesentlichen mit den übriggebliebenen Kriegsflüchtlingen des Zweiten Weltkriegs beschäftigte. Sechzig Mitarbeiter reichten dafür völlig aus. Später konnten sie zusätzlich auch die wenigen Asylbewerber und Flüchtlinge in Deutschland verwalten, ihre Anträge bearbeiten und über das Bleiberecht entscheiden.

Mit dem Militärputsch in der Türkei in den siebziger Jahren, dem Zusammenbruch der Sowjetunion in den achtziger und neunziger Jahren und dem Kosovo-Krieg änderte sich alles. Hunderttausende Asylbewerber und Flüchtlinge kamen nach Deutschland, die Zentralstelle der Behörde in Nürnberg wurde der Aufgabe nicht mehr allein Herr. Das Bundesamt schwoll auf achtundvierzig Außenstellen und 4000 Mitarbeiter an. Eine Asylbewerberbearbeitungsmaschine wurde geschaffen, die effizient und ordentlich mit den Bewerbern umging. Im Zentrum der Arbeit des Amtes standen die sogenannten Entscheider. Das waren Juristen, die jeden Antrag auf Asyl gewissenhaft prüften, die Antragsteller anhörten und dann befanden, was zu geschehen hatte. Die anderen Beschäftigten arbeiteten ihnen zu.

Doch dann passierte die Katastrophe. Die riesige Verwaltung wurde nahezu arbeitslos. Im Mai 1993 einigte sich die Regierung Helmut Kohls mit der Opposition auf eine Grundgesetzänderung: Das Asylrecht wurde deutlich verschärft, die Zahl der Asylbewerber sank rapide. Das Dublin-Abkommen kam 1997 hinzu, wonach nur dasjenige europäische Land für die Anträge auf Asyl und Flüchtlingsstatus zuständig war, in das Asylbewerber und Flüchtlinge zuerst einreisten. Für Deutschland eine komfortable Lösung – wer schippert schon um Europa herum, um auf Sylt oder auf der Hallig Hooge um Asyl zu bitten? Auf dem Landweg ist Deutschland von Partnern umgeben, die den Asylantrag nach den Dublin-Regeln zuerst bearbeiten müssen. Die wenigen Flüchtlinge und Asylbewerber, die es in ein Flugzeug nach Frankfurt oder München schafften, wurden in den sogenannten Flughafenverfahren betreut. Für das BAMF aber wurde es ungemütlich.

Was tun mit der Behörde? Umstrukturieren, klar. Einstellungsstopp. Die Aufgaben langsamer und akkurater erledigen. Neue Arbeit suchen: Integration, Sprachunterricht, soziale Betreuung oder die gründliche wissenschaftliche Betrachtung des Migrationsthemas. So kam es auch. Das BAMF schrumpfte ein bisschen, es lieh Mitarbeiter an andere Behörden aus und stellte keine neuen Juristen mehr ein. Doch im Wesentlichen eignete es sich weitere Aufgaben an. Dafür brauchte man andere Leute als bisher. Politikwissenschaftler zum Beispiel, Soziologen, Pädagogen.

Der amerikanische Politologe Francis Fukuyama beschreibt am Beispiel der US-Waldbehörde den nahezu zwangsläufigen Niedergang einer staatlichen Verwaltung. Der «Forest Service» hatte bei seiner Gründung im 19. Jahrhundert nur eine Aufgabe: Die Behörde sollte die Holzausbeute in den amerikanischen Wäldern organisieren und ver-bessern. Die Direktoren des Dienstes waren schnell davon überzeugt, dass man dazu vor allem die größte Gefahr für das gedeihliche Aufwachsen von Bäumen bekämpfen musste – wilde Waldbrände, die immer wieder große Teile der grünen Flächen heimsuchten. Das Forstamt baute also über die Jahrzehnte hinweg eine gewaltige Feuerbrigade auf. Zehntausende von Feuerwehrleuten, Flugzeuge und Hubschrauber wurden in Bewegung gesetzt, wenn irgendwo etwas kokelte, glomm oder qualmte. 30 000 Angestellte verwalteten den «Krieg gegen das Feuer». Klar, dass nicht viel Zeit blieb, Bäume zu fällen und das Holz zu verkaufen. Dieses Geschäft schrumpfte und rutschte tief in die roten Zahlen. Es kümmerte niemanden. Die Feuerwehrleute waren nationale Helden, die Menschen vertrauten ihnen. So sehr, dass viele Amerikaner sich nun an den Waldrändern und auf Lichtungen niederließen und dort Häuser bauten.

Nach und nach stellte sich aber heraus, dass die Wälder ohne die früher regelmäßigen Brände verödeten. Die Artenvielfalt ging zurück, Nadelbäume breiteten sich aus, die Wälder wurden trockener, dichter und dunkler. Sie wurden zu Pulverfässern. Wenn es nun brannte, brannte es richtig. Feuerwalzen wüteten über Tausende von Hektar hinweg, manchmal monatelang. Sie vernichteten ganze Wohnsiedlungen. Es mussten noch mehr Feuerwehrleute her.

Schließlich sah man ein, dass das Feuer im Interesse der Artenvielfalt notwendig war. Kontrollierte Brände sollten zulässig sein. In der Behörde entwickelten sich zwei Fraktionen. Diejenigen, die wollten, dass es brennt. Und diejenigen, die immer noch jedes Feuer sofort löschten. Dazwischen wuchs die Zahl derjenigen, die den Interessenausgleich organisieren sollten. Der «Forest Service», einst die Musterbehörde Amerikas, wurde ein kafkaesker Sumpf, Lobbys und Interessengruppen nahmen ihn in Besitz.

Der Niedergang von Behörden beginnt, so resümiert Fukuyama, mit Fehlern, die keiner zugibt. Er setzt sich fort mit der Zersplitterung der ursprünglichen Aufgabe in viele, zum Teil widersprüchliche Ziele. Und er endet, wenn die Behörde von den politisch interessierten Truppen besetzt wird.[21]

So ging es auch beim Bundesamt für Migration und Flüchtlinge in Nürnberg: Als die Zahl der Asylfälle abnahm, wurde der schöne Slogan «Von einer Asylstelle zum Kompetenzzentrum» entwickelt. Er stand für die Ausweitung der Aufgaben. Mit Albert Schmid war zur Jahrtausendwende ein früherer bayerischer SPD-Politiker als neuer Präsident in das Amt eingezogen. Er brachte die Idee mit, Integration zum neuen Leitthema des Hauses zu machen. Dafür bekamen er und sein Nachfolger Manfred Schmidt den allerhöchsten Segen. Selbst die Kanzlerin erschien 2013 zum 60. Geburtstag und lobte ein Amt, das die vielen neuen Aufgaben in aller Geruhsamkeit in Angriff nahm.

Dafür gab es eine entlarvende Begründung: Unruhe würde schaden. Man habe viele ältere Kollegen, die mental bereits auf dem Weg in die Pension seien, warb der Personalratsvorsitzende in seiner Geburtstagsansprache um Verständnis. Leistungsdruck und Erfolgskontrolle könne man gerade gar nicht brauchen. Voreilig stellte er damit dem eigenen Haus eine Sterbeurkunde aus.[22] Schon damals hätten die Geburtstagsgäste unruhig werden müssen. Doch sie reagierten nicht. Behörden, die in sich ruhen, soll man nicht wecken. Zufrieden ging man auseinander.

Es passierte die zweite Katastrophe. Es gab wieder Arbeit, und zwar sehr viel auf einmal. Im Lauf des Jahres 2015 schwollen die Flüchtlings- und Asylbewerberzahlen an, bis sie im August und im September außer Kontrolle gerieten. Im BAMF aber war kaum noch jemand beschäftigt, der Asylverfahren hätte entscheiden können. Die vorhandenen Mitarbeiter hatten sich ja gerade darauf spezialisiert zu integrieren, Sprachunterricht zu organisieren und das Wissen über erfolgreiche und erfolglose Migrationsgeschichten aufzuschreiben. Gerade mal 550 Entscheider für Asyl- und Flüchtlingsanträge arbeiteten Mitte 2015 noch beim BAMF. Sie arbeiteten sehr gründlich. 1650 Mitarbeiter machten etwas anderes. Jetzt aber waren plötzlich Hunderttausende von Asylverfahren zu entscheiden.

Täglich meldete das Amt nun seine Zahlen nach Berlin, es bettelte um Personal, um Amtshilfe. Doch die angeforderten Fachleute gab es nicht, zumindest nicht in der nötigen Zahl. Auf die Idee, die Arbeitsabläufe des Amtes umzukrempeln, ein Computersystem einzukaufen, das mit den neuen Fallzahlen fertigwerden könnte, den Betrieb auf Schnelligkeit in der Bearbeitung von Asylanträgen umzustellen, kam man nicht. Man hatte ja alle Hände voll zu tun. Da macht man keine Organisationsreform. Im BAMF wurde immer noch im «Manufakturbetrieb» gearbeitet, berichtete eine der neuen BAMF-Führungskräfte später fassungslos dem *Spiegel*. Alles werde von Hand gemacht. Dabei stünden doch längst alle technischen Möglichkeiten zur Verfügung, um schneller, besser und vor allem vernetzter zu arbeiten.

Das Amt versank in unerledigter Arbeit, die Mitarbeiter häuften Überstunden auf Überstunden. Auf den Schreibtischen stapelten sich mehr als eine halbe Million unerledigter Verfahren. Länger als ein halbes Jahr dauerte es, bis jemand die Anträge von neu angekommenen Asylbewerbern das erste Mal anschauen konnte. Das waren nur die einfachen Fälle. Die komplizierteren schaffte man sich auf andere Art vom Hals. Tausende herrenlose Pässe aus den Erstregistrierungsstellen wurden in den Keller geschafft und dort in gelben Plastikkisten von der Post gestapelt – so, wie sie ins Haus gekommen waren. Ob die Eigentümer dieser Pässe noch im Land waren, ob sie allein oder mit Familien unterwegs waren, ob sie einen Antrag gestellt hatten oder nicht, wussten die überforderten Beamten nicht. Sie konnten sich nicht darum kümmern, sie hatten zu tun. Die Behörde erstickte an ihren eigenen Widersprüchen.

«Wenn (...) eine unabhängige Behörde ihre Reputation verliert, kann sie ihre Arbeit faktisch nicht fortsetzen», analysiert der Politologe Rosanvallon.[23] Beim BAMF kapitulierte der Chef des Hauses. «Aus persönlichen Gründen» bot er im September, auf dem Höhepunkt der Flüchtlingskrise, seinen Rücktritt an. Frank-Jürgen Weise, der energische Manager der Bundesagentur für Arbeit, übernahm den Job zusätzlich.

Weise hatte schon das frühere Arbeitsamt erfolgreich umgebaut, das zehn Jahre zuvor aus ähnlichen Gründen in eine tiefe Krise geschlittert war. Bei der Bundesagentur waren es gefälschte Statistiken über angebliche Vermittlungserfolge gewesen, die die Behörde an den Rand des Zusammenbruchs gebracht hatten. Auch hier hatte man sich in einer eigenen Welt eingerichtet, die dem kritischen Blick von außen nicht mehr standhielt.

Mit Weise übernahm ein Quereinsteiger das Amt. Der

Reserveoffizier, Manager und Unternehmer ist der personifizierte Gegenentwurf eines Behördenchefs. Er gilt als kühler Effizienzfanatiker. Bei der Bundesagentur für Arbeit erzwang er den Umbau zu einem staatlichen Dienstleistungskonzern für Arbeitssuchende. Beim Bundesamt für Migration und Flüchtlinge versuchte er bis Ende 2016, die Weichen ähnlich zu stellen. In beiden Häusern hatte er gegen erheblichen Widerstand zu kämpfen. Weise habe keine Ahnung vom Charakter öffentlicher Verwaltungen, hieß es in beiden Häusern. Er kümmere sich nicht um die Qualität der Arbeit. Er respektiere die Beamten nicht, die auch vorher schon ihr Bestes gegeben hätten. Er stelle ungeeignete Leute ein. Er verletze die Beteiligungsrechte der Mitarbeiter.

An all diesen Vorwürfen ist natürlich etwas dran, denn wenn Charaktere wie Weise eine Behörde umbauen, geht es oft zu wie bei einer Transplantation am lebenden Organismus. Die neuen Körperteile stören. Sie bleiben Fremdkörper. Der Organismus wehrt sich gegen sie und will sie abstoßen. Dabei wissen alle Beteiligten, dass die Transplantation am Ende gelingen muss. Sonst stirbt der Patient.

Beim Bundesamt für Migration und Flüchtlinge hatte das Behördenversagen erhebliche Folgen für die gesamte Gesellschaft. Das Chaos strahlte aus. Die Flüchtlinge mussten monatelang warten, konnten in dieser Zeit weder eine Wohnung suchen, noch eine Arbeit aufnehmen oder eine Qualifizierung anstreben. Die Tatsache, dass ein großer Teil der Flüchtlinge offenbar unregistriert oder nur mit einem Stempel der Erstaufnahme unterwegs war, beunruhigte die Bevölkerung massiv. Zu Recht, wie man später sehen sollte. Das BAMF hätte die Überforderung der deutschen

Gesellschaft durch Flüchtlinge und Asylbewerber natürlich nicht alleine heilen können. Aber es hätte dazu beitragen müssen, die Probleme schneller in den Griff zu bekommen. Bürokratien sollen dem Bürger vermitteln, dass alles seinen geregelten und berechenbaren Gang nimmt. Sie sollen die Politiker entlasten, indem sie ihre Beschlüsse umsetzen und kontrollieren. Dazu war das BAMF nicht in der Lage. Das aus der Flüchtlingswelle resultierende Problem war nicht, dass überraschte Behörden anfangs überfordert waren. Das Problem war, dass es eine gut ausgestattete Behörde gab, die ihre Aufgabe nicht mehr erledigen konnte.

Städte und Gemeinden als Quelle der Geburt und des Verfalls von Staatlichkeit

Das Städtchen Monheim ist nur zwei Personengruppen außerhalb der rechtsrheinischen Provinz bekannt. Die einen gehören zu den Fans der Lyrikerin und Schriftstellerin Ulla Hahn. Sie hat Monheim in ihren Lebenserinnerungen ein Denkmal gesetzt. Dort, in der Beschränktheit der Kleinstadt, wuchs das Arbeiterkind Ulla Hahn auf. Die kleinen Fluchten der fünfziger Jahre waren das nahe Rheinufer – und Bücher.

Die anderen Monheim-Fans sind an den kleinen Fluchten im 21. Jahrhundert interessiert. Seit einigen Jahren ist die Stadt Gegenstand neidischer Bewunderung. Denn ein jugendlicher Kommunalpolitiker und seine Freunde haben vor knapp zehn Jahren die Lokalpolitik in der Stadt übernommen. Die Schüler hatten sich gelangweilt und überlegt, etwas gemeinsam zu unternehmen. Theater, Band oder eine Partei standen zur Auswahl. Die Politik gewann. Zuerst zogen die Gymnasiasten 1999 als Jugendbewegung in den Stadtrat ein, dann gewannen sie das Rathaus. Seit 2009 ist Daniel Zimmermann, ein damals siebenundzwanzigjähriger Doktorand, Bürgermeister der Stadt.

In den vergangenen Jahren arbeitete sich die Kleinstadt aus der Verschuldung heraus, häufte Rücklagen in dreistelliger Millionenhöhe an, halbierte die Gewerbesteuer, führte den kostenlosen Kindergarten ein und reparierte die Löcher in den Straßen. Dreitausend neue Jobs wurden geschaffen, eine Festhalle gebaut. Beim Stadtfest zu Ehren der Stadtpatronin Gänseliesel (Motto des Jahres 2016: 1001 Nacht) gab es Freibier.

Städte und Gemeinden sind nicht nur die Außenposten der Demokratie. Sie sind begehbare politische Programme, sagt der frühere Chef der Herrhausen Gesellschaft, Wolfgang Nowak. Hier entstehen politische Haltungen, hier werden Kinder und Jugendliche politisch sozialisiert. Hier spüren Bürger zuerst, ob sie in der Politik tatsächlich repräsentiert werden. In den Städten und Gemeinden merken sie im Alltäglichen, ob und wie am Gemeinwesen gearbeitet wird.

Man muss nicht basisdemokratisch veranlagt sein, um das zu verstehen: In ihrer Heimat begegnen Menschen ihrem Staat täglich. Sie sind von ihm umgeben, sie selbst machen ihn aus. Sie freuen sich, wenn der Kinderspielplatz in Ordnung ist, sie zum Brötchenkauf zehn Minuten kostenlos parken können, im Dorfkern der Brunnen sprudelt. Aber sie gehen auch jeden Tag an denselben Graffiti vorbei, ärgern sich über kaputte Straßenlaternen und defekte Schultoiletten. Erleben sie sich nur als Kunden ihrer Kommune, beginnen sie, Mängellisten zu führen. Begreifen sie sich dagegen als Teil ihres Gemeinwesens, stoppen sie den Verfall.

Wenn Bürgermeister die Welt regierten, sähe die Welt nicht nur besser aus,[24] behauptet der amerikanische Politikwissenschaftler Benjamin R. Barber. Auch die Demokratie würde Fortschritte machen. Das stimmt – aber nur, wenn die richtigen Bürgermeister die richtige Stadt regieren. Bleiben die Falschen am Ruder, erleidet die Demokratie den größten Schaden.

Städte und Gemeinden sind lebende Organismen. Sie bewegen sich und atmen, sie existieren durch den Austausch und den Gestaltungswillen ihrer Bewohner. Sie sind gesund und vital, krank und schwach oder halbstark und ungebärdig. Schade, dass sich daran niemand erinnert. Die deutschen Kommunen werden behandelt wie die unmündigen Trottel vom Land. Und sie lassen es sich gefallen.

Es fehle ihnen an Geld. Das ist die Standardausrede für schwache Bürgermeister in schwachen Kommunen. Es ist die schlechteste Ausrede. Denn sie wird auch in guten Zeiten benutzt. Seit Jahren nehmen auch Städte und Gemeinden mehr Steuern ein, die Bundesregierung erfindet ein Milliardenprogramm nach dem anderen, um es in Schulen und Kindergärten, in die Flüchtlings- und Armenhilfe vor Ort zu pumpen. Geldmangel ist eine Chiffre. Sie steht für Hilflosigkeit oder für Desinteresse.

Berlin, Köln, Hamburg und München

In den größten Städten Deutschlands zeigt sich am deutlichsten, wie Verantwortung wahrgenommen oder weggeschoben wird. München und Hamburg stehen auf der einen, Berlin und Köln auf der anderen Seite. Die bayerische Landeshauptstadt und Hamburg funktionieren nicht deshalb, weil sie reich sind. Sie sind gut regiert. Berlin und Köln scheitern nicht deshalb, weil sie arm sind. Sie scheitern, weil sie schlecht geführt werden.

Die parteilose Kölner Oberbürgermeisterin Henriette Reker, seit November 2015 im Amt, stellt ihrer Verwaltung ein verheerendes Zeugnis aus. Die eigenen Leute seien die Ursache der Probleme in der Stadt. Die Verwaltung sei «vermachtet» und von parteitreuen Beamten durchsetzt. Die Anhänger von CDU und SPD hätten sich über die Jahre in Schlüsselpositionen der Verwaltung gebracht. Sie seien nicht gegenüber der Stadt loyal, sondern gegenüber ihren Parteien. Die anderen seien kaum besser zu gebrauchen. «Wir haben Menschen (...), die kommen nur, um hier Schmerzensgeld zu bekommen», klagte Reker dem Deutschlandradio Kultur.[25]

Ein Eindruck, den die Bürger teilen. Die Vergewaltigungen und Übergriffe am Hauptbahnhof in der Silvesternacht 2015/2016 sind ihnen nur ein Indiz für das Kölner Stadtversagen. Schon im Oktober 2014 hatten dreitausend rechtsradikale Hooligans über Stunden hinweg den Hauptbahnhof belagert. Sie hatten Geschäfte geplündert und Reisende bedroht. Auch damals war die Polizei machtlos. Schlamperei beim U-Bahn-Bau hatte außerdem wohl dazu geführt, dass im März 2009 das Stadtarchiv im Boden versank. Aufgeklärt ist die Sache bis heute nicht. Gelernt hat man auch nichts daraus.

Im Bauamt der Stadt sind seit Jahren entscheidende Leitungsstellen unbesetzt. Niemand hatte die Idee, neue Führungskräfte einzustellen. Jetzt kann Köln weder die benötigten Schulen und Kindergärten planen, noch sind genug Beamte da, um Baumaßnahmen zu beaufsichtigen. Bis zu achtzehn Monate warten Immobilieneigentümer auf ihre Genehmigungen, beschwert sich der Grundbesitzerverband. Europaweit ist das einsamer Rekord. Selbst die Tschechische Republik, in Sachen Baugenehmigung als besonders kleinkariert berüchtigt, erledigt das in acht Monaten.[26]

Tatsächlich ist der Zugriff der Parteien auf Verwaltungspositionen in den deutschen Kommunen ein massives Problem. Nicht jede Stadt wird dadurch unregierbar. Doch werden die Berufsbeamten degradiert. Wenn sie kein Parteibuch haben, kommen sie nicht nach ganz oben. Haben sie ein Parteibuch, bleiben sie kaum neutral. Manche werden korrupt.

Die Oberbürgermeisterin der Stadt Köln hat aus diesen Erkenntnissen Konsequenzen gezogen. Sie werde sich zuallererst auf die Sanierung der Verwaltung konzentrieren, sagt sie. Ihre Botschaft ist nach innen gerichtet. Das Herumstehen und Repräsentieren auf Veranstaltungen überlasse sie lieber anderen.

Der französische Soziologe Pierre Rosanvallon schätzt, dass kaum mehr als ein Prozent der Bürger eines Gemeinwesens sich direkt an der Politik beteiligen will. Wesentlich zahlreicher aber seien die Gespräche über Politik, die am Frühstückstisch, in der Bahn, bei der Arbeit oder im Freundeskreis geführt werden. Sie machen am Ende die politische

Stimmung eines Gemeinwesens aus. Auf sie haben Politiker aber nur Einfluss, wenn sie in einer Beziehung zu ihren Bürgern stehen. «Die Verbindung dieser zwei Welten ist für die Lebendigkeit der Demokratie konstitutiv.»[27] Andersherum formuliert: Es ist gefährlich für die Demokratie, wenn sich Kommunalpolitiker allein darauf konzentrieren, ihre Verwaltung auf Vordermann zu bringen.

Als Olaf Scholz im Jahr 2011 sein Amt als Erster Bürgermeister Hamburgs antrat, begann er nicht mit einer Verwaltungsreform. Er begann mit einem Leuchtturmprojekt, das deutschlandweit zum Symbol für das Versagen der Stadt geworden war: mit der Elbphilharmonie. Das skandalträchtige Konzerthaus war zu diesem Zeitpunkt eine Ruine. Es wurde am Ende mit über 800 Millionen Euro zehnmal teurer als ursprünglich geplant. Die Stadt und der ausführende Baukonzern Hochtief waren heillos zerstritten. Auf großen Teilen der Baustelle wurde gar nicht mehr gearbeitet. Es herrschten Planungsstopp, Baustopp, Kommunikationsstopp.

Scholz wusste, dass die Hamburger Bürger ihn am Fortgang und Erfolg dieses Baus messen würden. In seiner Regierungserklärung zum Amtsantritt versprach er, am Beispiel der Elbphilharmonie zu demonstrieren, wie er sich verbindliche Planung, Verwaltung und Kontrolle städtischer Bauten vorstelle.[28] Ein halbes Jahr später zitierte er die am Bau Beteiligten an einen runden Tisch, im Dezember 2012 präsentierte er eine Einigung.

Scholz demonstrierte Handlungsfähigkeit. Er entwand das Thema der Verachtungsmaschine der öffentlichen Wahrnehmung. 2015 wurde er als Bürgermeister wiedergewählt. Im Januar 2017 eröffnete schließlich auch die Elbphilharmonie. Obwohl der Konzertsaal ein Vielfaches der ursprünglich geplanten Summe kostet, haben die Hamburger der Stadtverwaltung verziehen: Die Philharmonie ist regelmäßig restlos ausverkauft.

«Klare Verantwortlichkeiten, keine Gefälligkeiten, keine politischen Besetzungen», riet der Hamburger Generalintendant Christoph Lieben-Seutter seinen Münchner Kollegen, die ebenfalls ein neues Konzerthaus planen.[29] In einer modernen Demokratie sollte das selbstverständlich sein. Doch das Gegenteil ist Realität. Überflüssig zu erwähnen, dass auch Köln und Berlin ihren Opernskandal haben.

Seit etwa zwanzig Jahren erobern unabhängige Wählergemeinschaften und parteilose Kandidaten ein Rathaus nach dem anderen. Fast die Hälfte aller Bürgermeister im Land sei inzwischen parteilos, zählt Susanne Schröter vor.[30] Sie organisiert einmal jährlich einen Kongress für die unabhängigen Stadtoberhäupter.

Seitdem in allen Flächenländern Deutschlands die Bürgermeister direkt gewählt werden, verlieren die Parteien rasant an Boden. Anstelle der Honoratioren der Traditionsparteien legen die Wähler nun parteilosen Verwaltungsfachleuten oder im Ort bekannten Persönlichkeiten die Amtskette um. Diese versprechen Bürgernähe und Kompetenz, Pragmatismus und Offenheit. Vor allem aber werden sie gewählt, weil sie anders sind als all die anderen. Sie bedienen die Sehnsucht nach Personen, die Politik aus Berufung betreiben. Das geht nicht immer gut. Aber es zeigt, wie wenig überzeugend der Nachwuchs der Parteienebene ist. Die Parteien verlieren ihre Basis da, wo die Wähler am empfindlichsten sind: in ihrer Heimat.

Die politischen Kraftfelder
verschieben sich

Donald Trump ist Präsident der Vereinigten Staaten. Er wurde nicht von den politischen Eliten gewählt. Ins Amt gebracht hat ihn das Fußvolk. Wähler im Mittleren Westen. Bürger der Südstaaten. Bewohner der nördlichen Bundesstaaten. Menschen vom Land. Fassungslos verfolgten die politischen Beobachter an Ost- und Westküste die Auszählung der Stimmen. Das Land ist gespalten: Die politischen Eliten hatten Hillary Clinton gewählt. Die anderen fanden Donald Trump besser.

Die politischen Kraftzentren der westlichen Demokratien haben ihr Hinterland verloren. In England wählten überwiegend die Landbewohner den Brexit, die Londoner stimmten dagegen. In Frankreich votieren die Bürger der Hauptstadt für eine der beiden einst großen Parteien. Die Bewohner der französischen Provinz haben Marine Le Pen groß gemacht.

In Deutschland ist es noch nicht so weit gekommen. Aber auch hier wählen die Bürger auf dem Land anders als die in der Stadt. Auch hier konzentriert sich die politische Energie auf die Großstädte. Auch hier wenden sich immer mehr Bürger der Klein- und Mittelstädte gegen das politische Establishment. Doch nur in einigen Gegenden Ostdeutschlands kann man schon beobachten, welche Folgen das für das Gemeinwesen hat.

Für die Politik war die Provinz immer eine Ressource. Die großen Talente der jüngeren Politikgeschichte sind Landeier. Bundespräsident Frank-Walter Steinmeier wuchs im lippischen Brakelsiek auf und wurde dort Jungsozialist. Wolfgang

Schäuble wurde im Schwarzwald politisch sozialisiert. Der CDU-Nachwuchsmann Jens Spahn kommt aus dem münsterländischen Ottenstein, der Grüne Boris Palmer vom Bauernhof in Geradstetten im Remstal. Es sind nicht die Großstädte, die junge Menschen politisch machen. Es ist das Land. Es war das Land. Heute klagen auch die ländlichen Jugendorganisationen der Parteien über Nachwuchsmangel. Sie können nicht mehr darauf hoffen, dass sich engagierte Jugendliche bei ihnen melden. In vielen Gemeinden Ostdeutschlands kommen nicht einmal mehr genug Interessierte zusammen, um Ortsvorsteherposten und Gemeindeparlamente zu bestücken. Jugendarbeit fällt da erst recht flach. In anderen Dörfern konkurrieren Umweltorganisationen, Feuerwehr, Sportverein und Jugendclubs um die Jugendlichen, die noch da sind. Wer in der Schulzeit nicht politisch wird, wird es auf dem Land vermutlich nie mehr. Ausgenommen davon sind nur die Studenten vom Land, wenn sie in den Großstädten angekommen sind.

Drei Viertel der Deutschen wohnen inzwischen in urbanen Ballungsräumen. Der Rest verläuft sich auf 80 Prozent der Landesfläche. Er fühlt sich nicht nur politisch marginalisiert. Er ist es auch.

Die ungeplante Entfremdung

Am deutlichsten wird das bei den Debatten um Gebietsreformen. Landbewohner sind teure Bürger. Sie werden immer teurer. Die Landkreise, Städte und Gemeinden müssen ihre Straßen für immer weniger Einwohner bauen. Sie sollen

Krankenhäuser erhalten, die nur halb ausgelastet sind. Schulen und Kindertagesstätten müssen auch da zur Verfügung stehen, wo es kaum noch Jugendliche und Kinder gibt.[31]

Die Allgemeinheit bezahlt alles. Damit die Landbewohner trotz ihrer entfernten Lage bequem zur Arbeit kommen, unterhält sie ein Nahverkehrsnetz. Wer lieber mit dem Auto weite Wege ins Büro fährt, muss sich auch nicht sorgen. Die Benzinkosten lassen sich bei der Steuererklärung steuermindernd geltend machen.

Es ist kein Wunder, dass die Geduld der Städter mit den Landbewohnern begrenzt ist. Statt immer mehr Geld in die schrumpfende Provinz zu schicken, möchten sie lieber in die eigene Nachbarschaft investieren: Wohnungsbau, Verkehrskonzepte, Kultur. In den großen Städten wird es mit dem stetigen Zuwachs vom Land enger und ungemütlicher. Die Busse und Bahnen sind voll, die Schulen, Spielplätze und Krankenhäuser ebenfalls.

Die politischen Kraftfelder verschieben sich schnell. Es macht einfach mehr Spaß, für Düsseldorf, Dresden, Hamburg oder Stuttgart zu planen, als eine Gemeindeschwester in der Hansestadt Gardelegen zu suchen.

Nach Berlin und Hamburg ist Gardelegen in Sachsen-Anhalt die drittgrößte Gemeinde Deutschlands – jedenfalls der Fläche nach. Auf 630 Quadratkilometern leben 24000 Einwohner. Das sind weniger als 40 Menschen pro Quadratkilometer. In Berlin drängen sich 4000 Einwohner auf derselben Fläche, also hundertmal so viele. Früher wurde in Gardelegen Hopfen angebaut. Das Bier aus der Gemeinde galt mal etwas in Deutschland. Heute ist das anders. Die Gemeinde hat fünf Bahnhöfe. Ihre Bewohner sehen den ICE von Berlin nach Hannover einmal in der Stunde an allen fünf Bahnhöfen vorüberpreschen.

Wenn die Städter die schönen Seiten des Landlebens kennenlernen wollen, werfen sie einen Blick in die Zeitschrift *Landlust*. Oder sie radeln an schönen Sommerwochenenden durch gepflegte Eifel-Wälder oder hergerichtete Alleen in Brandenburg.

Gegen die steigenden Kosten des Landlebens empfehlen sie eine großzügigere Interpretation des Artikels 72 im Grundgesetz. Der schreibt der Politik die Aufgabe zu, für die Gleichwertigkeit der Lebensverhältnisse im Land zu sorgen. Jahrzehntelang hieß das: Auch der Landbewohner hat das Recht auf den Besuch eines beheizten Hallenbades. Der Staat muss für eine Bücherei sorgen. Das nächste Krankenhaus und die nächste Polizeidienststelle dürfen nicht weit entfernt sein.

Solange die Bevölkerung in allen Landesteilen wuchs, konnte man diese Argumente sehr überzeugend vortragen. Seitdem sie aber auf dem Land schrumpft, fällt das schwerer. Jetzt wehren sich die gut bewohnten Städte dagegen, die Eintrittspreise für öffentliche Bäder auf dem Land zu stützen. Jetzt sollen die Kosten des Landlebens gedrückt werden. Zum Beispiel mit Gebietsreformen, die die Verwaltung verschlanken könnten. Sie erreichen jedoch meist das Gegenteil.

Die Rechnung der Landeshauptstädter geht so: Fusionieren fünf oder sieben der kleinen Städte, sinken die Verwaltungskosten. Es ist außerdem einfacher, Schulen zusammenzulegen, wenn der Bürgermeister einer Großgemeinde nicht im Ort wohnt. Der lokalpolitische Ehrgeiz – die neuen Stadtherren nennen es Egoismus – sinkt nach Gebietsreformen.

Für die Bewohner dieser kleinen Gemeinden ist das bitter. Wo keine Schule und kein Kindergarten mehr sind, verlassen junge Familien über kurz oder lang das Dorf. Gibt es kein Rathaus mehr, erstirbt selbst am Stammtisch die politische Debatte. Macht der Pfarrer nur noch einmal im Monat halt in der Dorfkirche, zerfallen Kirchengemeinden und Vereine. Wenn es erst einmal so weit ist, lässt sich der Niedergang nicht mehr stoppen. Das Berlin-Institut für Bevölkerung und Entwicklung hat analysiert, wo Menschen weiterhin gern wohnen, auch wenn in der Umgebung die Bevölkerung schrumpft: Es sind Orte mit Vereinen, einer Feuerwehr, Dörfer mit einem intakten Stadtkern, Städte mit Schulen und einer einigermaßen ordentlichen öffentlichen Infrastruktur.

Je größer aber die Landkreise und Gemeinden durch Gebietsreformen werden, desto weniger fühlen sich die Bewohner politisch repräsentiert.[32] Früher sank in diesen Gegenden nur die Wahlbeteiligung. Das machte das politische Leben erst einmal leichter: Es gab mehr Posten für weniger Engagierte. Doch nun ist mit der AfD ein neuer Spieler auf der politischen Bühne erschienen, der die bisherigen Nichtwähler mobilisiert. Bei den vergangenen Landtagswahlen in Mecklenburg-Vorpommern und Baden-Württemberg stieg die Wahlbeteiligung deutlich. Profitiert davon hat die AfD. Sie mobilisiert die Frustrierten. Die anderen müssen sich etwas einfallen lassen. Im Wolferwartungsland regt sich Widerstand.

Die Behörden und die Demokratie

Friedrich Wilhelm I. hatte den öffentlichen Dienst in Deutschland erfunden, um Korruption und Willkür zu beenden. Auch in den USA und Frankreich wurden im 18. und 19. Jahrhundert unabhängige Behörden geschaffen. Sie sollten unabhängig von den Parteien sein. Die Väter der Bürokratie waren davon überzeugt, dass nur unparteiliche Behörden dem Gemeinwohl dienen und von der Öffentlichkeit dauerhaft akzeptiert werden.[33] Dieser Gedanke wurde im ausgehenden 20. Jahrhundert und in der jüngsten Vergangenheit pervertiert. Immer mehr Behörden werden geschaffen, um die Politik zu entlasten. Gleichzeitig aber werden die Behörden immer politischer.

1,2 Millionen Deutsche sind heute noch Mitglied in einer der etablierten Parteien. An den Nicht- und Protestwählern und an den vielen parteilosen Bürgermeistern erkennt man: Die Parteien repräsentieren das Volk nicht mehr. Doch in den Verwaltungen feiert man das parteipolitische Biedermeier. Immer mehr politische Beamte sitzen in den Bundesministerien, in den Landesregierungen, in den Bundes- und Landesämtern und in den Bürgermeisterämtern der Städte und Gemeinden. Sie erweitern die Demokratie nicht. Statt die Demokratie zu stabilisieren, schaden sie ihr.

5. Was die Krise des Journalismus und die Krise der Demokratie miteinander zu tun haben

«Sie wollen keine Pressefreiheit,
weil sie glauben, der Wind drehe
sich nach der Wetterfahne.»

LUDWIG BÖRNE

In der Orangerie des Schlosses Sanssouci war es warm. An einem schönen Septembertag des Jahres 2016 trafen sich Chefredakteure und prominente Journalisten aus ganz Europa zum alljährlichen M100 Sanssouci Colloquium in Potsdam, um über die Pressefreiheit, über Europa und die Lage der Journalisten in der Türkei zu reden. Die Sonne glühte durch die hohen Scheiben des Wintergartens, die Chefredakteure bekamen rote Köpfe. Sie schwitzten. Nicht nur die Temperatur machte ihnen zu schaffen. Sie waren ziemlich verzweifelt. Obwohl Bundeskanzlerin Angela Merkel den Versammelten ihre Aufwartung machte, obwohl am Abend mit dem italienischen Enthüllungsjournalisten Roberto Saviano einer der mutigsten Journalisten der Welt – ein echtes Vorbild – mit dem Medienpreis des Forums ausgezeichnet werden konnte, bot sich ein Bild tiefer Verzagtheit: Die Grundstandards journalistischen Arbeitens seien ins Rutschen geraten, hieß es. «Wir haben die Grenzen zwischen Wahrheit und Lüge nicht mehr», klagte Stefan Kornelius, Außenpolitikchef der *Süddeutschen Zeitung*. «Fakten sind uninteressant geworden, Stimmungen sind wichtig», analysierte Sonia Mikich, die Chefredakteurin des Westdeutschen Rundfunks. «Die Leute trauen uns nicht mehr», stellte Jim Egan fest, der Chef von BBC Global News.

Nicht nur Regierung und Parlament sind in der Krise, auch die «vierte Gewalt» der Demokratie ist vom allgemeinen Vertrauensverlust betroffen. Das stellt nicht nur für die Journalisten selbst ein Problem dar. Es ist auch ein Problem für die demokratische Gesellschaft. Denn wenn alle Staatsgewalt vom Volke ausgeht, wie es im Grundgesetz heißt, dann müssen die Bürger auch die Möglichkeit haben, sich eine Meinung zur Politik zu bilden. Die Pressefreiheit soll dafür sorgen, dass die Medien diese öffentliche Aufgabe erfüllen können. Sie sollen die Mittler zwischen Regierung und Volk sein. Einerseits stellen sie dem Bürger Nachrichten, Geschichten und Kommentare zur Verfügung, damit er sich selbst eine Meinung bilden kann. Andererseits können Politiker bei ihnen erfahren, wie der Bürger so tickt, was er denkt, was ihn bewegt.

Das funktioniert aber nur, wenn die Redaktionen tatsächlich wissen, wie der Bürger informiert werden will. Und nur, wenn die Journalisten beschreiben können, wie der Bürger so tickt. Der Vertrag mit der Öffentlichkeit kann dann erfüllt werden, wenn die Bürger glauben, dass die Medien alle relevanten Nachrichten für sie auswählen. Man delegiert seine Freiheit unter der Bedingung, dass man vertraut.

Sobald die Bürger aber den Eindruck gewinnen, dass ihnen wichtige Dinge vorenthalten oder andere Meinungen unterschlagen werden, wenden sie sich ab. Die Presse verliert ihre Mittlerrolle. Die Öffentlichkeit zerfällt in viele kleine Öffentlichkeiten, eine allgemeine und offene politische Debatte über die Zukunft des Landes, über die Gesellschaft und ihre Werte findet nicht mehr statt.

In den USA konnte man im vergangenen Jahr sehen, wie eine solche Gesellschaft aussieht. Die meisten Länder Europas sind auf einem ähnlichen Weg. Auch in Deutschland sind Tendenzen erkennbar. Noch ist das Band nicht völlig zerrissen. Aber es ist nicht zu früh, Alarm zu schlagen.

Schlechter Ruf, schlechte Arbeit?

Journalisten haben einen miserablen Stand. Nur gut ein Viertel der Deutschen traut ihnen heute noch. Bei den Jugendlichen und jungen Erwachsenen ist die Lage noch dramatischer. Zwei Drittel von ihnen glauben nach einer Umfrage des Sinus-Instituts nicht mehr, dass Journalisten die Wahrheit sagen. Einen schlechteren Ruf haben nur Politiker, Finanzberater, Call-Center-Angestellte und Drogendealer.

Hoch respektiert waren Journalisten zwar noch nie. Doch in den vergangenen Jahren hat sich ihr Ansehen ähnlich schnell verschlechtert wie die Wirtschaftsaussichten Griechenlands. Das liegt auch daran, dass die Kritik und damit der Verlust ihres Ansehens sie gleich in doppelter Weise trifft: Auf der einen Seite werden sie als Teil des politischen Establishments wahrgenommen, das den Kontakt zum Bürger verloren habe. Es ist nicht mehr maßgebend, was sie denken. Auf der anderen Seite übt die rasante Digitalisierung einen so hohen wirtschaftlichen Druck auf die Medien aus, dass die herkömmlichen Geschäftsmodelle von Verlagen, Sendern und Radiostationen nicht mehr funktionieren. Das verändert die journalistische Arbeit. Wissenschaftler sagen: Die neuen Standards journalistischer Berichterstattung sind weniger von Wahrheit und Relevanz geprägt als von Klicks und Kommentaren, die eine Geschichte online erreichen kann. Je spektakulärer diese Geschichte daherkommt, je klarer sie auf eine Person zugeschnitten ist, desto besser sind die Aussichten, oft gelesen und geteilt zu werden. Die Seriosität leidet unter dieser neuen Währung im Nachrichtengeschäft. Doch im Überlebenskampf nimmt man das in Kauf.

Längst wissen auch die Kommunikationsabteilungen von Unternehmen und Banken, von Gewerkschaften und Nichtregierungsorganisationen, dass es nie so leicht war, Einfluss auf redaktionelle Inhalte auszuüben wie heute. Hunderte von ehemaligen Journalisten schreiben und senden ihre Geschichten nicht mehr als Angehörige einer unabhängigen Redaktion, sondern als Auftragnehmer einer Werbeagentur, eines Unternehmens oder der Corporate-Publishing-Abteilung eines Verlags. Manche Unternehmen unterhalten inzwischen eigene Medienkanäle – zum Beispiel der Limonaden- und Lifestyle-Konzern Red Bull mit Servus-TV und einer Reihe eigener Publikationen. Wie viel Journalismus nötig ist, wie viel Öffentlichkeitsarbeit möglich ist – diese Frage stellt man sich hier schon gar nicht mehr.

In der wirtschaftlichen Not schauen auf der anderen Seite nicht mehr alle Redaktionen kritisch hin, wenn die Grenzen zwischen Werbung und journalistischem Inhalt verschwimmen. Man nennt von Werbekunden angereicherte Geschichten nachsichtig «native advertising» und meint damit, dass man die Werbung für ein Produkt oder eine Dienstleistung unauffällig in die journalistische Arbeit «einbetten» kann. Der Nutzer muss ja nicht merken, wo die Berichterstattung aufhört und die Reklame beginnt. Oder man lobt die Erweiterung der Realität, «augmented reality». Damit eröffnet man dem Mediennutzer zusätzlich zum journalistischen Inhalt neue Welten – in denen die Inhalte mit anderen als journalistischen Maßstäben gemessen werden. Oder man verlangt nach einem Narrativ und liefert es gleich mit: Mit einem großen Erzählmotiv wird die Sehnsucht der Menschen nach Einordnung und Kontext bedient. Gleichzeitig legt man aber auch den Rahmen für diese Einordnung fest. So werden abweichende Meinungen an den Rand gedrängt, Widersprüche glattgebügelt und der Wettbewerb unterschiedlicher Meinungen unterdrückt.

Noch stärker leidet der unabhängige Journalismus unter der Geschwindigkeit, in der heute gearbeitet wird. Wer in den knapp besetzten Newsrooms der Redaktionen schnell fertig werden muss, freut sich über frei Haus gelieferte Zitate und Bilder mehr als einer, der Zeit hat, seine Gesprächspartner selbst auszusuchen. Wer unter dem Druck steht, seine Story schneller als die anderen auf der Webseite zu haben, prüft möglicherweise nicht immer genau, wem die zugelieferten Aussagen und Bilder mehr dienen: dem Leser, Zuschauer und Nutzer oder der Quelle selbst. Die im Nachrichtengeschäft unerlässliche Pflicht, den Wahrheitsgehalt von Informationen zu überprüfen und eine zweite unabhängige Quelle dafür zu finden, ist in einigen Redaktionen zum Luxus geworden.

Es ist nur folgerichtig, dass aus den traditionellen Gattungsbezeichnungen Nachricht, Kommentar, Reportage,

Feature und Dokumentarfilm der Sammelbegriff «Content» geworden ist. Content, also Inhalt, ist unverfänglicher. Jetzt wird nur noch der Rohstoff bezeichnet, aus dem Journalismus gemacht werden kann – oder Werbung oder eine gesponserte Geschichte oder ein bezahlter Videoclip.

Die Redaktionen haben sich auf diese Entwertung eingelassen, die ihnen schon bald ihre Rolle als Türsteher im täglichen Nachrichtengeschäft rauben könnte. Der Glaubwürdigkeit hilft das nicht. Auf der einen Seite nämlich wird alles zum Content geadelt, was dem Geschäft nutzt. Auf der anderen Seite aber verengt sich das Blickfeld der Journalisten auf die Interessen ihrer schrumpfenden Gruppe zahlender Kunden. Mit ihnen bilden sie eine Gemeinschaft, in der man sich gegenseitig versichert, auf der guten Seite der Geschichte zu stehen. Den Blick auf das Ganze gibt man dafür preis.

Bei der breiten Öffentlichkeit erweckt dies schnell den Eindruck, dass Journalisten nur noch den Teil der Informationen weitergeben, der in ihr Weltbild passt. Der andere Teil wird unterschlagen, umgedeutet, abgewertet. Auf der Suche nach Zustimmung und Klicks wird personalisiert, skandalisiert und aufgebauscht. Die Stimmung des Augenblicks ist wichtiger geworden als der wirkliche Wert einer Nachricht.

Weil die Türsteher der Meinungsbildung ihren scharfen Blick verloren haben, wirkt auch die Unterscheidung zwischen Wahrheit und Lüge nicht mehr. Jede Wahrheit ist von so vielen Lügen und Halbtatsachen umstellt, dass sie selbst nur noch eine Möglichkeit bezeichnet, die Gegenwart zu beschreiben. Die Kanzlerin sieht sich bereits in einer postfaktischen Gesellschaft, in der Stimmungen und Wahrnehmungen die Debatte beherrschen. Geglaubt wird, was gefühlt wird.

Verstört beobachten Journalisten und Politiker, wie sogar völlig absurde Verschwörungstheorien Karriere machen: beispielsweise die, dass Angela Merkel eine gekaufte Marionette Russlands sei, die den Auftrag habe, Deutschland zu zerstören. Deshalb lasse sie Millionen Flüchtlinge ins Land, die Rechte und Normen zersetzen, den Sozialstaat ausbeuten und den Islam verbreiten sollen. Es gibt Leute, die so etwas glauben. Hilflos versuchen die anderen, mit Fakten dagegenzuhalten, das Gegenteil zu beweisen, ihre Recherchewege offenzulegen oder in direkten Kontakt mit den Verwirrten zu treten. Meist ohne Erfolg. Das Problem wird verschärft, weil die neuen Teilöffentlichkeiten miteinander kaum mehr in Kontakt treten. Schlimmstenfalls verachten sie einander in einer Tonlage, für die es in der direkten Kommunikation von Personen keine Entsprechung gibt. Gemeinsam ist ihnen jedoch, dass sie den politischen Diskurs erschweren. Die «fünfte Gewalt»[1] macht viel Lärm. Sie gewinnt rasant an Einfluss.

Die fünfte Gewalt

Seitdem sich mit den sozialen Medien ein erfolgreicher neuer Weg für die politische Meinungsbildung etabliert hat, gibt es auch für bisher unbeleuchtete Stellen der Wirklichkeit und der Fiktion einen Ort. Es ist ein Ort, an dem jede Meinung Zustimmung findet, jede – auch die falsche – Information einen Resonanzraum finden kann. Die Unterscheidung zwischen relevant und nebensächlich, zwischen öffentlich und privat, zwischen wahr und unwahr, zwischen blöd und sehr blöd wird hier nicht mehr von Journalisten getroffen. Sie wird in der jeweiligen Community ausgehandelt, verworfen oder verstärkt. Sie ist abhängig von der Tageszeit, vom Wetter und von der Autorität des Verfassers in der Netzgemeinde. Professionalität, Distanz und Wahrhaftigkeit spielen eine untergeordnete Rolle. Gelegentlich werden gerade solche Eigenschaften offen angefeindet. Journalistische Stücke und Kommentare sind in den sozialen Medien nicht sehr beliebt, sie genießen keine höhere Autorität als emotionale Bekenntnisse privater Personen oder automatisch hergestellte Nachrichten sogenannter Bots.[2] Der Politikwissenschaftler Karl-Rudolf Korte sieht einen «Kulturkampf gegen die Diskurswächter» heraufziehen.

Nicht das Internet und die sozialen Medien selbst sind die Ursachen dieser Entwicklung. Sie machen die Vielfalt der teilweise schon lange existierenden Haltungen und Meinungen nur sichtbar. Sie erlauben ihnen, öffentlich zu werden, sich zu verstärken, und heben sie auf Augenhöhe mit dem, was in den etablierten Medien diskutiert wird.[3] Der jüngste amerikanische Wahlkampf ist ein Beispiel dafür, wie sich eine Realität neben der journalistischen Wirklichkeit herausbilden kann. Am Ende war diese stark genug, Donald Trump zum Präsidenten zu machen.

In der Orangerie des Schlosses Sanssouci fragte die Europa-Aktivistin Ulrike Guérot noch besorgt: «Haben wir das System schon verloren?» Die Antwort nach dem US-Wahlkampf lautet: Ja.

Die Digitalisierung entfaltet in allen Lebensbereichen eine unheimliche Wucht. Sie löscht die Mittler und das Mittelmaß aus. In Rechtsanwaltskanzleien zittern nicht die millionenschweren Staranwälte um ihre Jobs, sondern die vielen juristischen Zuarbeiter, die bisher die Akten gelesen und vorbereitet haben. In der Industrie haben nicht die Topingenieure Angst vor dem technischen Fortschritt, sondern die Facharbeiter und die Angestellten in der Buchhaltung. In den klassischen Vermittler- und Mittlerbranchen ist die Lage noch dramatischer: Wer braucht noch einen Banker, wenn er seine Geldgeschäfte auch online erledigen kann? Wer den Rat der Stadtwerke, wenn er seinen Energie- und Gasvertrag mit allen Anbietern auf dem Markt günstiger verhandeln kann? Wer vertraut Journalisten, wenn er sich von seinen Freunden mit dem versorgen lassen kann, was er interessant und nützlich findet? Oder wenn er selbst seine Meinung und seine Wahrheit endlich mit allen teilen kann, die das schätzen?

Die schweigende Mehrheit schweigt nicht mehr. Sie quasselt, schreibt, youtubt und twittert. Ein wachsender Teil der früher braven Konsumenten der Hauptnachrichtensendungen folgt heute lieber den Empfehlungen von Freunden und bevorzugten News-Portalen. Immer weniger interessieren sich für harte Nachrichten und Neuigkeiten.[4] Die Jüngeren sehen überhaupt kein Problem darin, dass ihnen ein Algorithmus die Nachrichten aussucht. Echte Personen, ausgebildete Journalisten – warum noch?

Der *Spiegel*-Journalist Jan Fleischhauer machte im vergangenen Jahr ein Experiment. Er legte einen Facebook-Account unter falschem Namen an und befreundete sich ausschließlich mit Nutzern, von denen er annahm, sie stünden der AfD nahe. Binnen weniger Tage verdüsterte sich Fleischhauers Kosmos. In seinem digitalen Leben wimmelte es von prügelnden Jugendlichen mit arabischem Aussehen, von grausamen

Tierschächtungen, von Raub und Gewalt. Er bekam nur die Informationen, die das Weltbild seiner Freunde bestätigten. Es ist eine Welt, so resümiert Fleischhauer, «in die selten ein Sonnenstrahl fällt».[5]

Wer sich in einer solchen Welt einmal eingerichtet hat, findet nur schwer wieder aus ihr heraus: Er wird ja pausenlos mit dem versorgt, was ihn interessiert und bestärkt. Meinungen und Vorlieben werden nicht in Frage gestellt, sie werden unterstützt. Diese Nutzer gewinnen immer mehr Freunde, die ihnen ähnlich sind. Ihre Auffassungen werden in einem Ton gespiegelt, der dem ihren gleicht. Sie bilden ihre politischen Ansichten in einer Blase, die sie selbst dann nicht mehr verlassen könnten, wenn sie es wollten. Wer sich anders informieren will, muss erst einmal den Algorithmus überwinden, der den persönlichen Nachrichtenstrom lenkt.

Im amerikanischen Präsidentschaftswahlkampf haben Lügen eine große Rolle gespielt. Falsche Nachrichten hätten bei den Nutzern von Facebook überdies viel mehr Zuspruch gefunden als echte, analysierte die Website Buzzfeed.[6] Sie waren lustiger, schräger, polarisierender und überraschender als die Realität. Deshalb wurden sie lieber geteilt und häufiger kommentiert.

Die schrillsten Meldungen verbreiten sich am schnellsten. Das ist auch in Europa so. Der Europäische Auswärtige Dienst gibt seit September 2015 den Newsletter «Disinformation Review» heraus, der vornehmlich Lügen der russischen Regierung und ihrer Medien entlarven soll.[7] Eine endlos lange und öde Liste wächst dort friedlich und weitgehend unbeachtet vor sich hin. Beeindruckt sind nur notorische Zweifler, politische Insider und Journalisten. Für die anderen ist auch der Auswärtige Dienst nicht mehr als eine Meinungsmaschine, die darauf programmiert ist, die lahmen Lügen der Europäischen Union selbst zu verbreiten. Die registrierten Falschmeldungen dagegen machen ungestört Karriere – wie beispielsweise die Nachricht, dass die britische Königin angesichts eines drohenden Dritten Weltkriegs schon einmal Vorbereitungen dafür treffe, sich von ihren Liebsten zu verabschieden.[8]

Facebook-Chef Mark Zuckerberg reagierte erst im November 2016 auf die Sorge, dass die – zum Teil gesteuerten – Lügen und Falschnachrichten Wahlen beeinflussen, Gesellschaften destabilisieren und Demokratien gefährden können. Erstmals gestand er ein, dass in dem von ihm begründeten sozialen Netzwerk tatsächlich ein solches Problem besteht. Er versprach, gemeinsam mit seinen Nutzern Fälschungen zu enttarnen und sichtbar zu machen. Facebook und Google drohten den Manipulatoren zudem, sie von ihren Werbeeinnahmen abzuschneiden.

Das ist eine halbherzige Initiative. Sie ist zwar bitter für die geschäftstüchtigen mazedonischen Jugendlichen, die im Herbst 2016 spektakuläre Lügen über die demokratische Präsidentschaftsbewerberin Hillary Clinton verbreiteten. Die Nachrichten vom Balkan wurden so oft aufgerufen und geteilt, dass ihre Urheber mit der Werbung im Umfeld ihrer Geschichten mehrere tausend Euro am Tag verdienen konnten. Machen Facebook und Co. Ernst, würden sie den Fälschern das Geschäft verderben.[9] Doch echte Überzeugungstäter oder Propaganda, die von Dritten verbreitet wird, erwischt man mit solchen Maßnahmen nicht. Die bewegen sich weiterhin fröhlich und weitgehend unbehelligt im nicht regulierten Zwischenreich von Pressefreiheit und privater Meinungsäußerung.

Seit den jüngsten Bundestagswahlen im Jahr 2013 liegen der Bundesregierung Hinweise darauf vor, dass ausländische Regierungen gezielt das Meinungsklima in Deutschland beeinflussen. Seit der Ukrainekrise hat Russland mit eigenen Fernsehkanälen und Webseiten die deutsche Öffentlichkeit im Visier. Doch die wahre russische Armee marschiert nicht auf diesen offiziellen Webseiten. Sie rückt bei Facebook, Google und Co. aus. Hier wird erfunden und unterstützt, was die westlichen Demokratien verunsichern kann. Ob Griechenlandrettung, Flüchtlingsansturm oder Türkeipolitik, ob der Absturz des malaysischen Passagierflugzeugs MH 17 oder die vermeintliche Entführung und Vergewaltigung eines Mädchens aus Berlin: Russland postet überall mit. Davon sind jedenfalls die westlichen Geheimdienste überzeugt.

Nicht nur fremde Mächte sind begeistert von den neuen Möglichkeiten, die die Digitalisierung der Kommunikation mit sich bringt. Nicht nur sie profitieren von der Offenheit des Internets für Positionen, die in der Welt des seriösen Journalismus zu Recht aussortiert werden. Auch Basisdemokraten freuen sich. Denn endlich braucht man die Journalisten nicht mehr, um direkt mit dem Volk kommunizieren zu können. Bürgerinitiativen können auf ihre Anliegen aufmerksam machen, auch ohne vorher den unwilligen Lokaljournalisten überreden zu müssen, einen Einspalter zu verfassen. Gute Ideen finden nun ein weltweites Publikum, wo sie vorher erst einmal mühsam in der eigenen Region um Beachtung werben mussten. Der Ärger über Ungerechtigkeiten, die Initiative für ein besseres Leben, der Hass auf Fremde: Der

Bürger hat sich von der Bevormundung durch die Medien befreit, im Guten wie im Schlechten. Allerdings hat er sich gleichzeitig auch von denen gelöst, die wenigstens versucht haben, ihn vor Lügnern und Betrügern zu bewahren.

Das Establishment igelt sich ein

Die etablierten Medien spielen seit Jahren eine Reise nach Jerusalem. So wie bei dem Kinderspiel in jeder Runde ein Stuhl zu wenig im Kreis stehen bleibt, werden auch in den Redaktionen die Plätze knapp. Die Auflagen sinken, die Einschaltquoten schmelzen, die Anzeigenkunden verabschieden sich. Zeitungen werden geschlossen, Redaktionen fusioniert, Sender zu Spartenkanälen eingedampft, Frequenzen zurückgegeben. Nicht alle können den neuen Zeiten Positives abgewinnen.

Lieber ziehen sich die bisherigen Hüter der öffentlichen Meinung in ihre Wagenburg zurück. Sie diskutieren über Jürgen Habermas' Diskurstheorie und Pierre Rosanvallons Vorstellungen vom guten Regieren und gruseln sich anschließend gemeinsam beim Blick in die Niederungen der Facebook- und Twitter-Kommunikation. Die etablierten Medien grenzen sich damit ebenso wie die Politik vom gemeinen Bürger ab und beschränken sich auf den Dialog innerhalb der Groß- und Landeshauptstädte.

Der wird von den Insidern und Informierten gepflegt. Es ist ein Gespräch unter Gleichen. Man teilt die Vorliebe für achtsames Leben, natives Olivenöl und teuren Rotwein. Man betont die Bedeutung gendergerechter Sprache und erörtert sehr ernsthaft, ob Kinder im Grundschulalter alle sechzig Bezeichnungen möglicher sexueller Identitäten jenseits von Mann und Frau kennen sollen. Man spricht dieselbe Sprache und sorgt sich um die Demokratie.

Die Vertreter dieser Klasse teilen oft schon die Erinnerungen an ein Studium an den wichtigen Universitäten der Republik, also in Berlin, München, Hamburg oder Heidelberg. Sie wohnen in Berlin in denselben Milieus, nämlich im Prenzlauer Berg, in Pankow oder Kleinmachnow. Ihre Kinder besuchen dieselben konfessionellen oder internationalen Schulen. Man trifft sich in Hintergrundkreisen, am Rand des Hockeyfeldes oder beim Bundespresseball. Man ist untereinander verheiratet oder verpartnert. Der Vorwurf, die Journalisten seien schon lange Teil des politischen Establishments, wird immer wieder an den Frühstückstischen des Landes bewiesen, sei es nun der von Altbundespräsident Joachim Gauck, von FDP-Chef Christian Lindner oder (bis vor kurzem) von Altbundeskanzler Gerhard Schröder.

Die Nähe zur Macht bestimmt über die Hackordnung der Hauptstadtjournalisten. Wer regelmäßig im Regierungsflieger der Kanzlerin mitreisen darf und zu den gelegentlichen Hintergrundterminen ins Kanzleramt geladen wird, steht ganz oben in der Hierarchie. Das sind ein paar Chefredakteure, Herausgeber und Büroleiter der Hauptstadtredaktionen. Ob ein Sommerfest der Redaktionen und Sender ein Erfolg ist, bemisst sich nicht am Wetter, an der Musik oder dem Essen. Der Headcount entscheidet: War die Kanzlerin da? Wolfgang Schäuble? Ursula von der Leyen? Wie viele Minister insgesamt? Für die prominente Gästeliste machen die Verlage und Intendanten die Hauptstadtredaktionen verantwortlich. Wer die besten Gäste heranschafft, hat den besten Ruf.

Dieses Gift wirkt schleichend. Man überwirft sich nicht gern mit denen, die man am Ende immer wieder braucht: für exklusive Nachrichten und Hintergrundinformationen, für die Einladungen zum Mitreisen, die Gästelisten der Redaktionspartys und verlagseigenen Politikkonferenzen.

Mit dem Leben von Menschen fernab der politischen Zentren hat das oft nicht mehr viel zu tun. Allein die erstaunten Blicke vieler Hauptstadtreisender in die Schaufenster des Politikbetriebs zeigen, wie fern der Berliner Alltag ihnen erscheint. Wenn sie abends durch die bodentiefen Fenster der Microsoft-Hauptstadt-Dependance oder der Telekom-Repräsentanz schauen, sehen sie die politische Klasse im hell erleuchteten Gespräch mit sich selbst. Winzersekt wird gereicht, Flying Buffet herumgetragen. Manchmal spendiert der Zigarettenverband ein paar Schachteln Rauchware, oft gibt es vegane Häppchen. Immer aber erscheint es den Betrachtern auf dem Bürgersteig, als wendeten ihnen die Gäste der parlamentarischen Abende und politischen Salons den Rücken zu.

Das ist mehr als Symbolik: Nicht nur die sozialen Milieus in Deutschland schotten sich ab. Auch die medialen tun es. Dabei ist der Medienbetrieb selbst inzwischen zu einer Teilöffentlichkeit geschrumpft. Noch hat es zwar die Lautsprecher und die Akzeptanz der Politik, die den Bedeutungsverlust übertönen. Doch politisch relevante Teile der Bevölkerung schließen die Augen und verstopfen sich die Ohren. Sie interessieren sich nicht mehr für die veröffentlichte Meinung.

Für sie bringt die Abwehrhaltung der politischen Klasse eine neue, zusätzliche Kränkung mit sich. Sie werden schon wieder degradiert. Sie haben zwar nun alle Mittel, sichtbar zu werden, zu veröffentlichen und zu kommentieren. Aber bisher folgt für sie nichts daraus – außer einem wachsenden Hass auf die etablierten Mitspieler. Sie weigern sich, «denen da oben» weiter als Objekt der herablassenden Beschreibung zu dienen.

Der Vorwurf, dass es sich bei den traditionellen Medien um eine «Lügenpresse» handle, ist falsch. Er knüpft bewusst an die Polemik der Nationalsozialisten gegen die freie Presse an. Er unterstellt den Journalisten, sich mit der Regierung zu verbünden und in deren Interesse falsche Informationen und Lügen zu verbreiten. Das tun sie nicht.

Und doch sind sie mitverantwortlich für die derzeitige Krise der öffentlichen Meinungsbildung. Bereitwillig haben sie einen Kanon erwünschter Vokabeln mitgeprägt, die die Politik und die veröffentlichte Meinung bestimmen. Der «Solidaritätsbeitrag» ist eines der älteren Beispiele dafür. Der damalige Kanzler Helmut Kohl hat die Bezeichnung für eine Zusatzsteuer erfunden. Entgegen der darin mitschwingenden Behauptung hat das Geld aber nie dazu gedient, die Kosten der Wiedervereinigung zu bezahlen. Stattdessen flossen diese Beiträge in den allgemeinen Staatshaushalt. Dennoch haben alle mitgespielt.

Ähnlich verhält es sich bei der «Energiewende». Sie ist bisher nicht viel mehr als ein teures und ineffizientes Abgabenmonster. Und doch wird sie gemeinschaftlich in freundliche und zustimmungsfähige Begrifflichkeiten gekleidet. Begriffe wie «Windparks» suggerieren, hier werde etwas

Schönes gepflanzt. Dabei wird nur sehr viel Fläche für neue Kraftwerke verbraucht. «Stromautobahnen» werden geplant; eine nette Umschreibung für Höchstspannungsleitungen, die gewaltige Schneisen in die Landschaft schlagen.

Politiker und Journalisten bevölkern diese Welt mit Ikonen der modernen Gesellschaft: Der fünfundsechzigjährige Dachdecker, dem man auf keinen Fall eine längere Lebensarbeitszeit zumuten darf, gehört dazu. Die schutzbedürftige Alleinerziehende. Das Integrationskind. Der verantwortungsvolle Familienunternehmer. Der gute Flüchtling. Die Welt erscheint heller, die Politik besser, wenn man sich auf die neuen Begrifflichkeiten einlässt. Politisch schwierige Themen bekommen einen Rahmen, in dem sich Kontroversen bewegen dürfen. Außerhalb dieses Rahmens gibt es dann jedoch keine zugelassene Sprache mehr. Wer die Nomenklatur der Berliner Republik nicht beherrscht, findet sich schnell im Abseits wieder.

Die mediale Monsterwelle

Für alle sichtbar wurde die «breit gewordene Kluft zwischen Informationsmedien und großen Teilen der Bevölkerung»[10] erstmals mit dem Sturz von Bundespräsident Christian Wulff im Februar 2012. Wulff musste zurücktreten, nachdem ihm wochenlang in immer neuen Enthüllungen vorgeworfen worden war, einen Hauskredit verschwiegen und Vorteile angenommen zu haben. Ferien auf Mallorca, eine Einladung zum Oktoberfest, ein geschenktes Bobby-Car, die Kleider

der zu jungen und zu hübschen Präsidentengattin. Am Ende ermittelte die Staatsanwaltschaft, Wulff trat zurück. Alles begann mit einer mehr als legitimen journalistischen Recherche. Noch als niedersächsischer Ministerpräsident hatte Christian Wulff dem Landtag Auskunft über die Finanzierung seines Eigenheims in Großburgwedel geben müssen. Wulff verschwieg einen Privatkredit. Journalisten begannen, sich für diesen Kredit zu interessieren. Dabei stießen sie auch auf die persönliche Freundschaft Wulffs mit dem schillernden Hannoveraner Finanzunternehmer Carsten Maschmeyer, der mit seinem Buch *Die Millionärsformel* für Aufsehen gesorgt hat. Der hatte zwar entgegen den ursprünglichen Annahmen mit dem Hauskredit nichts zu tun. Es stellte sich aber heraus, dass der Bundespräsident in der Maschmeyer'schen Villa auf Mallorca günstig Ferien gemacht hatte. Wochenendaufenthalte auf Einladung kamen hinzu. Alles wenig präsidial. Doch Anlass für die «mediale Monsterwelle», wie der frühere niedersächsische Regierungssprecher Franz Rainer Enste die Affäre im Nachhinein nannte, waren am Ende weniger die Vorwürfe selbst. Es war Wulffs Umgang mit ihnen.[11]

Schon immer hat es Rücktritte nach Presseberichten gegeben. Auch im Anschluss an die *Spiegel*-Affäre um den damaligen Verteidigungsminister Franz Josef Strauß, an die Barschel-Affäre oder die turbulente Rücktrittsgeschichte um die Copy-and-Paste-Doktorarbeit des früheren Verteidigungsministers Karl-Theodor zu Guttenberg ernteten die Medien nicht nur Zustimmung für ihre Arbeit. Doch im Fall Wulff wurden sie verdächtigt, den Rücktritt nur um seiner selbst willen erzwungen zu haben.[12] Die Vorwürfe gegen den

Altbundespräsidenten seien von vornherein fadenscheinig und halbseiden gewesen. So stellt es Wulff selbst dar, und so sehen es Teile der Öffentlichkeit.

Wulff meint bis heute, es seien die Chefs der *Bild*-Zeitung, des *Spiegel* und der *Frankfurter Allgemeinen Zeitung* gewesen, die ihn in einer konzertierten Aktion hätten zu Fall bringen wollen. Der frühere *Bild*-Chefredakteur Kai Diekmann und der zwischenzeitlich verstorbene *FAZ*-Herausgeber Frank Schirrmacher hätten über Bande gespielt. «Alpha-Journalisten»[13] seien am Werk gewesen, die endlich einmal hätten zeigen wollen, wie weit ihre Macht reicht. Wulff meint in seinem Buch *Ganz oben, ganz unten*, dafür habe es politische Motive gegeben: Den Journalisten hätte seine islamfreundliche Haltung («Der Islam gehört zu Deutschland») missfallen. Sie hätten die fragwürdige Eigenheimfinanzierung dann nur zum Vorwand genommen, ihn zu stürzen.

Wahr daran ist: Beide Blätter, die Boulevard-Haubitze und das überregionale Intelligenzblatt, hatten in der Sache Wulff irgendwie zusammengefunden. Wulff hatte auf die Handy-Mailbox Diekmanns gesprochen, um die Veröffentlichung einer Geschichte zu verzögern – oder zu verhindern, wie die Journalisten glauben. Der Inhalt dieser Nachricht wurde zunächst nur kolportiert, aber nicht veröffentlicht. Erst Tage später druckte ausgerechnet die seriöse *FAZ* Einzelheiten der Sprachnachricht. Wulff bat um eine Verschiebung der Geschichte über sein Eigenheim, er forderte ein Gespräch, drohte mit einer Strafanzeige und mit Krieg gegen die *Bild*-Zeitung:[14] «Und da ist jetzt bei meiner Frau und mir der Rubikon in dem Verhalten überschritten.»[15] Wie die Informationen zur *FAZ* gefunden haben, ist bis heute nicht geklärt.

Allerdings hatte selbst die *Bild*-Zeitung bis dahin keine vehemente Ablehnung zu Wulffs politischer Auffassung erkennen lassen. Die *FAZ* hatte ihren Lesern eine Serie von Artikeln mit ablehnender und mit zustimmender Tendenz zur Rolle des Islam in Deutschland angeboten. Wahrscheinlicher als Wulffs These, er sei dem journalistischen Meinungskartell zu politisch gewesen, ist das Gegenteil davon: Wettbewerb. Weil in der Affäre niemand etwas verpassen wollte, weil Wulff selbst zuvor die Medien freigebig mit Geschichten über sich und seine zweite Ehe versorgt hatte, weil jede Nachricht Einschaltquoten, mehr Klicks und mehr Auflage versprach, wollte jeder der Erste mit noch einer Neuigkeit sein. Verloren ging dabei die journalistische Pflicht, nur Relevantes zu berichten.

Nicht nur viele Politiker waren über die Recherchen, über das Tempo und die Härte der Affäre schockiert. Auch Teile der Öffentlichkeit wandten sich schaudernd ab. Der Mainzer Medienwissenschaftler Hans Mathias Kepplinger analysiert, dass es in der Sache Wulff – im Gegensatz zu einem ähnlich gelagerten Fall um den früheren Bundespräsidenten Johannes Rau – einen unbedingten Willen zur «Skandalisierung» gegeben habe. Ein Eindruck, der nachträglich von *Stern*-Mann Hans-Ulrich Jörges bestätigt wurde. Das Ziel der Meute sei «der mediale Sieg über eine Figur» gewesen, sagte er bei den Münchner Medientagen 2013. Das Kartell der Berliner Journalisten habe sich verschworen, um den Präsidenten «abzuschießen».

Der Fehler der Medien bestand nicht darin, Wulffs wirtschaftliche Abhängigkeiten und seine fragwürdige Nähe zu schillernden Unternehmerfiguren wie Maschmeyer zu untersuchen. Das gehört zu ihrer Aufgabe. Er bestand darin, dass Print- wie Onlinejournalisten im Wettlauf um die nächste Schlagzeile Verdächtigungen als Gewissheiten ausgaben und Petitessen zu Skandalen aufbliesen, was über zulässige «Verdachtsberichterstattung» weit hinausging. Kurz: Ein Teil der etablierten Medien handelte so wie jene Gerüchteköche und Verschwörungstheoretiker in den sozialen Netzwerken, denen man sich doch gerade überlegen wähnte. Was relevant ist, muss gedruckt werden. Das ist das Selbstverständnis des Qualitätsjournalismus. Indem die etablierten Medien im Fall Wulff aber gerade das Irrelevante zum Objekt der Berichterstattung machten, verrieten sie ihre eigenen Standards und verloren, was ihnen am wichtigsten sein müsste: die eigene Glaubwürdigkeit.

Nach dem Rücktritt begann auch für die Beteiligten ein Prozess der Aufarbeitung. *Stern*-Mann Jörges sah sich zu einem öffentlichen Schuldbekenntnis («Ich war Teil der Meute») genötigt, der stellvertretende Chefredakteur der *Zeit*, Bernd Ulrich, sagte im Rückblick, die Causa Wulff sei «der Tiefpunkt des politischen Journalismus» gewesen.[16] Heribert Prantl von der *Süddeutschen Zeitung* mahnte: «Sie (die Pressefreiheit) ist für die Demokratie da; und Demokratie ist etwas anderes als eine Meute, die Beute will.»[17]

Ulrich meint, man habe aus der Sache Wulff gelernt. Auch weil die Zeiten sich geändert hätten. Aus den verspielten ersten Jahren der Berliner Republik sei mit der Flüchtlingskrise Ernst geworden. Jetzt müsse man sich wieder den grundlegenden Fragen widmen: «Wir (werden) wieder auf unseren Kern gestoßen: Demokratie, Menschenrechte, Rechtsstaat.» Das sehen nicht alle so. Der «Fall Wulff», so fasst der

Journalist und Medienkritiker Thomas Leif zusammen, habe «die Auswüchse eines besinnungslosen Rudeljournalismus gezeigt» und müsse den tiefgreifenden Erneuerungsprozess erst noch auslösen.[18] Medienwissenschaftler wie Michael Haller finden, dass sich seitdem dieselben Fehler wiederholen. Nur in einem neuen Stück: der Flüchtlingskrise. 82 Prozent der Berichterstattung über die Flüchtlingswelle seien in den Anfangsmonaten positiv gewesen, zitiert Haller aus seiner Studie über die Rolle der Medien in der Flüchtlingskrise. Wieder etablierte sich schnell eine gemeinsame mediale Haltung, wieder nahm man abweichende Informationen nur zögernd wahr.[19] Diesmal wurde der Rollenkonflikt jedoch nicht zuerst als Vorwurf von Politikern an die Journalisten formuliert, sondern als Aufstand der kleinen Leute gegen die «Systempresse».

Journalisten seien immer noch dieselben Rudeltiere wie im Fall Christian Wulff. Immer noch gäben die Leitwölfe die Richtung vor, alle anderen fügten sich hinein. Nun, so der Vorwurf, hätten sie sich in den Dienst der Regierung stellen lassen. Gegen diesen Mainstream komme man nicht an. In Berlin werde die Meinung gemacht, die Provinz dagegen müsse mit den Flüchtlingen zurechtkommen. In der Hauptstadt werde nur die Hauptstadt wahrgenommen, für das Leben der Menschen auf dem Land, in Ostdeutschland, in Kleinstädten und in den Mittelgebirgen habe man weder Interesse, noch habe man eine Vorstellung davon.

Pegida und die «Lügenpresse»

Pegida steht für den Verein «Patriotische Europäer gegen die Islamisierung des Abendlandes». Er wird dem extremen rechten politischen Spektrum zugerechnet und in einzelnen Bundesländern vom Verfassungsschutz beobachtet. Zu einer ersten Kundgebung von Pegida wurde im Herbst 2014 in Dresden aufgerufen, nachdem hier zuvor zum Missfallen vieler Sachsen eine große Solidaritätsaktion für die kurdische Arbeiterpartei stattgefunden hatte. Schnell wurde Pegida mit ihren montäglichen «Abendspaziergängen» ein Sammelbecken für Unzufriedene, die gegen die Politik der Bundesregierung protestierten. Es mischten sich rechtsradikale Positionen und fremdenfeindlicher Hass mit den Protestnoten einer aufgebrachten Öffentlichkeit, die sich in der Bundes- und Landespolitik nicht mehr repräsentiert sieht. Eine merkwürdige Melange entstand.

«Lügenpresse, halt die Fresse», stand schon nach wenigen Wochen auf einigen der Schilder, die die Demonstranten hochhielten. Hier wurde das Missbehagen nicht nur an der Politik, sondern auch an der Rolle der Journalisten zum ersten Mal öffentlich ausgerufen. Benutzt wurden dafür Begriffe, die seit der Weimarer Republik für den Verfall der demokratischen Verfassung und der Meinungsfreiheit stehen: Lügenpresse und Systempresse.[20]

Anfangs reagierten die Redaktionen wie gewohnt. Von kleinbürgerlichen und grundlos verbitterten Wutbürgern mit rechtsradikalen Neigungen lasse man sich nicht vom Platz drängen, hieß es. Eine Minderheit dürfe nicht den Ton der öffentlichen Debatte bestimmen. Entschlossen kommentierte man aus der Hauptstadt, aus Hamburg oder München heraus die Aufzüge Tausender «besorgter Bürger», Nazis und Fremdenhasser.

Schließlich machten sich auch einige Hauptstadtjournalisten auf die Reise in die sächsische Provinz. Dort stellten sie verblüfft fest, dass der Pegida-Anhänger sich durch ihren Besuch kein bisschen beeindrucken ließ. Manche Demonstranten weigerten sich sogar, überhaupt noch mit Journalisten zu sprechen. Besonders Redakteure überregionaler Tageszeitungen und öffentlich-rechtlicher Rundfunkanstalten wurden angefeindet. Man habe es satt, verunglimpft und mit falschen Informationen belästigt zu werden. Man sei nicht bereit, jenen Rede und Antwort zu stehen, deren Urteil schon vor dem Gespräch feststehe.

Bei dieser Verweigerung blieb es nicht. Journalisten wurden tätlich angegriffen, beschimpft und weggerempelt. Für die Medienvertreter war das eine schockierende Erfahrung. Die zunehmend gehässigen und abwertenden Leserkommentare unter ihren Artikeln hatten sie bis dahin erstaunt, aber auch ein bisschen geschmeichelt zur Kenntnis genommen: Je mehr persönliche Hasskommentare kamen, desto sicherer war man sich, auf der richtigen Seite der Geschichte zu stehen. Jetzt aber erreichte die Kritik eine neue Stufe: Jetzt wurde den Journalisten die Deutungshoheit im öffentlichen Diskurs offen streitig gemacht.

Die Presse und die Politik auf der einen, die Menschen auf der anderen Seite der Barrikade: So wurde aus einer Auseinandersetzung um die Flüchtlingspolitik innerhalb weniger Monate auch ein sehr grundlegender Streit um Repräsentation und Partizipation.

Erneuert und verschärft wurden diese Tendenzen in der akuten Phase der Flüchtlingskrise seit dem Spätsommer des Jahres 2015. Viel Herz, wenig Hirn: So muss man die ersten Wochen der Berichterstattung über die Flüchtlingskrise im Nachhinein wohl überschreiben. Der überwiegende Teil der Medien sei zunächst der Auffassung gewesen, dass die Bundeskanzlerin die Grenzen für Flüchtlinge zu Recht nicht geschlossen habe. Er feierte die neue deutsche Willkommenskultur enthusiastisch, wie der *Zeit*-Chefredakteur Giovanni di Lorenzo in seiner Dresdner Rede im Februar 2016 selbstkritisch analysierte.[21] *Die Zeit* selbst hatte im August 2015 eine Titelgeschichte mit dem Wort «Willkommen» überschrieben und sich damit an die Spitze derjenigen gesetzt, die im damals unkontrollierten Zustrom von Migranten nach Deutschland nur Gutes entdecken wollten. Die *Bild*-Zeitung startete im Herbst desselben Jahres eine Kampagne «Wir helfen», in der prominente Unterstützer für Solidarität mit den Flüchtlingen warben.

Bissige Kommentare wie die des britischen Politikwissenschaftlers Anthony Glees, Deutschland sei zu einem «Hippie-Staat» geworden, in dem das Gefühl regiere und Regeln wie Gesetze nichts mehr gelten, blieben zunächst sehr einsame Stimmen.[22] Schlimmer war, dass man diese Stimmen wenige Tage später nicht mehr überhören konnte, sie aber dennoch öffentlich verschwieg: Auf Tagungen im politischen Berlin wurde schon Mitte September über Kontrollverlust, Grenzen und Realismus diskutiert. Zu dem Zeitpunkt wurden öffentlich immer noch Teddybären geschwenkt.

Der Tübinger Oberbürgermeister Boris Palmer (Bündnis 90/Die Grünen) war einer der ersten Kommunalpolitiker, die die Abwehrhaltung der Bürger seiner Stadt ganz offen schilderten, beispielsweise auf der «Denk-ich-an-Deutschland-Konferenz» der Alfred Herrhausen Gesellschaft und in der *Frankfurter Allgemeinen Zeitung*. Palmer sprach dabei nicht vom dumpfen dunkeldeutschen Kleinbürger, den man sich damals allgemein als Gegner der Merkel'schen Flüchtlingspolitik vorstellte. Er beschrieb auch den Universitätsprofessor, der frage, wie seine studierende Tochter eine Wohnung finden solle, wo doch angeblich alles für Flüchtlinge reserviert werde. Der Soziologe Heinz Bude erkannte eine Affekthemmung: Man traue sich als Teil der deutschen Mittelklasse noch nicht, seine Vorbehalte gegen die Flüchtlingspolitik auszusprechen. «Aber wir können darauf warten, dass die andere Stimmungslage sich Raum verschafft.»[23]

Nur: Dieses Wissen blieb damals innerhalb der politischen Klasse. Es wurde vom «leuchtenden Deutschland» (Palmer) gehütet wie das peinliche Geheimnis einer außerehelichen Affäre. In der Öffentlichkeit blieb es beim Frohlocken über Tausende von Herzchirurgen, die man im Elend der Zugewanderten ausgemacht haben wollte.[24]

Diese Haltung habe sich verselbständigt und sei von den Kommentarplätzen in die Nachrichtenauswahl ausgestrahlt, kritisiert di Lorenzo im Nachhinein. Die Medien seien zu «Mitgestaltern» der Flüchtlingspolitik geworden, anstatt sich auf das Beobachten und Beschreiben zu konzentrieren.[25] Dass beispielsweise die Ereignisse der Kölner Silvesternacht in den überregionalen Medien zunächst keine Rolle gespielt hätten, werde ihnen zu Recht zum Vorwurf gemacht.

Die Ukraine-Krise, die Flüchtlinge und das Mädchen Lisa

Nicht nur in Fragen von Asyl und Einwanderung stellten Auswahl und Einordnung der Nachrichten offensichtlich ein Problem dar. Die Ukraine-Krise war ein weiteres Beispiel für die Entfremdung zwischen der veröffentlichten und – jedenfalls Teilen – der öffentlichen Meinung. Hier kam erschwerend hinzu, dass den freien Journalisten des Westens erstmals die wiedererstandene russische Propagandamaschine sichtbar entgegentrat. Die Russen gründeten mit «Russia Today» (RT) nicht nur einen eigenen Sender und ein Webportal, die das Meinungsklima im Westen beeinflussen sollten. Mit eigenen Journalisten und bezahlten Bloggern wurde gezielt und erfolgreich die öffentliche Meinung auch im Westen beeinflusst und das Vertrauen in die freie Presse untergraben.

Außerdem machten die westlichen Journalisten Fehler. Sie prüften weder Nachrichten noch Bilder genau genug auf ihren Wahrheitsgehalt. Zu spät nahmen sie wahr, dass die ukrainische Seite ebenfalls gefälschte Inhalte verbreitete.

So sendete die ARD im Jahr 2014 Bilder eines angeblichen Separatistenangriffs im Donezbecken. Die Bilder waren aber ein Jahr zuvor in Syrien entstanden. Russlandfreundliche Medien entlarvten die Fälschung und behaupteten, dieser Fall offenbare die Voreingenommenheit der ARD im gesamten Konflikt.

Oder Vitali Klitschko: Der frühere Boxer wurde für deutsche Leser und Zuschauer zum politischen Superhelden der Ukraine. Dabei war Klitschko zwar zum Bürgermeister von

Kiew gewählt worden, der erwartete Karrieresprung zum künftigen Präsidenten misslang jedoch gründlich. Das Problem: Der Hoffnungsträger des Westens war in der Ukraine nicht ganz so bekannt und nicht ganz so prominent wie in Deutschland. Klitschko sei als Politiker ein Geschöpf der westlichen Medien und keinesfalls ein relevanter Kopf für die Zukunft der Ukraine gewesen, spotteten die Kritiker. Der Westen sei einer hübschen Geschichte aufgesessen, die leider mit der Realität wenig zu tun gehabt habe.

Die Fehler wurden von «RT» als Beweismittel für den Vorwurf genutzt, die westliche Presse selbst sei nicht mehr als ein Propagandainstrument ihrer Regierungen.[26] Das Gift dieser Anklage wirkte sehr schnell. In einer Umfrage des Meinungsforschungsinstitutes Infratest, die im Dezember 2014 und damit in der Hochzeit der Ukraine-Krise erhoben wurde, sagten zwei Drittel der Deutschen, sie hätten wenig oder gar kein Vertrauen in die Medien – weil sie sich nur einseitig und nicht objektiv informiert fühlten.[27] Die Folge: Nur wenige Wochen nach der ersten Dresdner Demonstration hatten sich offene Zweifel am Journalismus weit über die Pegida-Anhängerschaft hinaus verbreitet.

Wie stark die Vorbehalte gegen die Qualität der journalistischen Arbeit geworden waren, wurde am Fall des Mädchens Lisa aus Berlin deutlich. Die Geschichte um die damals Dreizehnjährige, die aus dem russlanddeutschen Milieu Berlins stammt und angeblich von Migranten entführt und vergewaltigt worden war, hatte nur auf den ersten Blick nichts mit der Ukraine zu tun. Lisa war im Januar 2016 verschwunden. Als sie wiederauftauchte, behauptete sie, entführt und vergewaltigt worden zu sein. Die Polizei ermittelte, kommunizierte die Ergebnisse aber nicht öffentlich, weil das Mädchen minderjährig war. Andere kommunizierten umso intensiver. In der russlanddeutschen Gemeinde setzte sich, tatkräftig von russischen Medien und «RT» unterstützt, der Eindruck durch, es werde vertuscht, verheimlicht und geleugnet. Die verdächtigten Flüchtlinge sollten beschützt werden, das Schicksal der bestens integrierten Russlanddeutschen sei dagegen nicht einmal eine ordentliche polizeiliche Ermittlung wert. Es gab eine Demonstration vor dem Bundeskanzleramt, schließlich warf sogar Russlands Außenminister Sergej Lawrow den Deutschen «Vertuschung» vor.

Bei der Auswertung der Handydaten des Teenagers stellte sich wenige Tage später jedoch heraus, dass Lisa die Nacht bei einem Bekannten verbracht hatte. Eine Entführung hatte es nicht gegeben, eine Vergewaltigung auch nicht.

Dennoch dient das Beispiel des Mädchens einem Teil der russlanddeutschen Gemeinde bis heute als Beweis dafür, dass deutsche Medien mit falschen Karten spielen. Im Ukraine-Konflikt hätten sie einseitig Stellung bezogen und sich gegen Russland und gegen die Russlanddeutschen instrumentalisieren lassen. Das vermeintliche Verbrechen an Lisa hätten sie verschwiegen und sich stattdessen auf die Seite der Migranten und Flüchtlinge geschlagen. Die deutschen Medien hätten eine eigene Agenda, die sie in den Mantel der Nachricht hüllten.

«Die Wahrheit ist die Erfindung des Lügners», hat der Philosoph Heinz von Foerster 1998 gesagt. Von Foerster meinte damals, ein absoluter Begriff von Wahrheit mache alle anderen zu Lügnern. Heute hat die Welt das gegenteilige Problem: Die Lüge wird zu einer Wahrheit von vielen.

Nur politik- und medienverdrossen?

Christian Wulff, die Ukraine und die Flüchtlinge waren die drei großen Anlässe für die Glaubwürdigkeitsdebatte, die im vergangenen Jahr im deutschen Journalismus geführt wurde. Spätestens nach der Silvesternacht 2015/2016 wurde auch dem letzten Intendanten, Verleger und Chefredakteur klar, dass der Gesellschaftsvertrag zwischen Medien und Öffentlichkeit vorerst gekündigt ist: Nachdem über die massiven Übergriffe von Migranten und Flüchtlingen gegenüber Frauen am Kölner Hauptbahnhof nur zögernd und verspätet berichtet worden war, sahen sich nicht nur die verbohrten «Lügenpresse»-Demonstranten bestätigt. Tageszeitungen, öffentlich-rechtliche Sender und Rundfunkanstalten verloren nun auch Vertrauen bei den gemäßigten Bürgern. Im Januar 2016 offenbarte sich die bis dahin schwelende Vertrauenskrise in aller Härte.

Zeit-Chefredakteur Giovanni di Lorenzo stellte wenige Wochen später fest: «Zweifel an unserer Integrität (haben) mittlerweile weite Teile der Gesellschaft.» Er registrierte einen «besorgniserregenden Hang zum Gleichklang».[28]

Am Beispiel der eigenen Redaktion beschrieb er, wie sich Meinungen und Haltungen in Leitmedien ausbilden. Bestehe eine Redaktion aus vielen Journalisten derselben Generation mit denselben politischen Haltungen und denselben Grundwerten, kämen am Ende oft alle zu denselben Schlüssen – die oft mit der Lebenswirklichkeit von weniger privilegierten, weniger gebildeten, weniger begüterten Menschen nicht viel zu tun hätten.

In der Flüchtlingskrise wurde dies nun besonders greifbar, es gilt jedoch auch für andere Politikfelder. Der Philosoph Jürgen Habermas warf der Presse ihre Anpassungsbereitschaft an die herrschende Politik und einen Hang zur «Kammerdienerperspektive» vor, wenn es um die ganz großen Themen geht.[29] Wenn sich Journalisten eines herrschenden Narrativs bedienen und Informationen entsprechend filtern, werden sie zu Dienern einer Sache – und rechtfertigen damit die Vorwürfe derjenigen, die ihnen ohnehin nicht mehr glauben. Der Medienethiker Konrad Paul Liessmann beklagt das selbstreferenzielle Moralisieren, das den öffentlichen Diskurs bestimme und die professionelle Distanz abgelöst habe.[30] Der Duisburger Politikwissenschaftler Karl-Rudolf Korte nennt das Phänomen «moralischen Autismus», dem viele Journalisten in den vergangenen beiden Jahren anheimgefallen seien.

Das hat direkte Auswirkungen auf die Politik. Denn die Politiker selbst fühlen sich gegenüber den Medien machtlos und getrieben.[31] Mögen Journalisten außerhalb der Berliner Welt als Scheinriesen erkannt werden, so hat innerhalb der Welt der Politikprofis dennoch eine Verschiebung zu ihren Gunsten stattgefunden. Wenn die Hauptstadtjournalisten eine Person, eine politische Strategie oder einen Richtungswechsel verlangen, lässt sich dagegen kaum anregieren, glauben die Politiker. In Berlin wird in scharfem Ton eine Welt kritisiert, in der sich am Ende alles auf eine Macht-, eine Moral- oder eine Personalfrage reduzieren lässt.

Dahinter steckt nicht nur der Vorwurf, dass die Hauptstadtjournalisten sich eine Rolle als Gestalter der Politik anmaßen. Es ist auch die Erkenntnis, dass eine gut gemachte

Geschichte und eine straff geführte Talkshow mehr Unterhaltungswert und Einfluss haben als das politische Schwarzbrot, das die Regierung und die Parlamentarier auftischen.

Selbst das aber ist eine nostalgische Verklärung der tatsächlichen Verhältnisse: Von außen betrachtet, trudelt das Raumschiff Berlin durchs All und verliert seinen Kurs. Innen aber rangeln Kapitän und Passagiere unverdrossen um den besten Platz in der Kommandozentrale.

Die Realität ist längst weiter. Die Meinungsführer, die die Spur legen, auf der sich die anderen bewegen, gehen in Rente. Die «Alpha-Journalisten», früher ein Schreckgespenst für die Politik, hatten vielleicht in der Wulff-Affäre ihren letzten großen Auftritt. Ihre Macht bröckelt. In Berlin fürchtet man die Chefredakteure und Büroleiter von *Bild* und vom *Spiegel*, von der *Süddeutschen Zeitung*, der *Zeit* und des *Stern* zwar. Man hofiert die Herausgeber der *Frankfurter Allgemeinen Zeitung*, die Moderatoren des ZDF und der großen ARD-Sender – noch.

Gemeinsam kann man so den Untergang der Berliner Republik betrauern. Es ist dieselbe Berliner Republik, die man in den ersten Jahren nach dem Regierungsumzug von Bonn nach Berlin für zu schnell und zu skrupellos gehalten hat. Im harten Licht der Gegenwart erscheint sie als biedermeierlicher Glückszustand.

Die Deutungsmacht über politische Inhalte und Personen aber müssen sie sich längst mit Personen und Medien aus einem anderen Universum teilen. Mit ehrlichen Bloggern und üblen Populisten, mit YouTubern und Verschwörungstheoretikern. Nach Wulff, den Flüchtlingen und der Ukraine machen sich die Nachfolger der großen Leitwölfe keine Illusionen über ihren Einfluss mehr. Geknickt kehren sie an ihre Schreibtische zurück. Der kommende Wahlkampf, die kommenden Krisen werden zeigen, was sie aus den Aufwallungen um Wulff und Lisa, die Flüchtlinge und Pegida gelernt haben.

Bei Anruf Programmänderung

Ein besonderes Problem haben die öffentlich-rechtlichen Rundfunkanstalten. Das sind die Sender der ARD, das ZDF, der Deutschlandfunk und das Auslandsfernsehen Deutsche Welle. Im Jahr 2016 sind sie ins Zentrum der Verdächtigungen gegen die Medien geraten. Ihnen wird vorgeworfen, die Wahrheit zu verbiegen und die Meinungsvielfalt zu beschränken. Die Ereignisse der Kölner Silvesternacht spielen eine Rolle in dieser Diskussion, die Berichterstattung über die Ermordung einer Freiburger Studentin im Dezember 2016 auch. Zudem wird das peinliche Hickhack um die Teilnahme der AfD an der Elefantenrunde nach den rheinland-pfälzischen Landtagswahlen schadenfroh protokolliert.

Die öffentlich-rechtlichen Sender stecken in einer tiefen Legitimationskrise. Auswahl, Gewichtung und Kommentierung ihrer Inhalte werden offen angezweifelt. Erstmals seit Jahrzehnten wird wieder die Frage gestellt, wozu der «teuerste öffentlich-rechtliche Rundfunk der Welt»[32] überhaupt nütze.

Nach der Kölner Silvesternacht wurde dem ZDF vorgeworfen, die Wahrheit über die Herkunft der Täter zu verschleiern. Rund 1000 junge Männer, mehrheitlich Flüchtlinge und Asylbewerber, hatten am Kölner Hauptbahnhof gefeiert. Etwa 150 von ihnen beraubten in dieser Nacht Frauen und belästigten sie sexuell massiv. Die Polizei hatte die Opfer nicht beschützen können.[33] Medien aber nennen die Herkunft und Landsmannschaft von Tätern normalerweise nicht. Sie tun es nur, wenn es zum Verständnis einer Straftat erforderlich ist.[34] Im Nachhinein ist klar, dass das in Köln der Fall war. Doch es dauerte bis zum 4. Januar, bis das Ausmaß der sexuellen Übergriffe gegen die Frauen überhaupt überregional registriert wurde. Erst am Abend wurde in den Hauptnachrichten von ARD und ZDF darüber berichtet. Weitere Zeit verging, bis auch die Herkunft der Täter genannt wurde. Unter dem Titel «Wissen sie nicht, was sie berichten sollen?» eröffnete der Medienjournalist Frank Lübberding die Debatte.[35] Der Vorwurf an die öffentlich-rechtlichen Sender lautete: Sie hätten nicht selbst recherchiert, unterdrückten wichtige Informationen und schützten dadurch die überforderte Kölner Stadtregierung und die ebenfalls überforderte Ministerialverwaltung in der Landeshauptstadt Düsseldorf. In vorauseilendem Gehorsam übten sie Selbstzensur.

Als die neunzehnjährige Medizinstudentin Maria L. Anfang Dezember 2016 nach einer Studentenparty in Freiburg mutmaßlich von einem minderjährigen Flüchtling vergewaltigt und ermordet wurde, berichtete die ARD in ihrer Hauptnachrichtensendung überhaupt nicht darüber. Das Thema sei überregional nicht bedeutsam gewesen, sagte Tagesschau-Redaktionsleiter Kai Gniffke zur Begründung. Erst mit einem Tag Verspätung, als die öffentliche Empörung über diese

Äußerung bei Facebook und Twitter greifbar wurde, gab es in der Tagesschau einen Beitrag zu dem Mord. Jetzt hätten sich alle so aufgeregt, jetzt hätte das Thema überregionale gesellschaftliche Relevanz, begründete die Tagesschau lapidar. Das empörte die Beschwerdeführer noch mehr.

Peinlich fiel für den Südwestrundfunk auch die Bilanz der rheinland-pfälzischen Landtagswahl am 13. März 2016 aus. Zur sogenannten Elefantenrunde, der traditionellen TV-Diskussion der Spitzenpolitiker am Wahlabend, wurde auch die AfD eingeladen. Die rheinland-pfälzische Ministerpräsidentin Malu Dreyer (SPD) sagte daraufhin ihre Teilnahme ab. Sie werde sich nicht mit der AfD an einen Tisch setzen. Der SWR meckerte ein bisschen herum, sagte aber dann folgsam der AfD ab. Auf die Ministerpräsidentin wollte man in der Sendung nicht verzichten. «Bei Anruf Programmänderung», spottete der FDP-Politiker Volker Wissing nach dieser Entscheidung. Der SWR ruderte wieder zurück, die AfD wurde eingeladen. Dreyer schickte einen Vertreter. Der SWR stand völlig blamiert da.

Das Jahr 2016 brachte dem öffentlich-rechtlichen Rundfunk die Kritik der achtziger und neunziger Jahre zurück: Die Sender haben einen besonderen Auftrag in der Medienlandschaft Deutschlands. Unabhängig sollen sie sein. Frei von politischen und wirtschaftlichen Zwängen. Nur gutem Journalismus verpflichtet. Ihr Auftrag ist die Grundversorgung aller Bürger mit Nachrichten, Informationen und Unterhaltungsangeboten. Damit sollen sie die Grundlage für die aufgeklärte politische und gesellschaftliche Meinungsbildung in einer demokratischen Gesellschaft liefern. Dieser Auftrag ist ein Privileg und eine Bürde zugleich.

Das Privileg ist schnell beschrieben: Die Sender sind reich, auch wenn sie selbst sich natürlich für bitterarm halten. Den größten Teil ihres Budgets erhalten sie aus dem Rundfunkbeitrag. Über acht Milliarden Euro kommen so im Jahr zusammen. Bezahlen müssen alle Haushalte in Deutschland – auch wenn sie gar keinen Fernseher und kein Radio haben oder die öffentlich-rechtlichen Programme nicht anschauen. Andere Länder finanzieren ihre Sender gleich aus dem Staatshaushalt. In Deutschland sollte nach den verheerenden Erfahrungen einer gleichgeschalteten Presse im Nationalsozialismus jeder Anschein vermieden werden, die Politik habe Zugriff auf den freien Journalismus. Deshalb kam es zu der merkwürdigen Konstruktion des gebührenfinanzierten Fernsehens. 17,50 Euro zahlt jeder Haushalt im Monat für das Programm. Da kann der Zuschauer erwarten, dass tatsächlich das Spektrum der politischen und gesellschaftlichen Einstellungen abgebildet wird. So lautet der Programmauftrag. Doch genau dies war im Jahr 2016 nicht der Fall.

Die Bürde des paradiesischen Lebens? Die Politiker haben sich trotzdem Einfluss verschafft. Sie haben die Aufsichtsgremien gekapert – und damit die Sender selbst. Im Jahr 2014 begrenzte das Bundesverfassungsgericht den Einfluss der Parteien zwar ein bisschen. Es verfügte, dass nicht mehr als ein Drittel der Sitze in den Aufsichtsgremien des ZDF von «staatsnahen» Personen besetzt werden darf. Doch dadurch werden die Anstalten natürlich nicht politikfrei. In den Rundfunk- und Programmbeiräten der meisten öffentlich-rechtlichen Anstalten begegnen sich nach wie vor aktive und pensionierte Landesminister, Parteienvertreter und politiknahe Medienexperten. Sie genehmigen den Haushalt, das Programm, wählen und kontrollieren die Intendanten. Bei der Besetzung der Spitzenposten entscheiden die Räte beflissen nach der Farbe des politischen Umfeldes. Mal wird mit dem früheren Regierungssprecher Ulrich Wilhelm ein konservativer Intendant beim Bayerischen Rundfunk installiert, mal wird der Vertrag eines politisch missliebigen «roten» Chefredakteurs wie Nikolaus Brender beim ZDF nicht verlängert. Landesminister wie Markus Söder beschweren sich mit schöner Regelmäßigkeit über das Programm, die Moderatoren oder das Bildmaterial und sind dabei in guter Gesellschaft: Auch Sigmar Gabriel, CSU-Chef Horst Seehofer und Bundestagspräsident Norbert Lammert haben schon mit lauter Kritik versucht, Einfluss auf Inhalte und Programm der Sender zu nehmen.

Offiziell schwören Redaktionen und Aufsichtspolitiker hoch und heilig, dass dies heute kaum noch gelinge. Die Zeiten seien nicht mehr so, man habe sich längst emanzipiert. Es sei mehr der Folklore als tatsächlichem Druck geschuldet, wenn sich mal jemand melde. Doch inoffiziell gibt es kaum einen Redakteur der Anstalten, der nicht von Anrufen der «Gremien-Gremlins» zu berichten wüsste, wie der Moderator Günther Jauch die Räte einmal genannt hat.

«Wie kriegen wir es hin, Bürgerinnen und Bürger solide und gut zu informieren?», hatte die nordrhein-westfälische Ministerpräsidentin Hannelore Kraft nach den Silvesterübergriffen im Deutschlandfunk gefragt.[36] Eine nur scheinbar offene Frage. Ihre Antwort offenbarte ein skandalöses Verständnis eines freien und unabhängigen Journalismus: «Das ist eine gemeinsame Aufgabe.» Nein, ist es eben nicht.

Diese Umarmungsstrategie ist noch gefährlicher als die übliche Einflussnahme über die Rundfunk- und Programmbeiräte oder über öffentliche Kritik. Wenn sich die Ministerpräsidentin des größten Bundeslandes beim größten Sender der ARD unterhakt und «gemeinsame Aufgaben» bei der Information der Bürgerinnen und Bürger in Angriff nehmen will, braucht man das Wort «Staatsferne» als Definitionsmerkmal des öffentlich-rechtlichen Rundfunks nicht einmal mehr zu buchstabieren. Die selbstverständliche Übergriffigkeit dieses Satzes zeigt, wie klar Ministerpräsidenten die Medien als Einflusssphäre der Politik betrachten – just in dem Augenblick, in dem sich die halbe Republik über die angebliche «Lügenpresse» ereifert. Wer solche Freunde hat, braucht keine Feinde mehr.

Ein öffentlich-rechtlicher Rundfunk, der sich hier beflissen anschmiegt, verliert seine Funktion. Denn die Grundversorgung leistet er nur noch zum Teil. Kritische Distanz und Kontrolle der Exekutive weichen einer konzertierten volkspädagogischen Aufgabe. Das braucht niemand. Zu teuer ist es auch. Nur echte Staatsferne könnte die Glaubwürdigkeit wiederherstellen. Nur dann würden redaktionelle Fehler wieder als Fehler bewertet und nicht als Fundamentalversagen.

Die Medien verlieren also ihre Rolle als «Türsteher der Demokratie», die Öffentlichkeit zerfällt in viele Teilöffentlichkeiten. Zum einen ist das der rasanten Digitalisierung der Branche geschuldet, zum anderen geht der Verlust an Glaubwürdigkeit auf das eigene Konto. Nur wenn sich Journalisten und Politiker aus der gegenseitigen Umklammerung lösen, können die Medien ihre Rolle für die Demokratie wieder spielen.

6. Tue nichts Böses:
Die Neben-Demokratien

First we have a fair trial.
Then we hang him.

JUDGE ROY BEAN

Mittags, ziemlich genau um 12.30 Uhr, setzt sich in der Luisenstraße in Berlin-Mitte eine kleine Prozession in Gang. Junge Leute in sauberen Jeans und gepflegten Jacketts treten vor die Türen. Sie haben einen freundlichen Gesichtsausdruck. Die meisten von ihnen sind Geschäftsführer. Mildtätig sind ihre Firmen. Sie leiten eine NGO[1] (sprich: «En-Dschi-Ou»), wie man in diesem Teil Berlins sagt. Sie machen sich auf den Weg zum Mittagessen. Zum Lunchen, wie man in diesem Teil Berlins sagt.

NGO steht für Non-governmental Organization, zu Deutsch: Nichtregierungsorganisation. Bei einer von ihnen zu arbeiten, gehört für junge Akademiker aus dem sozialökologischen Milieu zu den beliebtesten Beschäftigungsfeldern.[2] Hier trifft man die Töchter und Söhne von Politikern, Unternehmern, Chefärzten und Professoren – jedenfalls den Teil des Nachwuchses, der nicht ein paar Straßen weiter in einem Internet-Start-up das Geld seiner Eltern verbrennt.

Bewusst steht das Luisenstraßen-Milieu der kleinen und kleinsten NGOs an der Seitenlinie der Demokratie. Es ruft in die Politik hinein, statt mitzuspielen. Freundlich, konstruktiv, intelligent. Diese NGOs sind das neue, moderne Gesicht der Zivilgesellschaft. Optimistisch arbeiten sie an der Verbesserung der Welt. Sie «geben der Gesellschaft etwas zurück» von dem, was sie zuvor bekommen haben: Bildung, Familie, Wertschätzung.

Mittagessen ist wichtig in dieser Szene. Wer zur Geben-und-nehmen-Gesellschaft gehört, trifft sich im Hellen. Man weiß um den Symbolwert der Mittagsstunde: Es gibt nichts zu verbergen. Frühstückstermine vor neun Uhr morgens sind tabu – da werden nur harte Informationen ausgetauscht. Abendtermine im Dämmerlicht sind ebenfalls ungeeignet. Sie sind von der dunklen Abteilung des Lobbyismus besetzt. Sie dienen der Konspiration, sie gehören den Unternehmensverbänden.

Die Luisenstraße gehört zum guten und lichten Teil der Welt. Ein Büro im unsanierten Hinterhaus gibt es mit etwas Glück noch für 10 Euro pro Quadratmeter. Auf der anderen Seite der Straße liegen die neugebauten Büros der Abgeordneten. Ein Künstler-Hotel lockt mit moderaten Preisen. Ein paar Spesen-Restaurants, die Landesvertretung von Sachsen-Anhalt und der Wirtschaftsrat der CDU bezeugen die Anwesenheit der etablierten Politik. Das mächtige Bettenhaus der Charité am hinteren Ende der Straße markiert das Ende dieser Welt.

Nichtregierungsorganisationen sind die Profiteure der Legitimationskrise der Demokratie. Sie sind die Kirchen des 21. Jahrhunderts. Mit ihnen kommt die Tugend in die Welt. Man folgt ihnen. Man glaubt ihnen. Man gibt ihnen Geld. Warum? Weil sie nicht von Politikern geleitet werden und dennoch politisch sind. Sie kämpfen für humanitäre Ziele oder für den Schutz von Natur und Umwelt. Das sind öffentliche Güter – die NGOs leisten uneigennützige Arbeit. Sie gehören zu den wenigen, die ihre Ziele klar formulieren. Sie müssen weder Mehrheiten finden noch Kompromisse schließen. Sie können die reine Lehre vertreten, ganz im Sinne ihrer Unterstützer.

Mehr als 4000 Nichtregierungsorganisationen sind bei den Vereinten Nationen akkreditiert. Darunter finden sich etablierte Organisationen wie das Rote Kreuz, Amnesty International, der WWF, Greenpeace oder Oxfam. Die Zahl dieser Premium-NGOs ist in den vergangenen Jahren rasant gewachsen. Genauso wie die Zahl der nur national tätigen, kleinen und kleinsten Organisationen. Der Wunsch, Gutes zu tun und dabei politisch zu wirken, findet immer mehr Anhänger. Je ratloser die Politik erscheint, desto heller leuchtet der Stern der Zivilgesellschaft.

Wäre zum Beispiel Greenpeace in Deutschland eine Partei, wäre sie größer als die SPD. Mehr als eine halbe Million Förderer unterstützen die Umweltorganisation regelmäßig, mehr als ein Viertel der Bürger würde sie wählen. Ließe sich die Organisation als Partei registrieren, könnte sie längst mitregieren.[3]

Inoffiziell tut sie das schon lange. Seit der Kampagne um die Versenkung der Ölplattform Brent Spar im Jahr 1995 «werden wir ernst genommen», sagt Deutschland-Geschäftsführer Roland Hipp.[4] Was er damit meint: Wenn Greenpeace sich meldet, werden alle wach. Die Organisation muss ihre Aktivisten gar nicht mehr aufs offene Meer jagen, um die Politik in Bewegung zu setzen. Sie kann einfach anrufen.

Nur: Greenpeace ist zwar durch das Wohlwollen der

Öffentlichkeit legitimiert, aber nicht durch ein demokratisches Verfahren. Der Philosoph Jürgen Habermas kam diesbezüglich zu folgendem Schluss: «Neben einer Vielzahl von internationalen Regierungsorganisationen und ständigen Regierungskonferenzen haben auch Nicht-Regierungsorganisationen wie der Worldwide Fund for Nature, Greenpeace oder Amnesty International an Einfluss gewonnen; sie sind vielfach in das Netz informeller Regierungsinstanzen einbezogen. Aber die neuen Formen der internationalen Zusammenarbeit entbehren einer Legitimation, die auch nur entfernt den Anforderungen der nationalstaatlich institutionalisierten Verfahren genügen würde.»[5] Die Nichtregierungsorganisationen haben ein Problem mit der Demokratie. Und die Demokratie hat ein Problem mit den Nichtregierungsorganisationen. Sie wissen es nur noch nicht.

Hunderte neuer Stiftungen und Initiativen wurden in den vergangenen Jahren allein in Deutschland gegründet. Die Ein-, Zwei-, Drei-Mann-Organisationen aus der Luisenstraße kämpfen gemeinsam mit den 1000-Mitarbeiter-Tankern des Roten Kreuzes und der Wohlfahrtsverbände gegen Luftverschmutzung und für Inklusion. Sie suchen Unterstützer für Theaterprojekte, sind gegen Gänsestopfleber und für die vegetarische Ernährungswende. Sie werben für Musikunterricht in Flüchtlingsunterkünften und für den Klimaschutz.

Sie geben sich sozial, aber nur wenige von ihnen vertreten die Interessen der Unterschicht. Im Gegensatz zu den Arbeiterbewegungen des 19. Jahrhunderts verstärken sie eher die Stimmen derjenigen, die ohnehin schon laut sind. Den Abgehängten begegnen sie mit Fürsorge – doch ihre Sprache sprechen die wenigsten.[6]

Die NGOs mögen die Welt besser machen. Demokratischer machen sie sie nicht. Dennoch gelten sie als Heilmittel des politischen Systems, auf der nationalen, vor allem aber auf der internationalen Bühne. Jenseits des Nationalstaates, jenseits der Europäischen Union, jenseits der Vereinten Nationen bleiben sie übrig, wenn allen anderen der Zutritt versperrt ist.

Die inoffiziellen Offiziellen der Weltgesellschaft

Auf dem sogenannten Erdgipfel, der Konferenz der Vereinten Nationen im Jahr 1992 in Rio de Janeiro, wurden die Lebensgrundlagen der Menschheit verhandelt. Klima, Krieg und Hunger standen auf der Tagesordnung – und die Rolle der Nichtregierungsorganisationen. Im Abschlussdokument, der Agenda 21, wurde ihnen bescheinigt, eine «verantwortliche und konstruktive Rolle» in demokratischen Gesellschaften zu spielen. Deshalb sollte ihnen eine Schlüsselrolle bei der Umsetzung der Weltagenda zukommen.

Für die Nichtregierungsorganisationen begann ein wahrer Boom. Jahrzehntelang hatten sie auf der anderen Seite der Barrikade gestanden. Die Politik hatte gereizt bis scharf reagiert, wenn sie gegen die Rüstungspolitik demonstrierten, Fabriktore blockierten oder sich an Schornsteinen anketteten. Nun wurden sie an die Tische der Macht geladen. Nicht nur die traditionellen Organisationen wie das Rote Kreuz, auch politische Vereine und kritische Stiftungen wurden einbezogen: Friedensbewegung und Umweltorganisationen, Menschenrechtsaktivisten und gemeinnützige Klimastiftungen. Sie werden seitdem gefragt und gehört. Immer neue NGOs betreten die Bühne. Ihr Einfluss wächst. Ganz selbstverständlich reisen ihre Vertreter mittlerweile jedes Jahr im Januar zum Weltwirtschaftsgipfel nach Davos. Die Chefs von WWF und Care, von Human Rights Watch und Transparency International mischen sich unter die Unternehmenslenker, Milliardäre und Regierungschefs. Auf Augenhöhe, wie sie betonen. Danach besuchen sie diejenigen, die gegen den Gipfel demonstrieren. Manche finden das schizophren. Sie selbst halten es für selbstverständlich. Denn sie sind weit mehr als Mahner und Ankläger. Sie begreifen sich als Mittler zwischen den auseinanderstrebenden Interessen der Menschheit. Es gibt kein Welt-Parlament, «wohl aber (...) eine globale Zivilgesellschaft». Deshalb wurden die Nichtregierungsorganisationen zu gleichberechtigten Partnern, meint der Historiker Paul Nolte: «In einer Welt jenseits der klassischen Staatsgrenzenordnung hat die Zivilgesellschaft sogar eine Führungsrolle für die Erweiterung und Transformation von Demokratie übernommen.»[7]

NGOs sind ein wachsender Wirtschaftsfaktor. Würden sie sich zu einem Unternehmen zusammenschließen, würden sie unter den Top 10 der größten Firmen der Welt rangieren. Etwa die Hälfte aller Entwicklungshilfegelder der Vereinten Nationen wird mit Beteiligung von NGOs ausgegeben. 1700 aktive Hilfsorganisationen hat die *Zeit*-Journalistin Elisabeth Weydt im Jahr 2007 in Palästina gezählt. 1200 NGOs waren im Jahr 2005 in Afghanistan tätig. Die Friedensindustrie ist dort der größte Wirtschaftszweig.[8]

Ohne die Arbeit der zivilgesellschaftlichen Organisationen gäbe es heute mit ziemlicher Sicherheit kein Weltklimaabkommen. Entwicklungshilfe wäre allein Angelegenheit der Staaten – und würde wahrscheinlich in noch größerem Umfang als heute von korrupten Regierungen abgeschöpft. Gleichgeschlechtliche Partnerschaften hätten keinerlei Aussichten, der Ehe gleichgestellt zu werden. Im Großen wie im Kleinen prägen NGOs heute die Werte, die Sprache und die politische Agenda der westlichen Demokratien.

Exkurs: Was Sprache macht

Sprache verändert das Denken. Niemand weiß das besser als die Nichtregierungsorganisationen, kaum jemand geht andererseits skrupelloser mit der Sprache um als Politiker. Wem es gelingt, seine Begriffe in der Öffentlichkeit durchzusetzen, muss sich um Mehrheiten nicht sorgen. Sie fallen ihm zu.

Der frühere Bundeskanzler Gerhard Schröder machte im Wahlkampf des Jahres 2005 mit einer einzigen Wendung die ambitionierten Steuerpläne der CDU / CSU zunichte. Er diskreditierte den früheren Verfassungsrichter und Schatten-Finanzminister Paul Kirchhof als «Professor aus Heidelberg». Kirchhof hatte für den Bundestagswahlkampf der Union ein radikal einfaches Steuersystem entwickelt, das mit Ausnahmen im Steuerrecht aufräumte und dafür niedrigere Steuersätze in Aussicht stellte. Mit dem «Professor aus Heidelberg» entsorgte Schröder den Staatsrechtler in die Schublade der weltfremden und kauzigen Wissenschaftler, die von der Lebenswelt der richtigen Menschen rein gar nichts verstehen. Kirchhof war dieser Kampagne hilflos ausgesetzt, zumal auch Wahlkämpferin Angela Merkel schnell erkannte, dass ihr Kandidat und sein Konzept durch dieses Etikett verbrannt waren. Die Wahl gewann Schröder am Ende zwar nicht. Doch der wissenschaftlich wie charakterlich über jeden Zweifel erhabene Professor aus Heidelberg gab auf und kehrte der Politik für immer den Rücken.

Nichtregierungsorganisationen haben besser als die meisten anderen begriffen, dass man mit der Sprache auch die Herrschaft über die Sache erringen kann. So wurde aus der Kernenergie die «Atomkraft». Sie wird abgeschafft. Der Ausländer wurde ein «Bürger mit Migrationshintergrund». Er wird gefördert. Müll wurde zum «Wertstoff». Er wird getrennt. Der Steuerwettbewerb souveräner Staaten ging im Kampf gegen die «Steueroasen» zugrunde. Das «Chlorhühnchen» beendete eine beeindruckende Ära des Freihandels.

Politische Ziele werden nicht mehr durch die Politik formuliert. Die neue Agenda wird durch die Wortschöpfer der eigenen Wahlkampfzentralen, der NGOs und anderer gesellschaftlicher Gruppen an sie herangetragen. Die Aufgabe heißt: Ersetze das Denken in alten Begrifflichkeiten durch Botschaften, die du selbst geprägt hast. Finde eine neue, überzeugende Metapher für ein kompliziertes Thema und verbinde sie mit einem politischen Ziel. Du wirst es durchsetzen.

Deshalb sind Nichtregierungsorganisationen besessen davon, Begriffe zu finden für das, was sie tun. Anders als viele Politiker und anders als die meisten Unternehmen haben sie verstanden, dass es dabei nicht allein um Werbung geht. Es geht darum, das Denken der Menschen zu verändern. Wenn Bürger die Worte «Tschernobyl» oder «Fukushima» hören, sollen sie sofort an die Gefahren der Atomenergie denken. Ihr Gehirn soll auf Abwehr schalten. Sie müssen gar nicht verstehen, was gefährlich werden könnte. Wichtig ist die Assoziation.

Monatelang haben sich die Unternehmerverbände in den Jahren 2015 und 2016 den Kopf zerbrochen, wie man den deutschen Bürger vom Freihandelsabkommen TTIP mit den USA überzeugen könnte. Sie haben die sympathischsten Unternehmer aufgeboten, die von den Chancen des weltweiten Handels erzählten. Sie ließen Studien verfassen, die mehr Wachstum und Wohlstand versprachen. Vergebens. Ihnen schallte nur ein Wort entgegen: «Chlorhühnchen». Die Sprache der vermeintlich guten Sache kennt nur ein Wort, wo andere viele brauchen.

Der amerikanische Linguist und Politikberater George Lakoff hat den Politikern als einer der Ersten vorgeschlagen, es genauso zu machen. Sie sollten ihre Ideen mit einfachen Begriffen verknüpfen und diese dann immer wiederholen. So lange, bis das politische Ziel mit dem Begriff verschmolzen ist, bis sich der Rahmen verändert hat, in dem die Menschen denken.

Politiker sind zu einer solchen Disziplin meist nicht fähig. Daran hindern sie die Vielstimmigkeit und das Tempo der politischen Debatte. Oft geben sie eine Sprachregelung auf, nur weil sie ihrem Publikum etwas Neues bieten wollen. Doch damit haben sie die Hoheit über die politische Willensbildung auch schon verloren.

NGOs können es besser. Ihre Botschaften bleiben klar, weil ihre Ziele klar bleiben. Sie werden nicht durch politische Kompromisse verwässert. Sie brauchen deswegen nicht mehr als diese eine Botschaft. Dass die Welt immer komplizierter wird? Macht ihnen nichts aus. Sie haben ja eine Mission. Dass politische Ziele miteinander konkurrieren, Entscheidungen durch andere Beschlüsse beeinträchtigt werden? Muss sie nicht kümmern. Sie stehen ja auf der richtigen Seite der Welt. Und: Sie wissen, dass Professionalität alles ist. Nur wenn sie ihre Begriffe durchsetzen, haben sie Aussicht auf Erfolg. Nicht nur die gute Sache ist es wert, Disziplin zu üben. Das eigene Überleben hängt davon ab. Nichtregierungsorganisationen brauchen gute Kampagnen und Projekte. Sie brauchen Erfolg, damit sie genügend Spenden einwerben können, um ihre Kosten zu decken.

Nichtregierungsorganisationen bestimmen die politische Agenda und die politischen Vokabeln. So haben die NGOs der Feministinnen, der Schwarzen und der Homosexuellen durchgesetzt, dass die Sprache in Parlamenten wie in Talkshows in der Regel diskriminierungsfrei geworden ist. Die Verfasser von Gesetzestexten oder Strategiepapieren achten peinlich darauf, nicht gegen die Konventionen der «gendergerechten Sprache» zu verstoßen.

Dagegen ist natürlich zunächst einmal nichts einzuwenden, schließlich sind die Forderungen nach Gleichberechtigung und Teilhabe vollkommen legitim, ja zumeist sogar längst überfällig. Es ist aber viel mehr passiert. Die Sprache der NGOs transportiert auch verborgene politische Ziele. Flüchtlinge sind so beispielsweise Flüchtende geworden, Asylanten wurden Asylbewerber. Auf den ersten Blick ist das kein großer Unterschied. Doch auf den zweiten Blick verändert sich vieles. Der Hilfesuchende hatte sich begrifflich vorher in Gesellschaft anderer «-anten» befunden, einer

Endung mit oft negativer Einfärbung, wie bei Spekulanten oder Dilettanten zum Beispiel. Ganz anders der Bewerber: Das ist ein höflicher Mensch, der um einen Platz in der Gesellschaft bittet. Mit der Bezeichnung verändert sich der Status. Wurden die Bewerber vorher oft mit Sachleistungen und Einkaufsgutscheinen abgespeist, bekamen sie nach der Umbenennung häufiger Geld. Bewerbern drückt man schließlich keine Plastiktüte mit Lebensmitteln in die Hand. Sie sollen selbst entscheiden, was sie brauchen. Die Sprache schafft Fakten.

In der Pädagogik wirkten die inoffiziellen Sprachlehrer ebenfalls revolutionär: Behinderte Kinder wurden Inklusionskinder. Weil es keine Behinderungen mehr gibt, sondern nur noch besondere Herausforderungen, soll es auch keine Extra-Schulen für diese Kinder mehr geben. Deutschlandweit werden in vielen Bundesländern die früheren Sonderschulen (heute: Schulen für Schüler-/innen mit besonderem Förderbedarf) abgeschafft. Oft gegen den Willen der Eltern. Die fürchten, dass ihre Kinder nun erst recht an den Rand geraten, wenn sie das Lerntempo der Regelschulen trotz größter Förderung nicht halten können.

Es geht nicht darum, ob die durch solcherlei Sprachregelungen transportierten Inhalte wünschenswert sind, das muss jeder für sich entscheiden; oft sind sie es. Politiker müssten darüber streiten, verschiedene Positionen abwägen und um einen Konsens ringen. Doch oft geschieht dies nicht mehr, weil Verstöße gegen die Gut-Sprache streng geahndet werden. Da die Wortwächter keine Politiker sind, wird ihnen höchste moralische Integrität zugeschrieben. Von dieser Warte aus ist das Urteil schnell gefällt – manchmal zu schnell.

Als Präsidentschaftskandidat attestierte Joachim Gauck einmal dem umstrittenen ehemaligen Politiker und Bundesbankvorstand Thilo Sarrazin «Mut». Sarrazin hatte 2010 den Bestseller *Deutschland schafft sich ab* geschrieben und darin die fehlende Integrations- und Bildungsbereitschaft muslimischer Familien in scharfen Worten gegeißelt. Der erste Aufschrei der Zivilgesellschaft traf den Autor selbst. Er sei ein «Brandstifter und Friedensbrecher», urteilte zusammenfassend der Migrationsexperte Klaus Bade.[9] Der Sozialdemokrat Sarrazin musste sich einem Parteiausschlussverfahren stellen, wurde seiner gesellschaftlichen Reputation und seiner Ehrenämter enthoben und fand sich in der rechtsextremen Schmuddelecke wieder.

Joachim Gauck beurteilte ihn anders. Der ostdeutsche Bürgerrechtler und Pfarrer sagte: «Er hat über ein Problem, das in der Gesellschaft besteht, offener gesprochen als die Politik.» Gauck warnte in dem Zusammenhang vor dem Absolutheitsanspruch einer politisch korrekten Sprache, «die bei den Menschen das Gefühl weckt, dass die wirklichen Probleme verschleiert werden sollen».[10] Von den Positionen Sarrazins hatte sich der spätere Präsident ausdrücklich distanziert. Dennoch traf der öffentliche Zorn nun auch ihn. Gauck erlebte seinen ersten Shitstorm. Er kam aus der Ecke der linksliberalen politischen Mehrheitsgesellschaft.

Der Zwang zur gerechten Sprache teilt die politische Debatte in zwei Sphären. In der einen werden die Worte vorsichtig gewählt, sie sollen niemanden kränken oder verletzen. In der anderen ist der Ton rauer, manchmal roh. Deshalb wird die zweite Ebene versteckt. Sie ist nicht für die Öffentlichkeit bestimmt.

In der Auseinandersetzung um die Flüchtlingspolitik der Bundesregierung wurde erstmals auch außerhalb der politischen Szene deutlich, dass es auch in einer der demokratischsten und offensten Gesellschaften der Welt diese beiden Diskussionsebenen gibt. In der Welt der etablierten Politik wird öffentlich der hohe Ton des normativen Diskurses gepflegt. In geschliffenen Worten beschreibt er die Gesellschaft, wie sie nach dem Willen der Nichtregierungsorganisationen, der gebildeten und toleranten politischen Milieus sein sollte. Auf der zweiten, der nicht öffentlichen Ebene der Nachbarschaften, Sportvereine und Stammtische werden die Probleme und Brüche, die Überforderungen und Abwehrreflexe schon im Herbst des Jahres 2015 offen ausgesprochen. «Wie kann es sein, dass der öffentliche und der halb-öffentliche Diskurs so auseinanderfallen?», fragt der Tübinger Oberbürgermeister Boris Palmer (Bündnis 90 / Die Grünen) entgeistert.[11]

Die Sprache der Guten wendet sich gegen ihre Väter. Sie ist dysfunktional geworden. Am Beispiel der Flüchtlingsdiskussion wird deutlich, wie sie Andersdenkende ausgrenzt. Sie drückt die Stimmen an den Rand, die nicht passen. Sie verbietet denen die Teilnahme an der Diskussion, die die Regeln nicht kennen. Sie schließt sich ab. Sie ist nicht mehr diskriminierungsfrei. Sie zensiert. Sie wird antidemokratisch.

Die Gegenreaktion zeigt, welche verheerenden Folgen die Zweiteilung des politischen Diskurses hat, nicht nur in Deutschland. Ein Präsident wie Donald Trump bedient sich derselben rüden Sprache, wie sie in den sozialen Netzwerken in bestimmten Gruppen gepflegt wird. Mit diesem kalkulierten Tabubruch erregte er schon als Kandidat die höchste

Aufmerksamkeit und erzielte so die besten Abstimmungsergebnisse. Durch seine Sprache gab er zu erkennen, dass er «keiner von denen», kein Mitglied des politischen Establishments sei. Ähnlich verfährt in Deutschland die AfD. Ein amerikanischer Milliardär, deutsche Professoren und Bildungsbürger verwandeln sich in Anführer von Straßengangs. Nicht durch ihr Handeln, nicht durch ihre Lebensweise. Sondern durch ihre Sprache. Die Sprache der Guten hat die Sprache der Bösen erst zu der Versuchung gemacht, der ein Wahlkämpfer kaum widerstehen kann.

Freundliche Anteilnahme oder: Der neue Paternalismus

Durch die Sprache wird auch die Hierarchie zwischen Helfenden und Hilfsbedürftigen zementiert. Früher hatte die Gesellschaft damit kein Problem. Es gab die Armen, Kranken oder Gebrechlichen, denen die «Caritas», die Liebe der Wohlhabenden, zuteilwurde. Es gab eine klare Hierarchie. Bürger und Adlige halfen den Armen.

Das geht heute nicht mehr. Nicht nur vor dem Gesetz sollen alle Menschen gleich sein. In ihrer Würde sind sie es auch. Wohltätige Einrichtungen müssen die Freiheit und den Willen derer achten, denen sie ihre Hilfe zukommen lassen. Ausgerechnet die Nichtregierungsorganisationen tun sich damit schwer. Sie reden von «effektivem Altruismus» und «libertärem Paternalismus». Was sie im Sinn haben, ist eine Art Wohltätigkeit der höchsten Zahl. Es ist die Manipulation des freien Willens.

Der effektive Altruismus ist eine Art Ökonomie der Mildtätigkeit. Man hilft da, wo man mit seinem Geld das meiste ausrichten kann. Der libertäre Paternalismus versucht, die Menschen mit sanften Schubsern zu einem vernünftigen, sparsamen und gesunden Leben zu bewegen. Beide Strömungen sind in der weltweiten Hilfsindustrie im Augenblick sehr angesagt. Sie wollen das Beste; doch sie verschärfen auch das soziale Gefälle.

Der australische Philosoph und Universitätslehrer Peter Singer ist der Guru der Bewegung des effektiven Altruismus. Singer stellte seinen Studenten folgende Frage: Stellen Sie sich vor, Sie kommen auf Ihrem Weg zur Uni an einem Teich vorbei. Eines Morgens sehen Sie, dass ein Kind hineingefallen ist. Es droht zu ertrinken. Sie könnten das Leben des Kindes retten. Allerdings würden Sie dafür Ihre Kleidung ruinieren und wahrscheinlich die erste Vorlesung verpassen. Was würden Sie tun? Natürlich entschieden sich alle Studenten dafür, das Kind zu retten. Nun fragte Singer: Wenn andere Leute in der Nähe sind – sollte man sich nicht darauf verlassen, dass sie das Kind retten? Die Studenten verneinten. Jeder sei in einer solchen Situation moralisch verpflichtet, ins Wasser zu springen. Singer stellte die nächste Frage: Wenn das Kind nicht in den Teich neben der Uni gefallen wäre, sondern in einen anderen – vielleicht sogar zu einer anderen Zeit in einem anderen Land? Wenn die Studenten davon wüssten und wenn sie mit geringen Mitteln das Leben des Kindes retten könnten: Würde das einen Unterschied in ihrer moralischen Verpflichtung machen? Die Studenten verneinten.

Singer leitet aus dieser Geschichte nicht nur eine ethische Verpflichtung zum Helfen ab. Er ist der Auffassung, dass man klug vorgehen soll. Die Menschheit lebe zum ersten Mal in einer Welt, in der sie weit über die Not ihrer unmittelbaren Nachbarschaft hinausblicken könne. Sie sehe, dass die Bedürftigkeit womöglich da am größten ist, wo man nicht unmittelbar eingreifen kann. Deshalb sei es richtig, dass Menschen einen großen Teil ihres Reichtums abgeben, um an einer anderen Stelle der Welt so vielen Menschen wie möglich so gut wie möglich helfen zu können. Ethisch geboten sei, da einzugreifen, wo die Wirkung am größten ist.[12] Hätten die Studenten also irgendwo auf der Welt ein Kind retten können, ohne dabei ihre Kleidung zu ruinieren und die Vorlesung zu versäumen, hätten sie dieses Kind retten müssen. Die Kosten wären geringer gewesen.

Die Haltung des Wohltätigen ist Singer dabei ziemlich gleichgültig: «Der gute Vorsatz fällt erst beim Jüngsten Gericht ins Gewicht», sagt er.

Singers effektiver Altruismus machte schnell Karriere. Bill und Melinda Gates gelten als Anhänger seiner Lehre, auch der amerikanische Super-Investor Warren Buffett und Facebook-Milliardär Mark Zuckerberg sollen seine Fans sein. Ihre Stiftungen prüfen die Hilfsprojekte streng auf Effizienz. Wo kann ich mit meinem Geld das meiste erreichen?

Ähnliche Fragen stellt auch der libertäre Paternalismus. Der Verhaltensökonom Richard Thaler und der Jurist Cass Sunstein gelten als die Väter dieser Anleitung zur praktischen Vernunft. Die beiden schrieben ein Buch mit dem Titel *Nudge*, zu Deutsch: Schubser.[13] Darin zeigten sie, dass man Menschen steuern kann, sich vernünftiger zu verhalten – ohne, dass diese bemerken, wie sie in ihrem freien Willen eingeschränkt werden. Sie wiesen nach, dass Menschen weniger ungesunde Pommes frites essen, wenn diese in der Kantine erst am Ende des Buffets, nach Salat, Reis und Gemüse angeboten werden. Arbeitnehmer sorgen eher für das Alter vor, wenn der Staat sie zunächst in einer privaten Rentenversicherung anmeldet – und sie Widerspruch einlegen müssen, um dem Sparvertrag zu entkommen. Kunden der Stadtwerke verbrauchen weniger Strom, wenn sie wissen, wie viel Energie die Nachbarn benötigen. Diese Idee finden vor allem die Regierungen des Westens faszinierend. Der britische Premierminister David Cameron gründete im Jahr 2010 eine «Nudge Unit». Bundeskanzlerin Angela Merkel heuerte ein paar Jahre später ebenfalls Verhaltensökonomen für das Kanzleramt an. Die Experten sollten Vorschläge machen, wie der Staat seine Bürger mit sanfter Verhaltenslenkung beeinflussen kann, das Richtige zu tun: gesund zu essen, sich zu bewegen, für das Alter vorzusorgen, einen Organspendeausweis zu unterschreiben.

Was den Regierungen heilig ist, ist den NGOs billig. Umweltorganisationen bitten die Nudge Units um Rat, wie man die Bürger zu klimaneutralem Verhalten überreden kann. In den Kinder- und Jugendstiftungen sucht man schonende Wege, aus dicken Kindern dünne Kinder zu machen.

Den Altruisten und den Paternalisten ist eins gemeinsam: Sie betrachten den Menschen als Mängelexemplar, das irgendwie auf den rechten Weg gebracht werden muss. In demokratischen Gesellschaften ist das zu Recht umstritten. Bevor der Bürger hier in die richtige Richtung geschubst wird, sollen Ethikkommissionen über die Grenze zwischen Manipulation und Freiheit wachen.

In Projekten der NGOs geht man da beherzter zu Werk: Im indischen Rajasthan bekommen neuerdings Lehrer an Landschulen für jeden Tag, an dem sie zur Arbeit erscheinen, eine Belohnung. In der Summe verdienen sie am Ende des Monats zwar nicht mehr als ihre Kollegen, die pauschal bezahlt werden. Dennoch fehlen die Lehrer im Belohnungssystem nur halb so oft. Sie finden den Wettlauf um Prämien motivierender als den pauschalen monatlichen Gehaltsscheck.[14]

In Kenia bekamen Mädchen eines Dorfs über Jahre hinweg Schuluniformen spendiert. Das Programm half ihren Eltern, sie länger in die Schule zu schicken. Die Mädchen wurden seltener schwanger und steckten sich nicht so häufig mit HIV an wie ihre Freundinnen, die nur mit den üblichen Aufklärungsprogrammen vor Teenager-Schwangerschaften gewarnt wurden.[15]

Auch die politische Agenda der Europäischen Union wird mit diesen subversiven Methoden beeinflusst. Die Bill- und Melinda-Gates-Stiftung beispielsweise steuert einen wesentlichen Teil zum Budget des mehrsprachigen europäischen Nachrichtenportals EurActiv bei.[16] Die tägliche Arbeit der Journalisten wird dadurch nicht beeinflusst, die Themenauswahl aber schon. Für den jährlichen Scheck haben sich die Reporter verpflichtet, mehr und intensiver über Themen aus der unterentwickelten Welt zu berichten, als das andere tun. Der Gedanke dahinter ist paternalistisch: Wenn die Nutzer des Portals – Europa-Abgeordnete, die politische Öffentlichkeit in den großen Ländern der EU, Verbände, die Beamten der Europäischen Kommission – diesen Themen häufiger begegnen, werden sie sie bei ihren Entscheidungen auch höher gewichten. Die Dauerpräsenz der Themen schleicht sich ins Unterbewusste ein und verschiebt die Wahrnehmung.

Mit diesen Beispielen aus der Entwicklungshilfe ist allerdings eins der fundamentalen Dilemmata der weltweiten Hilfsindustrie beschrieben: Der reiche und aufgeklärte Teil der Welt entscheidet darüber, was für den armen und hilfsbedürftigen Teil das Beste ist. Auf die nationalen Verhältnisse bezogen, ist es kaum anders. Wie im 19. Jahrhundert sind die Wohltätigkeit und das Ehrenamt eine Angelegenheit der gehobenen Stände geblieben. Sie entscheiden, was dem Armen fehlt – und wer Hilfe bekommt. Effektiver Altruismus und moderner Paternalismus ändern daran nichts. Sie erscheinen zwar rationaler und geschickter als die bisherigen Hilfsangebote. Wahrscheinlich sind sie auch wirksamer.

Doch sie bescheren den demokratischen Gesellschaften eine weitere Gewissensfrage, der diese sich nur verweigern können: Welches Leben ist wertvoller? In der Demokratie gilt der Gleichheitsgrundsatz. Die NGOs dagegen glauben, ihn vernachlässigen zu können.

Hauptsache, es knallt

Nicht nur in diesem Fall ist der wachsende Einfluss der Nichtregierungsorganisationen problematisch. Ihre Macht, eigene Themen zu setzen, zu verfolgen und groß zu machen, ist es ebenfalls. NGOs müssen nicht begründen, warum sie ein Thema so wichtig finden, dass sie ihm eine Kampagne widmen.

Der Fall Brent Spar gilt als einer der größten Triumphe in

der Geschichte von Greenpeace Deutschland. Die Umweltorganisation war Mitte der neunziger Jahre auf der Suche nach einem geeigneten Objekt für eine Kampagne, so berichtet der damalige Kampagnenleiter, der heutige Greenpeace-Deutschland-Chef Roland Hipp.[17] Mit der Öllager-Plattform Brent Spar wurde es gefunden. Die Plattform nordöstlich der Shetland-Inseln hatte ihren Dienst auf dem Ölfeld Brent getan. Nun wurde das Öllager auf hoher See nicht mehr gebraucht. Moderne Pipelines transportierten das Atlantik-Öl ab. Der Ölkonzern Shell plante das, was man in solchen Fällen auch vorher schon gemacht hatte: Die Brent Spar sollte im Meer versenkt werden. Er bekam die Genehmigung dafür.

Am 30. April 1995 besetzte die Umweltorganisation Greenpeace die Öl-Insel. Würde die Plattform wie geplant versenkt, so begründeten sie ihre Aktion, würden auch alle anderen Alt-Inseln auf dem Meeresgrund entsorgt. Die Brent Spar sei nur der Anfang. Greenpeace inszenierte eine beispiellose Aktion. Die EU-Umweltkommissarin und der dänische Umweltminister schlossen sich an. Ende Mai sprach sich auch die damalige deutsche Umweltministerin Angela Merkel dagegen aus, die Plattform vorsätzlich untergehen zu lassen.

Doch der Ölkonzern Shell, dem die Plattform gehörte, war ein zäher Gegner. Das Unternehmen schaltete auf stur. Bei Shell vertrat man die Ansicht, das Versenken der Plattform sei die umweltfreundlichste Lösung, ein Zersägen und Zerschneiden an Land berge wesentlich größere Umweltrisiken.

Greenpeace rief die deutschen Autofahrer zum Shell-Boykott auf. An Hamburger Tankstellen brach der Benzinverkauf um die Hälfte ein. Erste Behörden wiesen ihren

Fahrdienst an, nicht mehr bei Shell zu tanken. Das halbe Bundeskabinett, inklusive Bundeskanzler Helmut Kohl, war inzwischen ins Greenpeace-Lager gewechselt und warb auf internationaler Ebene für ein Verbot, die Plattform zu versenken. Drei Viertel der Deutschen waren, so eine Meinungsumfrage des Forschungsinstituts Emnid, bereit zu einem Boykott der Tankstellen. Der Nervenkrieg eskalierte.

Im Juni wartete Greenpeace mit neuen Zahlen auf: Nicht, wie von Shell angegeben, 150 Tonnen giftiger Ölschlämme und anderer Rückstände, sondern 5000 Tonnen Öl schwappten angeblich noch in den Tanks der Brent Spar. Am 20. Juni gab Shell auf. Greenpeace hatte gewonnen.

Die Plattform wurde an Land entsorgt. 1998 wurde das Versenken von Ölplattformen verboten. Greenpeace, eine Organisation ohne politische Legitimation, ein selbsternannter Anwalt für die Umwelt, hatte nicht nur ein Unternehmen besiegt. Es hatte ein Zeichen gesetzt. Befürworter sagen, Greenpeace hat die Demokratie erweitert. Gegner sagen, Greenpeace habe sie gekapert.

Bis heute verteidigen die Umweltschützer ihre Aktion. Doch warum hat die Organisation so gehandelt? Inzwischen ist ziemlich klar, dass das Versenken von Ölplattformen auch unter Umweltgesichtspunkten vertretbar ist. Die Wissenschaftszeitschrift *Nature* schrieb, dass es kaum negative Folgen für das Meer gehabt hätte, wenn die Brent Spar in der Tiefsee versenkt worden wäre. Die Umweltorganisation selbst hat später eingeräumt, mit falschen Zahlen über die gefährlichen Ölschlämme gearbeitet zu haben. Am Ende waren nicht einmal 100 Tonnen an Bord. Greenpeace entschuldigte sich bei Shell für die fehlerhaften Angaben.

Warum also die Brent Spar? Ging es wirklich nur darum, die Welt auf ein Problem aufmerksam zu machen – das, im Nachhinein betrachtet, im Vergleich mit anderen Nachteilen der Offshore-Ölförderung eines der kleineren ist? Demokratische Parteien müssen sich rechtfertigen, wenn sie die Öffentlichkeit für Nichtigkeiten auf die Zinne gebracht haben. Nichtregierungsorganisationen müssen das nicht. Sie müssen nur alles daransetzen, ihre Glaubwürdigkeit zu verteidigen. Greenpeace tut das und nimmt dabei neuere Forschungsergebnisse öffentlich nicht zur Kenntnis. In der Organisation vertritt man bis heute die Auffassung, Ölplattformen müssten unbedingt an Land entsorgt werden.

Beispiellos war auch, wie es Greenpeace gelang, die Politik für die eigenen Zwecke zu instrumentalisieren. Die deutsche, die dänische und die niederländische Regierung ließen sich von der Umweltorganisation in Dienst nehmen. Zeitweise agierten deutsche Minister und Abgeordnete, als seien sie Öffentlichkeitsarbeiter von Greenpeace.

Dabei wissen alle Beteiligten: Mit den Prinzipien demokratischer Gewaltenteilung ist es kaum zu vereinbaren, wenn die Exekutive das Geschäft von Nichtregierungsorganisationen betreibt, so berechtigt es auch sein mag. Selbst wenn eine Mehrheit der Bevölkerung ein Anliegen unterstützt, dürfen sich Kanzler, Minister und Abgeordnete nicht zu Vertretern von Greenpeace und Co. machen lassen.

«Ihr steht nicht für das Allgemeinwohl», schleuderte der damalige Wirtschaftsminister Sigmar Gabriel zwei Greenpeace-Aktivisten entgegen, die im Jahr 2014 seine Rede auf einem Energiekongress störten. Die beiden schleppten riesige Plakate mit der Aufschrift «Kohleausstieg jetzt» über die

Bühne des Berliner Congress Centers, als Gabriel sprach. Der Minister erteilte ihnen eine Abfuhr: «Die einen sind für das Gute zuständig, und die anderen müssen sich um den Erhalt von 50 000 Arbeitsplätzen sorgen: Das ist eine Arbeitsteilung, die ich antiquiert nennen würde.»

Doch es ist genau die Arbeitsteilung, auf die sich die PR-Profis der Nichtregierungsorganisationen spezialisiert haben. Ihre Kampagnenplaner überlegen im Vorfeld einer Aktion, was ein Projekt braucht, um erfolgreich zu sein. Um die politische Agenda bestimmen zu können, müssen sie auf Emotionen setzen. Wie viel Empörungspotenzial hat ein Anliegen? Gibt es einen Skandal, den man für sich nutzen kann?[18] NGOs kümmern sich vor allem um die Themen, die sich emotionalisieren lassen, für die man deshalb leicht Unterstützer gewinnt. Komplizierte politische Themen lassen sie links liegen. Eine Kampagne zur Hochschulfinanzierung ist deshalb von ihnen genauso wenig zu erwarten wie eine zur Föderalismusreform.

Wenige vertreten das so unverblümt wie Campact, ein eingetragener gemeinnütziger Verein. Campact mobilisiert mit Online-Kampagnen, bei denen Bürger politische Anliegen mit einem Klick unterstützen können. «Nimm Einfluss auf aktuelle politische Entscheidungen», ruft die NGO ihren 1,9 Millionen Aktiven zu. Du willst es doch auch: «Du willst, dass Deine Stimme gehört wird!» Zu den Themen, die in Frage kommen, gehören Anti-Gentechnik-Kampagnen, Anti-Freihandels-Aktionen, der Atomausstieg.

Bevor Campact groß einsteigt, testet die Initiative die Anliegen und die dazugehörigen Werbe-Feldzüge in kleinen Gruppen. Erst wenn ein Thema hier zündet, wird die Protestmaschine in Gang gesetzt: online, auf der Straße, mit spektakulären Auftritten, manchmal sogar mit extra dafür angeheuerten Schauspielern. Löst das Projekt in den sogenannten Fokusgruppen dagegen nur laue Begeisterung aus, wird es ad acta gelegt – egal, wie relevant das Thema auch sein mag.

Würde dieses Prinzip in die Politik übersetzt, verschwänden die Probleme des Alltags von ihrer Bildfläche. Sprachlose Minderheiten dürften nicht auf die Einsicht und das Wohlwollen der Mehrheitsgesellschaft zählen, dass auch ihre Rechte angemessen berücksichtigt werden. Nicht kampagnenfähig hieße dann auch: unwürdig, politisch behandelt und entschieden zu werden. Für die demokratische Gesellschaft wäre das eine schlechte Nachricht.

Schornsteine besetzen

NGOs planen Kampagnen nicht nur, um politische Ziele zu erreichen. Sie sind ihre wichtigsten Mittel, um Geld einzuspielen. Wie Trüffelschweine in der Spätherbstsonne fahnden sie nach Themen, die die Massen in Wallung bringen. Das gilt vor allem für jene Organisationen, die sich aus vielen kleinen und unregelmäßigen Spenden finanzieren. Im Gegensatz zur Trüffelsuche gilt allerdings das Prinzip: Wenn kein Thema da ist, wird eins gemacht.

Auch wenn Organisationen wie Greenpeace inzwischen Bestandteil des politischen Alltagsgeschäfts sind, brauchen sie Publicity, um ihre Anhänger und Förderer bei Laune zu halten. Die Teilnahme an Anhörungen im Rahmen von Gesetzgebungsverfahren reicht da selten aus. Die Besetzung von Schornsteinen und das Stürmen von Veranstaltungen funktionieren besser.

Für eine demokratische Gesellschaft ist das ein problematisches Geschäftsmodell. Sie kann nicht beurteilen, ob der Protest Selbstzweck ist oder ob er tatsächlich dem Gemeinwohl dient. Sie weiß nicht, ob eine Kampagne einem aufrichtigen Anliegen geschuldet ist oder ob sie vornehmlich aus Gründen der Öffentlichkeitsarbeit und des Fundraising losgetreten wird.

Die Lebensmittel-Aktivisten von Foodwatch setzen rund 75 Prozent ihres Etats von knapp drei Millionen Euro für Kampagnen und für die Öffentlichkeitsarbeit ein. Für eigene wissenschaftliche Studien zur Qualität von Nahrungsmitteln bleibt da nicht viel Geld übrig. Nicht nur die von Foodwatch-Kampagnen betroffenen Unternehmen kritisieren, dass es der Organisation vor allem auf spektakuläre Aktionen ankommt. Auch Politiker beklagen, dass Foodwatch an vertiefenden Fachdebatten nach einer Kampagne nur wenig Interesse hat.

Um eine Nichtregierungsorganisation ordentlich starten zu können, braucht man viel Geld. Kleinspenden helfen am Anfang kaum. Schließlich müssen Büros angemietet und Mitarbeiter eingestellt werden. Das sind feststehende Kosten, für die man eine verlässliche finanzielle Grundlage benötigt. Man braucht also potente Partner. Die kleinen Organisationen aus der Berliner Luisenstraße finden die meist im Familien-oder Freundeskreis der Eltern. Später bewerben sie sich um öffentliche Zuschüsse, um Projektmittel der Ministerien oder um Partnerschaften mit großen Stiftungen.

Für alle anderen aber ist die Partnersuche ein Ritt auf der

Rasierklinge. Denn die potenziell großzügigen und reichen Unterstützer sitzen meist im falschen Lager. Foodwatch bekam bei seiner Gründung beispielsweise Starthilfe vom Schokoladenhersteller Ritter und von einem Bio-Lebensmittel- und Limonadenhersteller. Die Gründungsfinanziers kannten und schätzten den Foodwatch-Erfinder Thilo Bode noch aus seiner Zeit bei Greenpeace Deutschland. Laut Vereinszweck widmet sich Foodwatch aber ausgerechnet dem Kampf gegen zu viel Zucker, zu viel Fett, jenen Stoffen also, die in Schokolade, Süßigkeiten und Softgetränken reichlich enthalten sind.

Man kann sich aber schlecht das Geld von denen geben lassen, deren Produkte man zum Gegenstand von Kampagnen wie «Zucker runter in Limonaden!» oder «Fette Gewinne auf Kosten der Kinder» macht. Auf die Dauer beeinträchtigt ein solcher Spagat die Glaubwürdigkeit. Deshalb hat sich die Organisation ein paar Jahre nach der Gründung verpflichtet, kein Geld mehr aus der Lebensmittel- und Süßwarenindustrie anzunehmen.

Besonders kompliziert ist es für Transparency International, mit großen Partnern zusammenzuarbeiten. Die Nichtregierungsorganisation kämpft weltweit gegen Korruption. Intern aber muss sie sich immer wieder mit den Geistern auseinandersetzen, die sie selber ruft. Der Münchner Siemens-Konzern gehörte beispielsweise zu den Gründungsmitgliedern von Transparency Deutschland. Siemens verpflichtete sich, alle Anti-Korruptions-Standards einzuhalten und darüber hinaus regelmäßig eine hübsche Summe an Transparency zu überweisen. Es dauerte nur ein paar Jahre, bis Siemens im Zentrum des größten Korruptionsskandals stand, den es in Deutschland bisher gegeben hat. Der Konzern hatte massiv Schmiergeld eingesetzt, um im Ausland an Aufträge zu kommen. Er hatte das auch dann noch getan, als Deutschland längst alle internationalen Konventionen unterschrieben hatte, die Bestechung im Ausland verbieten. Auch als Korruptionszahlungen nicht mehr bei der Steuererklärung als gewinnmindernder Tatbestand geltend gemacht werden durften, ließ Siemens sich nicht entmutigen. Es wurde weiter bestochen.

Bei Transparency International sorgte das nicht nur für ein riesiges Image-Problem. Es bedeutete auch eine Gefahr für die weitere Arbeit der Organisation. Siemens wurde von der Liste der korporativen Mitglieder gestrichen. Andere stehen immer noch darauf: die Deutsche Bahn zum Beispiel, die eine interne Abhöraffäre am Hals hatte. Oder die Stuttgarter Daimler AG, die im Jahr 2010 zugeben musste, dass sie in zweiundzwanzig Ländern der Welt Regierungsbeamte bestochen hatte, um an Aufträge zu kommen.

Mit den Grundsätzen von Transparency International ist so etwas nicht vereinbar. Das weiß die Organisation selbst natürlich auch. Deshalb hat sie sich dazu durchgerungen, alle Fälle von Korruption bei ihren Mitgliedern zu veröffentlichen. Fliegt eine Firma auf, werden Gespräche über die weitere Mitgliedschaft geführt – und darüber, wie das Unternehmen sich aktiv an der Aufklärung des Vorwurfs beteiligen kann. Dann darf die Firma auch bei Transparency Mitglied bleiben.

Nicht weniger problematisch sind die Interessenkonflikte bei unternehmensverbundenen Stiftungen. Acht der zehn größten deutschen Stiftungen sind unternehmensnahe oder Unternehmensstiftungen. Sie haben allen anderen gegenüber einen riesigen Vorteil: Sie verfügen über stabile Geldzuflüsse und müssen sich nicht jährlich sorgen, wie es weitergeht. Der Geldgeber ist berechenbar und belastbar. Die Stiftungen können sich auch mit Themen auseinandersetzen, deren Popularität überschaubar ist. Sie können diese Themen mit teuren wissenschaftlichen Gutachten befeuern. Sie sind international gerngesehene Partner. Finanziell sind sie unabhängig. Ihr Nachteil: Ihre Glaubwürdigkeit müssen sie sich immer wieder neu erkämpfen. In Deutschland ist die Bertelsmann-Stiftung in Gütersloh deshalb die wohl bekannteste und umstrittenste Organisation der Zivilgesellschaft. Die Stiftung wurde 1977 von Reinhard Mohn, dem Eigentümer des Buch- und Medienkonzerns Bertelsmann, gegründet. Sie widmet sich vor allem Reformthemen. Der Staat und seine Einrichtungen sollen durch das Wirken der Stiftung unterstützt werden, unternehmerisch zu handeln. So werde am Ende ein schlankerer Staat seine Ziele effizienter und damit preisgünstiger erreichen. Kritiker werfen der Stiftung vor, allein durch ihre finanzielle Macht – die Stiftung hat ein Kapital von über einer Milliarde Euro – eine konservative Nebenregierung installiert zu haben, die ihre Themen eigenmächtig setze. Das hat die Stiftung aus Gütersloh allerdings mit allen anderen Stiftungen und Vereinen gemein, die die Politik direkt beeinflussen wollen. Die Bertelsmann-Stiftung mag die größte von ihnen sein, doch ihr Legitimationsproblem ist ähnlich gelagert wie das von Greenpeace.

Noch komplizierter ist die Lage für jene NGOs, die Dienstleistungen für den Staat erbringen und sich Teile ihrer Arbeit von ihm finanzieren lassen. Auf internationaler Ebene geht es oft nicht anders. In Konfliktgebieten haben Staaten oft keinen Zutritt, weil sie von den Kriegsparteien nicht als neutral angesehen werden. Entwicklungsländer verbitten sich häufig die direkte Einmischung in ihre inneren Angelegenheiten und verlangen, dass Bildungsprojekte der reichen Länder mit ihrer eigenen Verwaltung umgesetzt werden sollen. Will man diese oft korrupten Einrichtungen umgehen, muss man sich auf die Nichtregierungsorganisationen verlassen.

Im Inneren des eigenen Landes aber sieht es anders aus. Hier schmiegt sich der Staat an Stiftungen und gemeinnützige Institutionen an, um seine eigene Schwäche im Umgang mit den Bürgern auszugleichen. Kinder- und Jugendstiftungen profitieren vom Interesse staatlicher Stellen an Mathecamps in den Sommerferien oder an Lehrerfortbildungen zum Umgang mit Flüchtlingskindern. Stadtteil-Initiativen und Spielplatz-Aktivisten erwarten Geldzuwendungen aus dem kommunalen Haushalt, um arbeiten zu können.

Direkte Zuschüsse und Projektmittel, Zuteilungen aus den Strafgeldkonten der deutschen Gerichte, das Geld aus den staatlichen Lotterien oder die Ausschüttungen der Sparkassen sind leicht zu bekommen. Doch politisch führen solche Formen der Einnahmebeschaffung zu einer Indienstnahme der Zivilgesellschaft durch den Staat. Das skandalöse Versagen des Bildungssystems bei der Förderung benachteiligter Kinder wird nicht dadurch gemildert, dass Bildungsprojekte von NGOs gesponsert werden. Doch die Experten der Zivilgesellschaft, ihrer finanziellen Sorgen entledigt, mögen sich darüber nicht mehr so laut aufregen.

In allen Fällen wird deutlich: Je abhängiger eine Nichtregierungsorganisation vom Wohlwollen ihrer Spender und Zuwender ist, desto kompromissbereiter wird sie tendenziell, was die Unabhängigkeit ihrer Arbeit angeht. Je offener sie mit möglichen Interessenkonflikten umgeht, desto besser ist es für ihre Glaubwürdigkeit.

Sein eigenes und das Problem aller anderen Nichtregierungsorganisationen will Transparency International nun mit der «Initiative Transparente Zivilgesellschaft» in den Griff bekommen. Über 800 Stiftungen und Vereine melden hier inzwischen an, wer sie finanziert. Sie nennen die Unterstützer mit Namen, die mehr als zehn Prozent des Haushaltes beisteuern. Sie legen Sponsoring und Einfluss offen. Ihr Legitimationsproblem heilen sie damit jedoch nicht.

NGOs erweitern die Demokratie – aber wie?

Nichtregierungsorganisationen rekrutieren ihre Mitarbeiter und ihre Themen aus der gebildeten Mittelschicht. Sie beeinflussen die Politik aus einer demokratisch nicht gerechtfertigten Position heraus. Die Öffentlichkeit erfährt nicht, warum manche Themen wichtig sind, andere dagegen unter den Tisch fallen. Ihre Staatsferne besteht oft nur auf dem Papier. Das sind echte Probleme für einen Sektor, der helfen soll, die Zerrissenheit und Ungleichheit der westlichen Gesellschaften zu heilen.

7. Der Staat im Staat: Wirtschaft vs. Demokratie

Kann der Kapitalismus überleben?
Nein, ich glaube nicht.

JOSEPH SCHUMPETER

Der «Tag der deutschen Industrie» war in früheren Zeiten das Hochamt der deutschen Wirtschaft. Die Vorstandschefs der größten börsennotierten Firmen trafen hier die reichen Familienunternehmer, deren Unternehmen die Kurbelwellen und die Steuerungseinheiten für die Maschinen der Konzerne herstellen. Kanzler, Wirtschafts- und Finanzminister lieferten Grußadressen über die soziale Marktwirtschaft, die Verantwortung der Unternehmen und die Demokratie ab. Im Smoking kamen die Herren zur Abendveranstaltung, in langen Kleidern die Damen. Leibhaftige Adler flogen einmal durch den Saal. Damit wollte der Gastgeber, der Bundesverband der Deutschen Industrie (BDI), zeigen, wie kühn deutsche Industrielle sind. Die Autoindustrie ließ es sich nicht nehmen, für den Limousinenservice ihre größten und schwärzesten Karossen aus der Garage zu holen.

Audi-Limousinen fuhren in diesem Jahr für die Stars des Filmfestivals «Berlinale». Mercedes-Autos kurvten 2016 für das kränkelnde Modeevent «Fashion Week» durch die Hauptstadt. Porsche ließ seine Flotte beim Tennisturnier in Stuttgart zum höheren Komfort der Tennisspielerinnen anrollen. Nur beim BDI wollte kein Autokonzern mehr dabei sein. Manche Teilnehmer kamen mit den «Öffis», wie die Berliner die öffentlichen Verkehrsmittel nennen.

Deutlicher kann man den Bedeutungsverlust einer Institution nicht beschreiben. Der einst mächtige Verband ist nur noch ein Schatten seiner selbst. Der BDI kämpft in Berlin für offene Märkte, faire Besteuerung von Forschungs- und Entwicklungsinvestitionen und für die Integration von Flüchtlingen in den Arbeitsmarkt. Die großen Unternehmen kümmert das kaum noch. Sie kämpfen längst ihren eigenen Kampf. Sie bewegen sich nicht mehr im Nationalstaat, sondern operieren zwischen den Staaten. Deutschland interessiert sie als ein Standort unter vielen. Deutschlands Wälder und Felder, seine Opern und Schulen, seine Maiandachten und Marathon-Läufe, die Gerichtsbarkeit und das demokratische System, der Rhein und der Wein werden in Excel-Tabellen gequetscht, mit Kennzahl-Systemen berechnet und gegen die Steuer- und Abgabenlast bewertet. Im Niemandsland weltwirtschaftlicher Verflechtungen finden die Firmen ihre Kunden und Lieferanten, den optimalen Standort für die Steuererklärung und den besten Platz für energie- und abgasintensive Produktionen. Ihr Ethos orientiert sich nicht mehr an der sozialen Marktwirtschaft, sondern entlang der Lieferkette.

Dem Staat raubt die Globalisierung Freiheitsgrade. Den Unternehmen schenkt sie neue. Wie die Nichtregierungsorganisationen beeinflussen auch Firmen die politische Agenda der Regierungen. Im Gegensatz zu den NGOs jedoch sind die Motive in der Wirtschaft eindeutig. Sie tritt für Gesetze und Regelungen ein, die ihr nutzen. Gutes Regieren besteht für sie in einer Politik, die Wachstum und Arbeitsplätze bei niedrigen Steuern ermöglicht.

Im Wettbewerb der Standorte entscheiden die Konzerne sich bei der Steuererklärung für das Land mit den niedrigsten Steuern. Der Gerichtsstand wird im Land mit der höchsten Rechtssicherheit angesiedelt. Geforscht und entwickelt wird da, wo die innovativste Gründerszene sitzt und die beste Bildung geboten wird. Geliefert schließlich wird aus dem Land mit der perfekten Infrastruktur. Die Staaten – ob Demokratie oder kapitalistischer Sozialismus, ist egal – müssen diese Grundlagen herstellen. Sonst werden sie abgewählt. Demokratisch ist daran nichts. Die Betriebswirtschaft zählt.

Während die ärmeren Länder der Welt unter dem Strich vom Freihandel und von den globalen Märkten deutlich profitieren, gerät in den hochentwickelten Ländern die Mitte – also die klassische Wählerschaft – unter Druck. Nur mit enormen Anstrengungen ist es beispielsweise in Deutschland gelungen, eine Erosion der Mittelschicht zu vermeiden: Die Hartz-IV-Sätze, der Mindestlohn und die Tarifverträge definieren die Haltelinien der Gesellschaft. Kontinuierliches Wirtschaftswachstum bei gleichzeitiger Abnahme der Erwerbspersonen lässt die Deutschen zudem die Spätsommersonne des demographischen Wandels genießen. Die Konflikte nehmen dennoch zu: Zwischen 2006 und 2015 fielen jährlich sieben von 1000 Arbeitstagen streikbedingt aus. Europaweit ist das zwar sehr wenig – doch für Deutschland sind das im Vergleich zu den Zeiten davor Spitzenwerte.[1]

Das Gefühl, bedroht zu sein, lässt sich nicht aussperren. Weltweit betrachtet, gehören die Mittel- und Besserverdiener der Industrieländer zu denen, die von der schnellen und ent-

schlossenen Globalisierung am wenigsten profitieren. Wenn
es gutgeht, halten sie ihren Wohlstand – während die ganz
Armen und Ärmsten und die ganz Reichen die Gewinner der
Entwicklung sind.[2]

Das muss keine schlechte Botschaft für die Gesellschaften dieser Länder sein, im Gegenteil. Wohlfahrtsstaaten wie
Schweden, die Schweiz, Dänemark oder Deutschland zeigen,
dass man diesen Wettbewerb der Staaten und Standorte sehr
gut bestehen kann. Doch diese Anstrengungen werden nicht
mehr vom Souverän, sondern vom Antisouverän verlangt:
von den Unternehmen.[3]

Der gesellschaftliche Diskurs in Deutschland arbeitet
sich immer noch an der vermeintlich allmächtigen Lobby der
Unternehmerverbände ab. Angestrengt managen Parteien
und Bundesregierung das Wechselspiel von Distanz und
Nähe: so, als müsste die Politik den Nachweis führen, dass
die Verbandsmacht noch existiert. Als wäre die Existenz der
Lobbyisten die Versicherung dafür, dass die alten Feindbil-
der noch gültig sind. Für die Dax-Konzerne dagegen sind die
nationalen Spitzenverbände dasselbe wie die Kuckucksuhr
an der Kaffeeküchen-Wand schwäbischer Start-up-Unter-
nehmer: die Erinnerung an eine Zeit, in der es noch Heimat
gab. Sie sind die Traditionsvereine des 21. Jahrhunderts.

Die Firmen entfernen sich vom Nationalstaat und von
seinen Ritualen wie Raumfahrtmissionen von der Erde. Was
ist an der Deutschen Bank noch deutsch, was ist an Daimler
schwäbisch, was an Siemens bayerisch? Es sind nur noch die
neuzeitlich aufgemotzten Fassaden ihrer Vergangenheit: Die
Deutsche Bank hat ihre Zentrale an der Frankfurter Taunus-
anlage für 200 Millionen Euro nachhaltig und energieeffi-

zient zu «Greentowers» umgebaut. ThyssenKrupp hat in Essen symbolträchtig auf dem Gelände seiner Geburtsstätte, der alten Krupp'schen Gussstahlfabrik, ein neues Areal bezogen. Siemens errichtete seine Konzernzentrale am alten Platz neu und wiegte die Münchner nach getaner Arbeit mit der tröstlichen Botschaft «Acht Kugelahornbäume kehren an den Wittelsbacherplatz zurück» in Sicherheit. Die zwischenzeitlich ausgelagerte Grünpflanzenmöblierung vor der Zentrale trat die Rückreise bestens erholt und frisch frisiert an. Alles sieht fast wieder so aus wie früher. Doch die Immobilien sind nur noch die Hülle vermeintlicher Standorttreue. Ihr steinernes Äußeres signalisiert Verbundenheit, wo das Innere längst fluide ist. Gesprochen wird englisch, gehandelt wird in der Welt.

Das Abkommen der westlichen Demokratien mit der Marktwirtschaft zerbricht, ohne dass es offen aufgekündigt wird. Es bestand darin, dass die Unternehmen für Wachstum, Arbeitsplätze und Steueraufkommen sorgen, die der Staat zum Funktionieren braucht. Umgekehrt stellt der Staat der Wirtschaft gute Straßen, ein sicheres und preiswertes Energienetz, gut ausgebildete Schüler und Studenten als Arbeitskräfte zur Verfügung. Er vermittelte zwischen den Interessen der Unternehmen und denen der Bürger seines Staates. Er regelte die Bedingungen ihrer Koexistenz. Nur dass Industrie und Banken, Dienstleister, Hersteller, selbst Gebrauchtwagenhändler den ersten Teil des Vertrages nicht mehr als ihre Angelegenheit ansehen. Der Staat soll für die Voraussetzungen seiner Existenz jetzt selbst sorgen. Soll er doch die besteuern, die nicht wegkönnen – Arbeitnehmer, Verbraucher, kleine und kleinste Unternehmen. Kontinuierlich konstruktiv beteiligen sich nur noch die Unternehmen an der Gemeinwohldebatte, die nicht wegkönnen oder nicht wegwollen: kleine und Kleinstbetriebe, Familienunternehmen, wenige der Großen.

Der österreichische Ökonom Joseph Schumpeter hatte noch angenommen, dass im ständigen Streit zwischen Wirtschaft und Staat am Ende der Kapitalismus totreguliert zu Boden sinken würde. Im Augenblick sieht es so aus, als würde es umgekehrt laufen.

Nicht der Kapitalismus braucht die Demokratie. Die Demokratie braucht den Kapitalismus. Oder, um es in den Worten der Kanzlerin auszudrücken: «Wir werden Wege finden, wie die parlamentarische Mitbestimmung so gestaltet wird, dass sie trotzdem auch marktkonform ist.»[4]

Der Beitrag der Unternehmen

Dieser Satz (der in einer Pressekonferenz mitten in der Eurokrise in einem anderen Kontext entstand) beschreibt ziemlich präzise die Notlage demokratisch gewählter Regierungen gegenüber den weltweit operierenden Konzernen. Die Politiker haben sich in einen Schönheitswettbewerb jagen lassen, den am Ende keiner von ihnen gewinnen kann. Im Wettbewerb um Bestnoten werden niedrige Steuersätze wie Signalfeuer für die Schifffahrt im Nebel gezündet.

Zuletzt versprach die britische Premierministerin Theresa May jedem, der seinen Unternehmenssitz auf der Brexit-Insel hat, den niedrigsten Steuersatz der G-20-Staaten.[5] Das sind weniger als 15 Prozent. Davor hatte die irische Regierung

Schlagzeilen gemacht, die Apple mit einem Unternehmensteuersatz von 0,005 Prozent verwöhnt haben soll. Für eine Million Euro Unternehmensertrag macht das gerade einmal 50 Euro an Steuern. Davor wiederum hatten die Niederlande, Luxemburg und die USA eingestanden, in bestimmten Regionen bestimmte Vorteile für bestimmte Unternehmen gewährt zu haben. Ein Verfahren, für das die Bezeichnung «Steueroase» gerechtfertigt ist. Der italienische Autokonzern Fiat, die Kaffeekette Starbucks, der Handelskonzern Amazon oder der Burgerbrater McDonald's hatten sich in diesen Ländern bei den Finanzbehörden gemeldet und Extra-Bedingungen für ihre Steuerlast verhandelt. Ausgerechnet derjenige, der heute am lautesten nach gemeinsamen europäischen Regelungen ruft, war als luxemburgischer Finanzminister für die Konzerne als Erster zu sprechen, wenn es um individuelle Steuervereinbarungen ging: EU-Kommissionspräsident Jean-Claude Juncker.

Nicht nur in Europa spielen Unternehmen wie Apple ihre Macht aus. Sie setzen auch die USA unter Druck. So parkt Apple immer noch Milliarden Dollar im Ausland – die erst dann in die USA transferiert werden sollen, wenn es dort einen ansprechenden Steuersatz gibt.

Die Folgen dieser Steuerstrategie wirken auf alle Nationalstaaten. Auch auf die, die sich nicht in der allerersten Reihe an diesem Wettlauf beteiligen. Bei ihnen schmilzt der Anteil der Unternehmensteuern am Gesamtsteueraufkommen ebenfalls. Während in Deutschland Lohn- und Mehrwertsteuer fast die Hälfte aller Steuereinnahmen des Bundes ausmachen, zahlen die Unternehmen gerade einmal 10 Prozent der Steuerlast. In den sechziger Jahren sah das noch ganz anders aus: Damals trugen Lohn- und Einkommensteuer fast gleichwertig zu den Steuereinnahmen bei.

Schaut man auf die Steuerquoten der Unternehmen, könnte einen tiefe Trauer über den Zustand der deutschen Wirtschaft befallen: Gerade einmal 23 Prozent beträgt der Durchschnittsteuersatz der größten deutschen Kapitalgesellschaften, hat das Münchner ifo-Institut für Wirtschaftsforschung geschätzt. Ein Arbeitnehmer mit einem mittelprächtig bezahlten Job und einem Jahreseinkommen von 40 000 Euro muss ungefähr denselben Teil seines Einkommens abliefern. Selbst Personen, die so wenig verdienen, dass sie überhaupt keine direkten Steuern bezahlen, geben 23 Prozent ihres Einkommens ab: als Verbraucher über die Mehrwertsteuer.[6] Wo die Unternehmen ihre Macht gegenüber den Nationalstaaten selbstbewusst ausspielen, sind Lohnempfänger und Verbraucher ihnen ausgeliefert.[7]

Ein Unternehmen wie die Deutsche Bank kann seine Zentrale in Frankfurt am Main haben, den Löwenanteil des Geschäfts in den USA und in Asien abwickeln und die teuersten Mitarbeiter in London beschäftigen. Es kann die Gewichte zwischen den Standorten verschieben. Bei digitalen Dienstleistern wie Softwareunternehmen ist die Sache noch einfacher: Wo ist eine Software hergestellt worden? Wer hat sie verkauft? Wo ist der Gewinn angefallen?

Für Länder, die unter der zunehmenden Verbitterung ihrer Bürger leiden, sind das komplizierte Tatsachen. Sie müssen ihre Bürger wieder mit der Marktwirtschaft versöhnen, ohne den Unternehmen Einhalt gebieten zu können. Die britische Premierministerin May warb bei den britischen Unternehmern und Managern für eine neue Ära des Kapitalismus:

«Wir haben jetzt die Chance, ein besseres und faireres Land zu werden. Unsere Bürger haben nicht nur dafür gestimmt, die Europäische Union zu verlassen. Sie haben damit auch für eine andere Art des Wirtschaftens gestimmt.»[8] Theresa May skizzierte eine neue Verfassung für die britische Wirtschaft, die verblüffend an die soziale Marktwirtschaft made in Germany erinnert.

Begeisterungsstürme erntete sie dafür nicht. Die Replik der Wirtschaftsleute war gnädig, aber klar: Man sei zu einer starken Partnerschaft mit der Regierung bereit, ließ die Generaldirektorin Carolyn Fairbairn freundlich wissen. Allerdings müsse die Regierung dazu erst einmal Bildung und Infrastruktur im Land auf Vordermann bringen.

Der unternehmenskritische amerikanische Politikwissenschaftler Colin Crouch glaubt, dass hier das Hauptproblem der demokratischen Gesellschaften liegt: «In einer Welt, in der einerseits Kapitalströme global fließen, andererseits die beiden Hauptakteure der Demokratie – Regierungen und Bürger – nur national handeln, haben multinationale Konzerne die Chance, der Souveränität des Nationalstaats zu entkommen.»[9]

Der Souverän bemerkt die Verschiebung der Machtverhältnisse und reibt sich die Augen. Hat nicht mehr er das Sagen innerhalb der Grenzen seines Landes? Wie kann es sein, dass Unternehmen das Territorialprinzip ignorieren?

Bisher haben die Marktwirtschafts-Demokratien darauf noch keine Antwort gefunden. Keine jedenfalls, die auch ihre Bürger überzeugt. Regierungen, die sich «marktkonform» verhalten, werden von den Unternehmen gelobt und im Gegenzug vom Wähler nach Hause geschickt. Bis in die

Eliten hinein ist diese Zerrissenheit spürbar. Großbürger und Reiche mit bürgerlichem Hintergrund verlangen den Kampf gegen die Staatsverschuldung. Sie finden es wichtig, dass der Staat sich zurückzieht und dass der Arbeitsmarkt flexibilisiert wird. Manager und Spitzenbeamte, die aus einem Arbeiterhaushalt kommen, sähen dagegen lieber Steuererhöhungen für Reiche und die Reregulierung des Marktes.[10] Die Kluft setzt sich durch alle Gesellschaftsschichten fort.

Für die Reform-Agenda 2010 des früheren Bundeskanzlers Gerhard Schröder beispielsweise gab es erst zehn Jahre nach der Entscheidung eine Mehrheit in der Bevölkerung. Im Jahr 2004, als die Arbeitsmarktreformen im Bundestag durchgepaukt wurden, waren zwei Drittel der Deutschen nicht einverstanden.[11] Ein Jahr später, im September 2005, wurden Schröder und seine rot-grüne Regierung abgewählt. Dem französischen Präsidenten François Hollande und dem italienischen Ministerpräsidenten Matteo Renzi ging es mit ihren Reformversuchen nicht anders.

Das hat nicht nur damit zu tun, dass die Erfolge solcher Reformen in der Regel nicht innerhalb der Legislaturperiode bemerkbar werden, in der sie verabschiedet wurden. Vor allem hat es mit dem Machtverlust des Staates zu tun, den die Bürger in solchen Reformmomenten besonders schmerzlich spüren. Klar: Wer Reformen ablehnt, verteidigt den bequemen Status quo einer Gesellschaft. Doch er formuliert auch das Legitimationsdefizit von politischen Entscheidungen, für die es auch Jahre später keine Mehrheiten in der Bevölkerung gibt.

Die Arroganz der Macht

Die Schurken in dem Stück, das derzeit in den Hauptstädten der USA und Englands, Frankreichs und Deutschlands aufgeführt wird, sind die Unternehmen und Banken. Das Ansehen von Managern in Unternehmen und Banken ist ähnlich miserabel wie das von Politikern und Journalisten.[12] Übel genommen wird den Unternehmensführern ihre Anmaßung. In der Finanzkrise erzwangen sie den Bruch mit dem ehernen Gesetz der westlichen Wohlfahrtsstaaten: Die Starken helfen den Schwachen. Nach dem Fall von Lehman Brothers kam es genau umgekehrt. Die Schwachen mussten mit ihren Steuergeldern die Starken retten. Dieser Tabubruch wurde bis heute nicht geheilt. Keine Erklärung stimmte die Bürger wieder freundlich.

Die Geretteten bedankten sich keineswegs demütig. Die Banken nahmen das Geld und kritisierten schon kurz danach das Unvermögen der Politiker, das Versagen inkompetenter Regulierungsbehörden. Sie sahen sich schnell wieder in der Rolle des Schrittmachers der nationalen Politik.

Nicht allgemeiner Neid oder schiere Missgunst sind die Quelle für den Zorn über das Verhalten der Spitzenmanager. Es ist der Eindruck, dass Bankmanager und Unternehmenslenker mehr Mitsprache beanspruchen, als ihnen im demokratischen System zukommt. One Person, One Vote: Auf diesem Gleichheitsprinzip beruht jede demokratische Gesellschaft, jede Stimme hat denselben Wert. Wenn das von einer Gruppe erfolgreich bestritten wird, verfällt auch das Vertrauen in die Demokratie.

Genau das passiert im Augenblick in allen Industrieländern. Manager werden nicht als Teil einer gesellschaftlichen Klasse wahrgenommen, die dem Gemeinwohl dient. Sie werden als Teil einer Kaste wahrgenommen, die das Gemeinwesen benutzt, ohne selbst zu angemessenen Gegenleistungen bereit zu sein.

Für diese Wahrnehmung spricht: In kaum einem Beruf fallen Risiko und Verantwortung so auseinander wie im Topmanagement. Die angestellten Führungskräfte eines Unternehmens gehen gewaltige Risiken auf Kosten Dritter ein. Wenn es schiefgeht, haften die Eigentümer und Arbeitnehmer für das Desaster. Der Manager verliert schlimmstenfalls seine Stelle. Das passiert zwar in immer kürzeren Rhythmen: Kaum noch vier Jahre halten es Vorstandsvorsitzende deutscher Unternehmen auf ihrem Posten aus. Doch in Armut fallen die Manager auch dann nicht: Ihre Gehälter und Boni sind in der Regel so gestaltet, dass sie unabhängig vom Unternehmensgewinn ausgezahlt werden. Wird ein Unternehmen vor Gericht wegen gravierenden Fehlverhaltens seiner Manager verurteilt, kann es zwar die bereits ausgezahlten Belohnungen von den Verantwortlichen zurückfordern. Die Aussichten, sie tatsächlich wiederzubekommen, sind jedoch überschaubar.

Die soziale Marktwirtschaft ist eine Wirtschaftsordnung, die einen starken Staat braucht. Der Staat ist der Regelsetzer. Mit seinen Gesetzen und Verordnungen produziert er den Rahmen, in dem sich die Unternehmen bewegen. Wie ein Schiedsrichter beim Fußball pfeift er Fouls und Abseits-Positionen, zieht bei schweren Verstößen gelbe und rote Karten.

Ist der Schiedsrichter jedoch schwach auf den Beinen, entgleist das Spiel. So passiert es beim Fußball, und so passiert es auch in der Wirtschaft. Regeln, die nicht durchgesetzt werden, sind wertlos. Die Deutsche Bank beteiligte sich an Zins- und Preismanipulationen. Siemens und Mercedes, ThyssenKrupp und MAN erkauften sich Auslandsaufträge mit Schmiergeldern. Volkswagen und Audi schwindelten bei den Abgas-Emissionen ihrer Dieselautos. Die HypoVereinsbank erfand gemeinsam mit ihren Kunden gesetzwidrige Steuersparmodelle. Auch wenn ein Teil dieser Skandale von den Firmen selbst aufgedeckt und angezeigt wurde: Sie stehen für die grundsätzliche Bereitschaft, Regeln so weit zu dehnen, wie es eben geht, und im Extremfall Gesetzestreue gegen Geschäft abzuzinsen.

Nicht einzelne Verfehlungen sind zu beklagen, sondern eine allgemeine Missachtung nationaler wie internationaler Regelungen. Ohne Unrechtsbewusstsein und ohne die Furcht vor einem strafenden Richter werden Gesetze übertreten, Spielräume bis zum Letzten ausgelotet und unrechtmäßige Absprachen getroffen. Eine solche Unternehmenskultur bleibt nicht auf wenige Ausnahmen beschränkt. Sie setzt sich nach unten fort. Warum sollen sich Mitarbeiter an geltendes Recht halten, wenn ihr Arbeitgeber es nicht tut? Warum sollen Mitarbeiter als Familienväter und -mütter nach den Regeln spielen, wenn sie erleben, dass diese Regeln im Großen nicht gelten?

Mit ihrem Verhalten vor und nach der Finanzkrise haben Manager und Unternehmer die Zustimmung der Bürger zu einer Wirtschafts- und Gesellschaftsordnung aufs Spiel gesetzt, der sie ihre eigene Existenz, ihre persönliche Karriere und die Entwicklung ihrer Unternehmen verdanken. Statt die Wirtschaft zu stabilisieren und konstruktiv zu einer

Wiedererrichtung einer marktwirtschaftlichen Wirtschaftsordnung beizutragen, haben sie sich abgewendet. Nicht einmal bei Pegida-Demonstrationen in Dresden kann man so
hasserfüllte Tiraden über die Bundesregierung hören wie bei
Abendgesellschaften deutscher Banker und Industrieller.
Selbst dem eigenen Lager wird es angesichts solcher
starken Worte blümerant. Erstmals seit Jahrzehnten knirscht
es im Kartell der Spitzenmanager auch nach außen sichtbar.
Manager wie der Bosch-Aufsichtsratsvorsitzende Franz Feh-
renbach gehen auf Distanz.[13] In diesen früher geschlossenen
Kreisen merken die Ersten, dass es ein Zurück zu den Zeiten
vor 2008 nicht geben wird. Auch die Unternehmer und Manager müssen lernen, mit ihrem Machtzuwachs gegenüber den
Nationalstaaten vernünftig umzugehen. Jedenfalls, solange
sie auf die Akzeptanz in den Ländern Wert legen, in denen
sie selbst wohnen, die Wagner-Festspiele besuchen und ihre
Kinder zur Schule schicken.

Die paradoxe Wirkung der Regulierung

Es gäbe also gute Gründe, sich staatsbürgerlich und konstruktiv zu verhalten. Das Regelwerk, das nach der Krise
errichtet wurde, hat es tatsächlich in sich. Die neuen Gesetze,
neuen Behörden und neuen Aufsichtsregime regeln zwar
einiges, aber der Staat inszeniert auf den Finanzmärkten
vor allem ein beispielloses Comeback seiner selbst: Er spiegelt seinen Bürgern gekonnt vor, dass er die Unternehmen
und Banken wieder an die Leine nehmen könne. Er tut so,
als könne er Verstöße unnachsichtig ahnden. Er verspricht,

die Marktwirtschaft wieder zu ihrem Zweck zurückzubringen, den Wohlstand der Nationen zu mehren und die Bürger an diesem wachsenden Wohlstand zu beteiligen. Halten kann er dieses Versprechen nicht. Es funktioniert nicht mehr.[14] Denn gefunden wurden keine angemessenen Regulierungen, sondern mehrheitsfähige. Nicht durchsetzbare Titel wurden vereinbart, sondern öffentlichkeitswirksame. Statt einen konsistenten Rechtsrahmen zu schaffen, wurde in großer Eile eine Vielzahl doppelter, widersprüchlicher und wirkungsloser Gesetze geschaffen, die überdies einen gewaltigen Nachteil hatten: Sie wurden durch die Geldpolitik der Europäischen Zentralbank außer Kraft gesetzt. Statt wie von der Politik gewünscht die Bankbilanzen zu schrumpfen, bläht die EZB sie an anderer Stelle wieder auf. Statt Scheinbanken in Unternehmen auszutrocknen, pumpt sie Firmen mit Liquidität voll, die anschließend händeringend nach abenteuerlichen Investments suchen. Statt Spekulation und irrsinnige Finanzprodukte einzudämmen, verdrängt sie sie in das Reich der unregulierten Hedgefonds. Heute sind die Risiken höher denn je.

Das ganze Elend der verpufften Regulierung wird im Finanzsektor sichtbar. Die Banken und Versicherungen werden durch komplizierte Regeln, die Basel I, Basel II und Basel III heißen, reguliert. Neue Steuern wie die Finanzmarkttransaktionssteuer sollen die Spekulanten an die Kandare nehmen. Neue Aufsichtsbehörden für große Banken wurden bei den Zentralbanken eingerichtet, um riskante Geschäfte frühzeitig entdecken und verbieten zu können. Die bisherigen Aufsichtsämter wie das Bundesaufsichtsamt für das Finanzwesen sollen sich auf die Kontrolle der kleinen Spieler am Markt konzentrieren.

Über allem steht das große «Nie wieder». Nie wieder sollen Banken die Volkswirtschaften an den Rand des Zusammenbruchs bringen dürfen. Nie wieder sollen die Steuerbürger der Welt für die Risiken des Finanzsektors büßen müssen. Nie wieder soll Geld die Welt regieren. Nie wieder sollen die Parlamente und Regierungen so verwundbar werden.

Doch der vermeintlich erstarkte Staat regiert nicht vernünftig. Aufgeregt sind zwar die Banken, denn hier greift die Regulierung. Die Geldhäuser schrumpfen. Sie werden sicherer, von dem unvernünftigen Hunger der Unternehmen nach billigem neuem Geld profitieren sie jedoch nicht. An den Finanzmärkten dürfen sie nicht mehr wie früher großzügig auf eigene Rechnung spekulieren. Im Rahmen sogenannter Stresstests müssen sie regelmäßig ihre Gesundheit nachweisen. Sie haben Testamente für den Fall ihres unerwarteten Ablebens verfasst: Was passiert, wenn die Bank abgewickelt werden muss? Wie werthaltig sind ihre Geldanlagen? Wie solide ihre Kreditkunden? Wer kommt für die Übernahme des Geschäfts in Frage?

Während die Wirtschaft Europas wieder Fahrt aufnimmt, fallen die Banken zurück. Die Aktienkurse der deutschen Geldhäuser, einst der Stolz der deutschen Börse, dümpeln selbst an guten Börsentagen im niedrigen zweistelligen Bereich. In der Liste der wertvollsten deutschen Unternehmen haben sie seit langem die Spitzenpositionen verloren. Das ganze Haus sei damit beschäftigt, Pflichtzahlen für die Aufsicht zusammenzustellen, klagen sie. Zur eigentlichen Arbeit komme man kaum noch.

Die Folge ist der gewünschte Machtverlust der Geldhäuser: In Deutschland beträgt der Beitrag des Finanzsektors zur volkswirtschaftlichen Gesamtleistung des Landes nur noch knapp vier Prozent.[15] Damit rangiert die Branche inzwischen hinter der Bauwirtschaft.

Nur: Die Spekulation hat nicht aufgehört, weil die Banken nicht mehr dabei sind. Wo die Aufseher nicht hinschauen, klettern die Umsätze steil nach oben. Die Investmentgesellschaften und Hedgefonds profitieren von der Schwäche der Banken und Versicherungen. Sie werden nicht reguliert. Hier aber braut sich schon jetzt das Potenzial für eine neue Finanzkrise zusammen. Der Finanzstabilitätsrat hat 2015 festgestellt, dass Schattenbanken und «andere Intermediäre» in den USA genau so viel Geld anlegen wie alle Versicherungen und Pensionsfonds zusammen. In Deutschland halten sie 20 Prozent aller Anlagen, mit wachsender Tendenz. In Irland und den Niederlanden ist der nicht regulierte Teil des Finanzmarktes mit 60 Prozent Marktanteil überwältigend groß geworden.[16]

Hier sitzen jetzt die wahre Macht und die Gefahr des Finanzsektors – ohne dass sie jemand eindämmt, begrenzt oder reguliert. Würde man nach wirklich globalen, heimatlosen Unternehmen suchen, hier würde man sie finden. Wo die Banken mit ihren Zentralen und Niederlassungen, ihren Lizenzen, Schaltern und Geldautomaten immer noch eine gewisse Körperlichkeit besitzen, sind die Hedgefonds und Private-Equity-Gesellschaften flüchtige Erscheinungen. Sie residieren in gesichtslosen Bürohochhäusern. Manchmal schrauben sie nicht einmal das eigene Firmenlogo an. Ihre Investments werden in Panama oder auf den Cayman

Islands verwaltet. Ihre Anlagen verteilen sie in der ganzen Welt.

Im Weltfinanzsystem sind sie die entscheidenden Spieler geworden. Die Plattentektonik der Macht wirkt langsam, aber unerbittlich. Die internationale Staatengemeinschaft und ihre Nationalstaaten schauen erschöpft zu. «Too big to fail», zu groß zum Scheitern, das sind jetzt auch die Häuser, die jenseits der staatlichen Einflussgebiete wirtschaften. Die Regierungen wissen schon heute, dass sie wieder in Anspruch genommen werden, wenn es kracht. Sie können sich ausmalen, wie die Zustimmung ihrer Bürger für das marktwirtschaftliche Modell darunter leiden wird. Sie ahnen, dass die Bürger sich dann durch ihr politisches System noch weniger repräsentiert fühlen werden als heute.

Am Beispiel des Finanzsektors wird klar: Dramatischer noch als der Machtverlust ist das Fehlen von Kompetenz und Kooperation in den Nationalstaaten des Westens. Sie haben das reguliert, was sie sehen und greifen konnten. Mit ihrem Nie-wieder-Mantra haben sie das Finanzsystem der Vergangenheit zum gemeinsamen Maßstab ihrer Ge- und Verbote gemacht. Wie ein vernünftiges künftiges Finanzsystem aussehen und kontrolliert werden sollte, haben sie nicht formuliert. Zu schnell musste gehandelt werden, zu sehr fehlte die Phantasie, zu schwierig war es, überhaupt zu gemeinsamen politischen Beschlüssen zu kommen. Das Neue, Unbekannte und für den Staat noch Bedrohlichere musste leider außen vor bleiben.

Compliance heißt gesetzestreu – aber schafft man damit auch Verantwortung?

In schönster Bewusstseinsspaltung suchen die Unternehmen derweil auf der einen Seite nach legalen Schlupflöchern, individuellen Sonderregelungen und verhandlungsbereiten Staaten. Auf der anderen Seite, der offiziellen, aber haben sie Gesetzestreue ganz oben auf ihre Unternehmensagenda gesetzt. Sie unterscheiden «hard law», also verbindliche Gesetze und Normen, die die Nationalstaaten und die internationale Staatengemeinschaft ihnen auferlegen, und «soft law». Das sind Regeln und Leitlinien, auf die sie sich freiwillig verpflichten. Kunden, Lieferanten, Mitarbeiter und Bewerber beeindrucken sie zudem noch mit eigenen ethischen Standards und freiwilligen Selbstverpflichtungen. Die Schlagworte dazu heißen «Compliance» und «Corporate Social Responsibility». Sie produzieren Regeln, wo die Regierungen und Parlamente nicht oder noch nicht handeln. Damit kreieren sie aber auch ein Legitimationsproblem: «Das Rechtssetzungsmonopol des Staates scheint ins Wanken zu geraten», warnen die deutschen Rechtsanwälte.[17]

Der «ehrbare Kaufmann», Phantom der Hamburger Kaufleute, stromert nicht mehr nur durch die Abendreden der Unternehmerschaft. Längst wohnt er zwischen den Aktendeckeln der Rechtsabteilungen. Er doziert bei den Führungskräften der Firmen, kontrolliert den Benzinverbrauch der Außendienstler und sitzt bei Vertragsverhandlungen mit am Tisch. Als «guter Bürger» unterstützt er die Oper, die internationale Schule und die Stadtplaner seiner Heimatstädte.

Compliance heißt eigentlich nichts anderes als Gesetzestreue. Eigentlich keine große Sache. Dennoch hat Compliance in den Großunternehmen in den vergangenen Jahren eine beispiellose Karriere gemacht. Korruptionsskandale, teure Rechtsstreitigkeiten und die Regulierung nach der Finanzkrise haben dafür gesorgt, dass sich die Unternehmen in den vergangenen Jahren riesige Rechtsabteilungen zugelegt haben. Zu unübersichtlich erschien es den Konzernen, ihr Geschäft in allen Ländern der Welt den jeweils unterschiedlichen Rechtssystemen anzupassen, als dass man sich weiterhin allein auf die Einschätzung der Mitarbeiter vor Ort verlassen wollte. Zu groß war ihnen das Risiko, in einem anderen Land verklagt, von Ausschreibungen ausgeschlossen oder zu einem Vergleich gezwungen zu werden. Vor allem die amerikanischen Regulierungsbehörden verlangten von den Unternehmen immer neue Compliance-Anstrengungen: Nur wer nach einem Vergehen tätige Reue nachweisen konnte, durfte weiter an der amerikanischen Börse gelistet bleiben, auch wenn er vorher die Gesetze gebrochen hatte. Gnade und Entgegenkommen bei den milliardenschweren Schadensersatzklagen in den USA gab es nur gegen den Nachweis von Einstellungsverträgen für Hunderte interner Rechtsexperten.

Compliance ist eine Lebensversicherung für mittelprächtige Juristen geworden. Die Unternehmensjuristen verhandeln auf Augenhöhe mit den Behörden. Sie und ihre Rechtsvertreter, die großen internationalen Rechtsfabriken, formulieren und unterschreiben internationale Verträge, die kein nationales Gesetz vorgesehen hat. Sie verständigen sich auf internationale Schiedsgerichte oder darauf, diese

Verträge vor nationalen Gerichten beklagen zu können. So schaffen sie Recht. Sie sind, so analysiert der Staatsrechtler Gunnar Folke Schuppert, in die «Ko-Produktion von Staatlichkeit» eingestiegen.[18] Hatte der Justiziar der großen Dax-Firmen früher vor allem die Aufgabe, Arbeitsverträge zu unterzeichnen und Verträge mit Dritten aufzusetzen, regiert er heute eine Armada interner und externer Rechtsberater. Seine Mitarbeiter erfinden rechtssichere Formulare für die Gästebewirtung bei Vertretertagungen, sie holen sich Rat beim wasserdichten Gestalten der Konzern-Steuerlast. Sie lassen Zulieferer buchdicke Verträge über deren Verantwortung für das Bestellen nachhaltiger Rohstoffe unterzeichnen. Sie zwingen den Kantinenwirt, den Mindestlohn bei den Erdbeerpflückern nachzuweisen, die die Früchte für das Firmendessert ernten.

Compliance heißt «alles wissen, alles wollen, alles beachten», höhnt der Bundesrichter am Bundesgerichtshof Thomas Fischer in seiner Rechtskolumne bei *Zeit online*.[19] Compliance sei, so meint er, die politisch korrekte Antwort der Konzerne auf die vielfältigen Erwartungen des Staates, der Mitarbeiter, der Kunden, der Lieferanten. Nicht nur ein Teil der Rechtsetzung wandert so in den Verantwortungsbereich der Firmen. Im Fall eines Rechtsbruchs wird auch ein Teil der staatsanwaltschaftlichen Aufgaben in die Firma verlagert: Sie kooperiert und stellt die eigenen Akten gut sortiert zur Verfügung. Sie ermittelt selbst zuerst bei den Mitarbeitern und entscheidet dann, wer öffentlich aussagt und wessen Verantwortung nur für eine interne Untersuchung reicht. Mit der fristlosen Kündigung untreuer Mitarbeiter straft die Compliance-Abteilung selbst zuerst und schiebt das anschließende Gerichtsverfahren dadurch möglichst weit von sich weg. Sie nimmt dem Staat die Arbeit ab und entledigt sich für den eigenen Geschäftsbetrieb der schlimmsten Gefahr: als Teil eines verbrecherischen Systems in Misskredit zu geraten. Compliance ist also eine prima Sache für die Reputation.

Altmodische Unternehmenslenker haben sich auf den «Ton von oben» verlassen. Wenn sich der Vorstand anständig verhalte und keine Rechtsbrüche dulde, würden sich auch die Mitarbeiter entsprechend benehmen. Wenn ein Vorstand mit seinem Gegenüber per Handschlag einen Deal verabrede, dann gelte der auch. In kleinen Unternehmen mag das noch stimmen. Die großen sind längst zu groß und zu unterschiedlich geworden, als dass man sich darauf verlassen könnte.

Der frühere Siemens-Chef Heinrich von Pierer will nichts von der Korruption im Auslandsgeschäft des Konzerns gewusst haben. Dem Ex-Deutsche-Bank-Chef Josef Ackermann war unbekannt, dass seine besten Leute in London und New York Zinssätze und Goldpreise im Sinne der Bank manipulierten. Der gute Ton von oben wurde in weiten Teilen der Unternehmen überhört.

Doch damals war der Vorstand am Ende verantwortlich für das, was in seiner Firma vorging. Korruptionsskandale standen für sein persönliches Versagen: Hatte er davon gewusst und die Sache geduldet, hatte er sich strafbar gemacht. Hatte er tatsächlich nichts gewusst, war sein Versagen als Führungskraft offensichtlich. In beiden Fällen wurde er entlassen. Heute ist das anders. Weil der Vorstand durch eine gewaltige Compliance-Abteilung und viele Formulare nachweist, dass er alles Menschenmögliche tut, um die Firma auf den Pfad der Tugend zu führen, kann er seinen Posten auch dann behalten, wenn die Mitarbeiter betrügen. Allein die Fußnote, man habe den Rechtsbruch selbst entdeckt, untersucht und vor Gericht gebracht, reicht zur Entlastung. Bundesrichter Thomas Fischer findet, dass Compliance vor allem eine Funktion hat: Sie soll den Vorstand von seiner Verantwortung befreien. Und sie soll hässliche Bilder in der Öffentlichkeit vermeiden helfen.

Für die Führungskräfte deutscher Unternehmen ist der 14. Februar 2008 immer noch mit einem traumatischen Ereignis verbunden. Die Vorstände und Manager saßen noch beim Frühstück in der heimischen Küche, als das Frühstücksfernsehen unfassbare Bilder übertrug. In dunkler Nacht hatte das ZDF seine Kameras im Kölner Villenviertel Marienburg aufgebaut. Die Reporter waren live dabei, als um Punkt sieben die Steuerfahnder beim damaligen Post-Vorstandschef Klaus Zumwinkel klingelten und ihn wenig später zum Verhör mitnahmen. Selten wurde ein Verdächtiger so vorgeführt. Selten wurde der Ruf eines Spitzenmanagers so schnell und so vollständig zerstört, noch bevor ihm die angelasteten Steuervergehen tatsächlich nachgewiesen wurden.

Der Fall Zumwinkel hat allen Unternehmenschefs die verheerende Wirkung der Bilder von Haus- und Firmendurchsuchungen vor Augen geführt. Als im Dezember 2015 gleich 500 Mitarbeiter der Generalstaatsanwaltschaft Frankfurt am Main wegen des Verdachts der Steuerhinterziehung bei der Deutschen Bank aufliefen, griff der damalige Deutsche-Bank-Chef Jürgen Fitschen sofort zum Telefon. Er rief den hessischen Ministerpräsidenten Volker Bouffier (CDU) an und beschwerte sich. Die Bank werde kooperieren und alle geforderten Dokumente zur Verfügung stellen. Der martialische Auftritt der Fahnder jedoch, die zu diesem Zeitpunkt schon wannenweise Akten aus den Hochhaustürmen trugen, sei unangemessen und rufschädigend. Der Anruf nutzte nichts – aber in den Jahren danach versicherten alle Dax-Vorstände, sie würden im Fall eines Falles natürlich sofort kooperieren. «Bloß keine Polizei!», lautet die Bitte. Wenn die Compliance-Leute den Fahndern die Arbeit abnehmen, haben die Unternehmen den doppelten Vorteil: Im Unternehmen wird geräuschlos ermittelt. Und vor den Toren der Zentrale entstehen keine kompromittierenden Bilder.

Der gute Nachbar: Das Teuflische im guten Werk

Corporate Social Responsibility (CSR) regelt das Verhältnis der Firma zu ihrer Umwelt. Sie steht für die soziale Verantwortung eines Unternehmens. Manche übersetzen CSR heute mit Nachhaltigkeit.

Früher hatte die soziale Verantwortung für Unternehmen dieselbe Bedeutung wie ein prachtvolles Blumenarrangement an der Rezeption. Sie war vor allem ein Geschenk der Firma an ihre Umgebung. In der CSR-Abteilung arbeiteten die freundlichen Gattinnen und die kunsthistorisch versierten Töchter von Führungskräften. Je nach persönlichen Vorlieben des Teams bestand CSR darin, öffentliche Kunstsammlungen anzulegen, das örtliche Theater zu unterstützen, Fußballunterricht oder Ballett-Stunden für Kinder aus bildungsfernen Familien zu spendieren. CSR war ein Hobby, mit dem man sein Interesse für das Gemeinwohl am Firmensitz signalisierte. Mehr nicht.

Als die Zeiten rauer, Ansehen und Reputation der Unternehmen schlechter wurden, wurde die CSR staatstragend. Der Druck der Öffentlichkeit und der Nichtregierungsorganisationen wirkte stärker als die Drohung des Staates mit neuen Gesetzen, um die großen Unternehmen zu einer besseren und professionelleren CSR-Strategie zu bewegen.[20] Die Unternehmen müssen sich also bewegen, bevor die Gesetzgebung sie dazu zwingt.

Volkswagen war in Wolfsburg der CSR-Meister. Im Namen der sozialen Verantwortung regierte der Konzern die niedersächsische Stadt, die ihre schiere Existenz dem Autobauer verdankt.

Wolfsburg wurde 1938 von den Nationalsozialisten als «Stadt des KdF-Wagens» gegründet. Das Autowerk mit angeschlossenen Wohnbehausungen sollte für die nationalsozialistische Freizeit-Organisation «Kraft durch Freude» ein Auto bauen, das für jedermann bezahlbar war. 1945 wurde aus der KdF-Stadt Wolfsburg. Ein trostloser Flecken hinter Braunschweig, der nur eines konnte: Autos bauen. Die Nazis waren weg, aber Volkswagen und die Stadt waren noch da. Ihre Symbiose überlebte. 1998 schenkte der Konzern, an dem das Land Niedersachsen bis heute eine stattliche Beteiligung hält, der Stadt Wolfsburg die Halbierung ihrer Arbeitslosenzahl zum 60. Geburtstag. Rund 3500 zusätzliche Arbeitsplätze seien dafür nötig, rechnete der damalige Volkswagen-Personalvorstand Peter Hartz aus. Die werde man schaffen, indem man die Zulieferfirmen dazu bringe, in Wolfsburg zu produzieren. Neue Firmen rund um das Thema Mobilität sollten gegründet, ein Freizeitpark namens Autostadt inmitten der Stadt sollte gebaut werden.

Gesagt, getan. Wo sich in anderen Städten Stadtparlamente regen, Bürgermeister Mitsprache verlangen würden und die ein oder andere Bürgerinitiative lieber alles lassen würde, wie es ist, waren die Wolfsburger vorbehaltlos begeistert. Von Anmaßung sprach niemand. Die Bürgermeisterin bedankte sich überschwänglich, der Rat der Stadt stimmte zu. Planungskompetenzen wurden der Einfachheit halber vom Stadtbauamt auf die Firma übertragen. Bald wurde gebaut. Zwei funkelnde Glastürme entstanden, in denen bestellte Autos aufbewahrt werden, bis die Kunden sie abholen. Ein First-Class-Hotel wurde errichtet, mit dem Sternerestaurant «Aqua» im Erdgeschoss. Im Winter gleiten Besucher über das künstliche Eis der angelegten Lagune. Schulklassen lernen in den Schauküchen, klimaneutral und vegan zu kochen. Stararchitekten helfen, die gewaltige Nachhaltigkeits-Arena des Konzerns zu errichten, auszubauen und ihr immer wieder neuen Glanz zu verleihen.

Die Sache funktionierte. Die Arbeitslosigkeit in Wolfsburg sank. Wenige Jahre später hatte der Konzern seinen Geschenkgutschein für die Allgemeinheit abgearbeitet.

So hat Volkswagen die Blaupause für moderne Corporate Social Responsibility geschaffen. Tue Gutes, rede laut darüber und mache es so, wie du willst. Das Gemeinwesen nimmt die Geschenke dankbar entgegen. Mit deinem eigentlichen Geschäft muss das nichts zu tun haben. Nachhaltige Investitionen in die Gesellschaft stehen auf einem anderen Blatt als die Abgaswerte deiner Dieselautos.

So dehnen die Konzerne ihr Einflussgebiet über die Stadt, die Region und das Land aus. Mit CSR-Aktionen, die gemeinsam mit Nichtregierungsorganisationen durchgeführt werden, haben sie den ethisch motivierten Kolonialismus neu erfunden. Im Namen des Guten werden erste internationale Vereinbarungen gegen Kinderarbeit und für Arbeitsrechte, gegen miserabel gebaute Fabrikgebäude und für Weiterbildung geschlossen. Die Ziele sind unbestritten richtig. Sie sind notwendig und dienen dazu, die Lebensverhältnisse der Bürger dieser Länder zu verbessern. Aber: Die Souveränitätsrechte der Zielländer spielen für diese Arbeit keine Rolle. Man könne nicht anders, argumentieren die Unternehmen und Organisationen. Die Staatlichkeit sei in vielen Ländern der Welt so verfallen, dass man mit den Regierungen und Verwaltungen dieser Länder nicht weiterkomme. Das mag sogar stimmen. Doch die Arbeit der Unternehmen stabilisiert die prekären Demokratien dieser Länder nicht. Durch die eigene Quasi-Staatlichkeit stellt sie sie noch drastischer in Frage.

Eins der jüngsten Beispiele dafür ist der «Accord on Fire and Building Safety» in Bangladesch. Das ist ein privatwirtschaftlicher Vertrag, den internationale Textilhändler mit den Gewerkschaften in Bangladesch geschlossen haben. Er ist die Reaktion auf eine Katastrophe.

Im April 2013 stürzte die Fabrik Rana Plaza am Rande der Megastadt Dhaka ein. Mehr als 1130 Menschen starben, als der Stahlgerüstbau in sich zusammensackte. Der Eigentümer, ein Politiker des Staates Bangladesch, hatte ohne Genehmigung zu viele Stockwerke auf das Stahlskelett setzen lassen. Das Baumaterial war schlecht. Obwohl am Tag vor der

Katastrophe Risse im Gebäude aufgetreten waren und die Fabrik eigentlich gesperrt war, arbeiteten zum Zeitpunkt des Unglücks fast 3000 Textilarbeiterinnen in den Hallen. Sie nähten Kleidungsstücke für Textilhandelsunternehmen wie Benetton, Kik und C&A, Gap und Mango zusammen. Als die Decke einstürzte und das Gebäude zusammenbrach, kamen viele von ihnen ums Leben. Weitere wurden so schwer verletzt, dass sie nicht mehr arbeiten können.

Nach dem Unglück begann in den westlichen Gesellschaften eine breite Debatte über die Bedingungen, in denen «Fast Fashion», also schnelle Mode, für die Märkte hergestellt wird. Sechs bis zehn Kollektionen im Jahr müssen für die großen Textilhandelsketten genäht werden. Der rasende Umschlag von Waren und Lieferungen verlangt den Herstellern in den Entwicklungsländern eine enorme Flexibilität ab. Sie brauchen ein Heer von Arbeiterinnen, die die Gier nach neuer Ware manchmal in 16-Stunden-Schichten befriedigen müssen. Nicht nur die gesetzlichen Arbeitszeiten und andere Grundrechte der Arbeiter werden oft systematisch missachtet. Auch die Fabrikgebäude sind häufig so schnell und nachlässig gebaut, dass es immer wieder zu verheerenden Bränden kommt.

Nach dem Einsturz von Rana Plaza wurde erstmals die anständige Entschädigung der Opfer auch vor Gerichten der westlichen Industrieländer gefordert. Die bessere Kontrolle von Bau- und Feuerschutzmaßnahmen in den Fabriken wurde verlangt. Das Problem wurde in die Herkunftsländer der internationalen Markenhändler getragen. Nun verlangten auch die Kunden der Modehäuser Veränderungen.

Die Konzerne reagierten schnell: Textilhändler und

die Gewerkschaften des Landes einigten sich bald auf den «Accord on Fire and Building Safety». Darin verpflichten sich die Kunden der Textilnähereien, regelmäßige Bauprüfungen durchführen zu lassen. Sie finanzieren Trainings für die Mitarbeiter, bezahlen den Aufbau von Betriebsfeuerwehren und stellen sicher, dass im Notfall Fluchtwege bekannt und auch geöffnet sind. Über 200 Modekonzerne haben den Vertrag inzwischen unterschrieben, 200 Beschäftigte arbeiten für ihn. Von der Putzfrau über Bauingenieure und Feuerwehrexperten bis hin zu den Verbindungsleuten von Gewerkschaften und Unternehmen kümmern sie sich darum, dass alles besser wird.[21]

Doch nach wie vor brennen Fabriken in Bangladesch. Die Vereinbarung gilt nur für die Textilindustrie. Und nur für die Unternehmen, die vor allem für den Export arbeiten. Ein souveräner Staat würde anders entscheiden, als es die Unternehmen und Textilgewerkschaften getan haben. Er würde die Feuerschutzbestimmungen als allgemeines Gesetz formulieren.

Der Vertrag ist besser als nichts. Doch er ist ein weiterer Beweis, dass die Macht der Wirtschaft keineswegs eingedämmt ist. Wie die Nichtregierungsorganisationen kompensieren auch Unternehmen Staatsversagen.

Jenseits aller Rhetorik gilt: Je schwächer die gewählten Parlamente und Regierungen sind, desto stärker werden die anderen globalen Vertreter der Macht.

Exkurs: Das neue Schreckgespenst – die Blockchain

Das lässt sich an den kleinen Neugründungen im Finanzsektor, den Fintechs, besichtigen. Fintechs sind IT-Unternehmen im Finanzsektor. Sie brauchen keine Banklizenz, weil sie selbst sich nicht als Banken begreifen. Ähnlich wie Facebook und Google von sich behaupten, nur eine Plattform, aber kein Medienunternehmen zu sein – und deshalb auch nicht der Mediengesetzgebung zu unterliegen –, verstehen Fintechs sich als Mittelsleute im Geldgeschäft. Sie vermitteln Kleinkredite zwischen privaten Gläubigern und Schuldnern. Sie koordinieren über ihre Apps Geschäfte, die Kunden mit verschiedenen Bankhäusern machen. Oder sie erfinden Geld: Bitcoin ist eine der ersten Währungen, die ausschließlich im Internet existieren. Die junge Währung hat Höhen und Tiefen erlebt. Es ist nicht sicher, ob sie jemals eine große Sache wird.

Eine ganz große Sache aber wird die Technologie, auf der die Internetwährung Bitcoin beruht. Sie hat das Potenzial, die Macht der Wirtschaft ruckartig weiter zu Lasten der demokratischen Gesellschaften zu verschieben. Im Kern geht es darum, sichere Geschäfte zwischen unbekannten Partnern zu ermöglichen, ohne dabei normale Banken, etablierte Währungen, Notare oder andere Protokollanten des Vertrags zu brauchen. Für das Geschäft wird eine Mini-Datenbank erstellt. Sie enthält die wesentlichen Daten des Vertrags, die Identität der Vertragspartner und den Preis, zu dem gehandelt wird – das ist der «Block». Er wird geprüft und kann anschließend für weitere Transaktionen verwendet werden, die wieder einen neuen Block bilden. Nach und nach entsteht eine ganze Kette solcher Vertragsblöcke, die «Blockchain». Jeder Vertrag bleibt Bestandteil der Kette und wird mit jeder neuen Transaktion weitergereicht. Reguliert werden diese Vertragsketten nicht von Staaten, von Behörden oder von Notenbanken. Die Blockchain-Community selbst tut es. Es entsteht ein Rechtsraum neben den Staaten, eine Währung ohne Zentralbank, ein Vertragswerk ohne bestellte Notare. Ob illegale Waffen und Drogen bezahlt oder ganz normale Bank- und Finanzgeschäfte abgewickelt werden, ist der Blockchain gleichgültig. Da ist sie nicht anders als Bargeld. Doch im Gegensatz zum Geld, das irgendwann einmal als legales Zahlungsmittel von einer Notenbank herausgegeben wurde, bleibt die Blockchain immer im Hoheitsgebiet der privaten Vertragspartner. Sie schöpfen Geld, ohne dass sie dabei beaufsichtigt werden.

Noch ist das eher ein theoretisches Problem. Die Blockchain-Technologie ist noch klein, niemand weiß genau, wie groß sie werden kann. Doch sie zeigt deutlich wie kaum eine andere digitale Technologie, wie schnell der Einfluss des Staates schrumpfen kann, wie schnell seine Instrumente stumpf werden, wenn ein neues Geschäftsmodell auftaucht. Sie deutet an, wie rasant die Macht von Marktteilnehmern wachsen kann, die heute noch niemand kennt. Von demokratischen Entscheidungen einer Gesellschaft redet hier niemand. Die Blockchain kreiert Währungen, die sich der Kontrolle durch die etablierten Kräfte demokratischer Länder komplett entziehen. Sie ist in der Lage, Vertragswerke zu schließen, die ohne die Gesetze und Regelungen des ordnungsgemäßen Handels auskommen – und natürlich auch ohne Mehrwertsteuer, Zölle und Abgaben.

Darin liegt ihr Charme – und ihr zersetzendes Potenzial für die Gesetzgeber und Notenbanken. Sollten die irgendwann auch noch die Hoheit über ihre Währungen verlieren, scheitern alle Versuche, die Macht der Finanzwirtschaft zu begrenzen. Die Regulierungsbehörden werden sich weiter an diejenigen wenden können, deren Geschäftsmodell sie kennen. Sie werden die Intermediäre, die Zwischenhändler von Geld, beaufsichtigen. Doch die digitalen Hersteller der neuen Zahlungsmittel werden sie damit nicht erfassen, so wie sie heute schon vor den Hedgefonds und Investmentgesellschaften kapitulieren. Noch verläuft diese Entwicklung im Kleinen, öffentlich wird sie kaum wahrgenommen. Doch sie hat das Potenzial, in wenigen Jahren die bisherigen Mechanismen von Aufsicht und Kontrolle zu zerstören. Unternehmensmacht ist dann keine Frage von Arroganz und großen Firmenzentralen mehr. Sie ist ein Staat neben anderen Staaten.

Manchmal hat man den Eindruck, dass sich nicht nur der Bundesverband der Deutschen Industrie die goldenen Zeiten zurückwünscht, als noch die Adler flogen und die schwarzen Limousinen die Industriellen nach Hause fuhren.

Damals war die Welt noch einfacher. Heute müssen die Nationalstaaten erkennen, dass sie ihr Versprechen nicht halten können, die Finanzwirtschaft und die globalen Unternehmungen unter Kontrolle zu bringen. Im Gegenteil: Wie die Nichtregierungsorganisationen profitieren auch die Konzerne von der Schwäche der politischen Systeme. Ihre Macht wächst in den Bereichen, die von der staatlichen Regulierung nicht erfasst werden. Sie selbst sind zu Produzenten von Staatlichkeit geworden.

8. Die Lösung

Unter dem Vulkan

Politische Legitimationsprobleme entstehen langsam. Sie entwickeln sich und wachsen, so wie sich die Magmakammern unter schlafenden Vulkanen mit glühender Masse aus dem Inneren der Erde füllen. An der Oberfläche bemerkt man kaum, was sich tief unten zusammenbraut. Ihre elementare Gewalt bricht unvermutet aus. Das Landschaftsbild ändert sich radikal. Phasen großer Unsicherheit folgen. Das gilt für Vulkane und für Staaten. Es gilt für die Gesellschaften, die davon betroffen sind.

In Europa war die Staatsschuldenkrise der Grund für den Ausbruch der Legitimationskrise, in Deutschland war es der Zustrom von Flüchtlingen, in Köln die Silvesternacht, in Berlin der Zusammenbruch der Bürokratie. Spätestens seitdem denken unzählige Bürger, dass die Regierenden entscheiden, ohne das Volk zu beteiligen. Jahrelang haben die Gewählten das nicht wahrgenommen. Sie verwechselten das Schweigen mit Akzeptanz. Doch jetzt schweigen die Wähler nicht mehr. Sie stellen Versäumnisse auf nahezu allen Ebenen fest: Sie beschweren sich über eine Europäische Kommission, deren politische Legitimation, vorsichtig formuliert, fragwürdig ist.

Trotzdem paukt ebendiese Kommission grundstürzende Veränderungen für ihre Staatsvölker durch. Die registrieren eine anmaßende Regierung im eigenen Land, vor der ein kleinmütiges Parlament kapituliert hat. Sie leiden unter einer introvertierten und nicht mehr effizienten Bürokratie. Sie glauben den Medien nicht mehr, dass sie ihnen ein realistisches Bild der Welt vermitteln. Nichtregierungsorganisationen und Verbände beeinflussen politische Entscheidungen, obwohl oft unklar ist, welche Interessen sie vertreten und wodurch sie legitimiert sind. Abgekoppelt daneben stehen weltweit aktive Unternehmen wie BlackRock und Goldman Sachs, die die Lebenswirklichkeit der Bürger stärker bestimmen als je zuvor. Ohnmächtig bleibt angesichts dessen der Souverän, der seinen Platz im Spiel nicht mehr findet. Das politische System Deutschlands verändert sich dynamisch, ohne dass ein Wille, eine steuernde Hand oder eine Legitimation erkennbar wären. Oft wird der Staat von denen demontiert, deren Auftrag es ist, ihn zu schützen. Auf der einen Seite überziehen Regierungen und Abgeordnete ihr Mandat, um große Lösungen für große Probleme durchzusetzen. Auf der anderen Seite sorgen gleichermaßen selbstbewusste wie eigensinnige Bürger dafür, dass hierzulande kaum noch eine neue Straße, ein neuer Bahnhof oder Flughafen gebaut werden kann.

Viele Bürger verachten deshalb die Politik. Die Verdrossenen fordern neue Politiker. Solche, die nicht aus der Politik kommen, nicht Teil des politischen Establishments sind. Der amerikanische Präsident Donald Trump ist das beste Beispiel für die Wucht dieser Strömung.

Die Suche nach Rezepten gegen die demokratische Krankheit ist bislang weitgehend erfolglos verlaufen. Der

Kampf gegen die Ungleichheit, für mehr Partizipation, weniger Steuern, mehr Mütterrente: Nichts hat geholfen. Vieles von dem, womit man früher die Wähler beeindrucken konnte, verfängt nicht mehr.

Die Politik der großen Räume, der einheitlichen Lösungen, der großen Verträge scheint an ihr Ende gekommen zu sein. Auch wenn alle nach der großen Reform verlangen: Wenn es konkret wird, versucht jeder, sie zu verhindern.[1]

Nicht große Wahlversprechen, einschneidende Reformen und Richtungsänderungen in der Politik fördern die Akzeptanz der Bürger für ihre politischen Systeme. Das Freihandelsabkommen TTIP, der Versuch, zu einheitlichen Flüchtlingsquoten in Europa zu kommen, oder die Idee, nun endlich eine europäische Wirtschafts- und Finanzpolitik durchzusetzen, scheitern. Um den politischen Normalbetrieb zu legitimieren, brauchen Regierungen neue Mechanismen und eine neue Bindung an den Souverän, das Volk.

Viele Experten verzagen. «Vielleicht ist die Erfindungskraft der europäischen und nordamerikanischen Gesellschaften ausgereizt, was andere Mechanismen der Demokratie betrifft», meint der Historiker Paul Nolte.[2] Die demokratischen Rituale, Wahlen, die Konkurrenz von Regierung und Opposition, hätten sich in den entwickelten Demokratien seit dem 19. Jahrhundert kaum verändert. Dagegen haben sich Wirtschaft, Gesellschaft und staatliche Aufgaben dramatisch gewandelt. Das politische System hat nicht Schritt gehalten. Es wuchert vor sich hin.

Die Erwartungen der Bürger haben sich ebenfalls verschoben. Neue Bewegungen wie die Umweltinitiativen in den achtziger Jahren des vergangenen Jahrhunderts, die Internetaktivisten der Jahrtausendwende oder die jüngsten Protestbewegungen gegen staatliche Infrastrukturprojekte und Bauvorhaben haben gezeigt, dass die Demokratie sich jenseits der traditionellen Parteienlandschaft erweitern kann.[3] Die neuen Gruppen modifizieren die politische Agenda und üben politische Macht aus. Sie sind durch den unmittelbaren Zuspruch ihrer Anhängerschaft legitimiert.

«Europa hat den Staat erfunden», beginnt der Freiburger Historiker Wolfgang Reinhard seine umfassende *Geschichte der Staatsgewalt* und beendet sie nach über 500 Seiten mit der Feststellung: «Der moderne Staat (...) existiert nicht mehr.»[4] Reinhard sieht den Staat zur Beute der Partikularinteressen, der Interessenverbände und der neuen gesellschaftlichen Gruppen werden.

Doch kann und muss der Staat heute neue Instrumente nutzen, den gemeinsamen Willen wiederzubeleben und zu stärken. Er kann sich besser und unmittelbarer erklären als je zuvor. Regierungen können eine neue und direkte Beziehung mit ihrem Staatsvolk eingehen. Und: Die Zivilgesellschaft hat sich emanzipiert. Sie ist, das ist die positive Erkenntnis aus der deutschen Flüchtlingskrise, unerwartet belastbar und willig, staatliche Defizite zumindest vorübergehend zu kompensieren.

Wie in den Epochen zuvor – nach dem Zweiten Weltkrieg, nach der Studentenrevolte und der Ölkrise zu Beginn der siebziger Jahre, nach dem Zerfall des Warschauer Paktes und der Wiedervereinigung – haben die Nationalstaaten auch heute noch Spielräume, den Vulkanausbrüchen die Rekultivierung und Neuorientierung folgen zu lassen.

Die Antwort Willy Brandts auf die politische Krise der

sechziger Jahre hieß: «Wir wollen mehr Demokratie wagen.» Die Replik auf die heutige Misere müsste lauten: «Wir wollen eine bessere Demokratie wagen.» Wenn die Politik nicht in diesem Sinne handelt, wird sich die Ohnmachtserfahrung der Bürger verstärken. Dann wird sich der Schwelbrand im Erdgeschoss der Demokratie nach oben durchfressen – bis der Dachstuhl lichterloh brennt.

Das Ende der Obrigkeit

Der Staat wird bis heute von oben gedacht und gemacht. Regierung, Parlament und Behörden erfüllen Aufgaben, die nicht ohne Grund das Beiwort «hoheitlich» führen. Die staatlichen Institutionen entwickeln Recht und müssen es gegenüber den Bürgern durchsetzen. Für diesen Teil ihrer Arbeit muss der Gesetzgeber Gefolgschaft verlangen. Nur wenn alle Bürger sich unter das Recht beugen und die staatliche Autorität akzeptieren, kann das Land als eine Gesellschaft der Freien und Gleichen funktionieren.

Verwaltungen verstehen sich als Instrumente der Regierung. Sie führen das aus, was die Regierung ihnen aufgibt. Daraus erklärt sich auch die strenge Hierarchie. Entschieden wird immer oben. Verwaltungen sind dann legitimiert, wenn es Handlungsketten gibt, die sich in einer klaren Linie von der Regierung bis zum Sachbearbeiter nachvollziehen lassen.[5]

Doch das Denken von oben ist überholt. Längst führen Verwaltungen nicht nur das aus, was ihnen aufgegeben wird. Ihr Verhalten den Bürgern gegenüber prägt den Zustand der demokratischen Gesellschaft mit. Da nämlich, wo Staat und Bürger sich auf Augenhöhe begegnen: Kinder haben Anspruch auf Bildung. Die Bundesländer müssen also dafür sorgen, dass jedes Kind Zugang zu einer guten Schulbildung hat. Die Eltern aber wollen gefragt werden, wenn Schulen fusioniert, Schulreformen durchgesetzt und neue Konzepte wie das der Inklusion verordnet werden.

Bürger erwarten eine effiziente und funktionsfähige Verwaltung. Sie sollen mitentscheiden können, wie diese aussieht. Ob ein Bürgeramt beispielsweise in einem zentralen Ort sitzt oder mit vielen kleinen Außenstellen arbeitet, ist angesichts der elektronischen Infrastruktur dahinter heute eigentlich egal. Hier können und sollen die Präferenzen der Einwohner einer Gemeinde entscheiden – nicht die der Verwaltungsmitarbeiter.

Zu Anhörungen über die Suche nach einem Atommüllendlager oder über Start- und Landerouten für Flughäfen werden Hunderte Experten eingeladen. Warum aber werden nicht auch Hunderte Bürger gefragt? Die könnten mit einem Losverfahren ausgesucht werden. So würden auch diejenigen beteiligt, die nicht sofort aufzeigen. Am Ende kann nicht immer ein Konsens stehen, die Entscheidung muss also nach wie vor in der Politik fallen. Doch die Politiker hätten für ihre Entscheidung mehr Anhaltspunkte und Informationen über das, was den Bürgern wichtig ist.

Die Väter und Mütter des Grundgesetzes haben eine Verfassung entworfen, die nach den Erfahrungen des Nationalsozialismus vor allem politische Stabilität garantieren sollte. Sie haben sich auf ein System verständigt, das auf Konsens angelegt ist. Dennoch sollte jeder Macht zur Kontrolle eine Gegenmacht gegenüberstehen. Das verlangsamt die Entscheidungsfindung und führt zu ausgiebigen Beratungsprozessen. Es erzwingt Kompromisse, die den Willen eines möglichst breiten Bevölkerungskreises berücksichtigen.

Nach und nach aber überlagerte der politische und administrative Prozess die Verpflichtungen des Staates gegenüber seinen Bürgern. Ein schönes Beispiel dafür lieferte der Fernsehmoderator Günther Jauch. Der erfolgreiche Journalist investierte in Immobilien der brandenburgischen Landeshauptstadt. Immer wieder hatte er mit dem Denkmalamt zu tun. Mal ging es um das Vergittern der Kellerfenster, mal um Dachfenster. Die Denkmalbehörde verlangte immer das Teuerste, hielt die Akten nicht zusammen, behandelte Bauherren ungleich. Die Verwaltung habe das Beste für das Denkmalschutzamt herausholen wollen, attestierte der Verwaltungswissenschaftler Ulrich Battis der Behörde anschließend in einem Gutachten. Das aber ist nicht die Aufgabe von Behörden. Der Staat muss das Recht achten. Das ist seine Aufgabe.

Der Druck von «unten» wächst. Er wird nicht verschwinden, wenn sich die Aufgeregtheiten der augenblicklichen Debatte abkühlen. Die Magmakammern werden sich weiter füllen.

Ever closer ...

Am deutlichsten ist das Demokratie-von-oben-Selbstverständnis der politischen Eliten in der Geschäftsführung Europas geworden. Unmittelbar nach der Entscheidung der Briten, die Europäische Union zu verlassen, bliesen die führenden EU-Politiker, Kommissionspräsident und Parlamentspräsident, zur Attacke. Diese Niederlage sei das Signal, die Integration der verbliebenen Mitglieder schneller voranzutreiben. Sie glaubten, das Projekt der europäischen Einigung, die «ever closer union», wie sie im Lissabon-Vertrag beschrieben ist, wie bisher ausbauen zu können: ohne die Bürger zu fragen. Sie hatten nicht verstanden, dass die Bürger Europas genau das nicht mehr wollen. Sie wollen eine Wahl haben.

«Europa à la carte» werde es mit ihm nicht geben, schleuderte Jean-Claude Juncker den Briten entgegen. Diese Aussage war als Drohung an andere potenzielle Separatisten gedacht. Es könne schließlich nicht sein, dass jeder aus der Europäischen Union der Staaten nur das ziehe, was er haben wolle.

Die richtigen Fragen aber stellte im September 2016 die europäische Denkfabrik Bruegel: Was spricht eigentlich gegen ein Europa à la carte und wie könnte es funktionieren? Wäre ein Europa der Wahlmöglichkeiten vielleicht eines, das für die Bürger wieder attraktiv würde? Ist ein Europa der konzentrischen Kreise vorstellbar, in das um einen festen Kern herum später auch Länder wie die Türkei oder die Ukraine gruppiert werden könnten? Zu welchen Bedingungen und zu welchem Preis ist das möglich?[6] Warum kann jedermann heute einen auf ihn persönlich zugeschnittenen Turnschuh mit individuellem Fußbett, eigener Farbgestaltung und verschiedenen Schnürsenkeln aus China ordern – Länder aber sollen keine für sie passenden Regeln finden dürfen? Und: Wie kann es sein, dass ausgerechnet der Präsident der Europäischen Kommission sich zu einem solchen Verdikt aufschwingt – steht er doch einer Institution vor, deren demokratische Legitimation besonders dünn ist. Müsste nicht die Europäische Union das größte Interesse daran haben, dass die Bürger ihrer Mitgliedsstaaten der Union zustimmen? Es handelt sich ja nicht um ungezogene Kinder, denen ein überstrenger Vater mit dem Keller drohen kann.

Dann könne ja jeder kommen, so argumentiert Juncker, und sich seine eigene EU zusammenbauen. Stimmt, so halten die Experten des Bruegel-Instituts dagegen, aber was wäre daran eigentlich so schlimm, solange es auf dem Kontinent weiterhin Kernbereiche gemeinsamen Handelns gibt? Wenn jeder seine Interessen und Bedürfnisse zur Geltung bringen kann, steigt vielleicht auch die Erkenntnis, dass Europa gemeinsam stärker ist, als die einzelnen Mitglieder der Union es allein sein können.

Schon heute gibt es das Europa der unterschiedlichen Geschwindigkeiten. Die Eurozone entwickelt sich in einem anderen Tempo als die Gesamtunion. Für die Schweiz, für Norwegen und England wurden in der Vergangenheit andere Regeln gefunden als für die Kernzone Europas. Dieser Weg lässt sich heute mit einem viel größeren Selbstbewusstsein verfolgen als früher. Denn wo man früher möglichst einheitliche Verträge brauchte, weil man die Komplexität Europas anders nicht in den Griff bekam, hat man heute alle Möglichkeiten, mit Unterschiedlichkeit umzugehen. Die Souveränität der Nationalstaaten kann endlich ernst genommen werden, ein echter Interessenausgleich kann stattfinden.

Die Bruegel-Leute schlagen vor, dass es neben einem Kernbereich europäischen Handelns beim Budget und in Binnenmarkts-, Währungs-, Außenhandels- und Sicherheitsfragen einen Kreis von Staaten geben kann, der die Vereinbarungen nur zum Teil umsetzt und dafür auch nur einen Teil der Vorteile der vollen Mitgliedschaft erhält. Für die einen wird die «ever closer union» ein Ziel bleiben, die anderen werden sich mit Teilmitgliedschaften zufriedengeben. Die Quasi-Staatlichkeit Europas zerfällt nicht wegen der Unterschiedlichkeit der Staaten. Sie zerfällt, weil sie demokratisch nicht legitimiert ist. Sie könnte ersetzt werden durch einen Verbund, dessen Mitglieder durch ihr Staatsvolk tatsächlich zu einer neuen Art der Zusammengehörigkeit ermächtigt werden. Ein Zurück zum 20. Jahrhundert wird es nicht geben.

Eine bessere Demokratie zu wagen, ist für die europäische Ebene überlebenswichtig. Weil es vermutlich erst einmal über Jahre hinweg keine neuen europäischen Verträge geben wird, muss Europa sich Experimente der Demokratie jenseits von EU-Kommission und EU-Parlament zutrauen. Die kommenden Vertragsverhandlungen über den Brexit sind eine Chance dafür: Die Entscheidung über einen harten oder weichen Brexit werden die Staats- und Regierungschefs treffen. Sie sollten sich von ihrem Souverän dabei beraten lassen.

Der amerikanische Politikwissenschaftler James S. Fishkin hat untersucht, ob man so etwas wie eine europäische Öffentlichkeit herstellen kann. Dazu hat er 348 Bürger der europäischen Staaten so ausgewählt, dass sie in Nationalität, Alter, Geschlecht und Bildung einen Mikrokosmos der europäischen Bevölkerungen darstellen. Diese Bürger hat er zu einer Informations- und Willensbildungsveranstaltung nach Brüssel eingeladen. Im Mikrokosmos wurde über Migration und über den Klimawandel gesprochen, anschließend fand eine Meinungsbildung statt. Der Wille der europäischen Öffentlichkeit sollte ergründet werden.

In Fishkins Öffentlichkeit bestimmten nicht die ohnehin immer überzeugten Europäer, die sich sofort freiwillig für einen solchen Versuch melden würden. Auch die ewig Frustrierten, die dem Treiben in Brüssel und Straßburg mit wachsendem Zynismus begegnen, waren nicht überrepräsentiert.

Es kamen auch die zu Wort, deren Stimme in der aufgeregten öffentlichen Debatte für und gegen Europa normalerweise nicht gehört wird: die Freundlichen, die Gleichgültigen, die Zufriedenen, die Nihilisten. Sie kamen zu ausgewogenen Entscheidungen – die der Europäischen Kommission und den Staats- und Regierungschefs bei ihren Entscheidungen als Rat dienen könnten.[7]

Für die Institutionen wäre es wichtig zu wissen, was der Souverän zum Thema Brexit denkt und wie er entscheiden würde. Solche und ähnliche Formen der beratenden «deliberativen» Demokratie wären vor allem für die Arbeit in Brüssel wichtig. Sie würde sie nicht vollständig legitimieren – aber immerhin einen Hinweis liefern, wie das Volk entscheiden würde.

Länder wie Japan und Kanada oder einige amerikanische Bundesstaaten experimentieren schon länger mit solchen repräsentativen Gruppendiskussionen, in denen wichtige Themen – wie die Altersversorgung oder die Energiepolitik nach dem Atomunfall von Fukushima – diskutiert werden. Die Ergebnisse sind so, wie eine aufgeweckte informierte Öffentlichkeit sie auch erzielen würden: Sie beeinflussen die politische Entscheidungsfindung der Parlamente – wenn die sich beeinflussen und beraten lassen wollen.

Die Kanzlerin

Die Kanzlerin hat Chancen, noch einmal wiedergewählt zu werden. Für viele Regierungschefs der Welt gilt: Dürften sie mitwählen, Angela Merkel wäre ihre Wahl. Es wäre die letzte Legislaturperiode der Kanzlerin. Für ihre eigene Karriere muss sie schon lange nicht mehr sorgen. Sie könnte die Verlängerung nutzen, die Demokratie im Land wieder voranzubringen. Zwar wird aus ihr keine Charismatikerin mehr werden. Die große Rede, die beeindruckende Inszenierung sind ihr nicht gegeben. Und der Versuchung, den Populisten mit Populismus zu begegnen, wird sie ebenfalls kaum erliegen. Sie vermittelt Kontinuität und Stabilität. Den gesellschaftlichen Wandel zu akzeptieren und Lösungen für die Ohnmachtsgefühle der Bürger zu suchen, sollte ihr leichter fallen als all jenen Visionären, die derzeit auf der Welt vorgeben, ein klares politisches Programm durchsetzen zu wollen.

Doch unabhängig von Merkel gilt: Ein Kanzler der demokratischen Erneuerung muss sich als Erstes von der Großen Koalition verabschieden. Dieses Regierungsformat hat der deutschen Demokratie geschadet. Merkel hätte schon 2013 mit den Grünen zusammengehen und eine schwarz-grüne Koalition bilden können. Damals hatten weder die Vertreter der Umweltpartei noch die CDU/CSU genug Mut, diesen Versuch zu wagen.

2017 wird es voraussichtlich nicht leichter, ein solches oder ein anderes kleines Bündnis zu formen. Schon gar nicht, wenn noch ein dritter Partner nötig wird, um eine regierungsfähige Mehrheit zu erhalten. Dennoch sollte der

Versuch unternommen werden: zu groß wären die Nachteile, sollten sich erneut Union und SPD zusammentun. Nur ein Parlament mit starken Oppositionsparteien kann widersprechen und relevante alternative Politikvorschläge entwickeln. Noch einmal vier Jahre fehlende Kontrolle und zu wenig Korrekturen im Regierungshandeln kann sich Deutschland nicht leisten. Für die Demokratie sind Große Koalitionen nicht nur ein Zeichen des Verfalls. Sie beschleunigen ihn. Deshalb wäre selbst eine Minderheitsregierung besser als ein Zusammengehen der Großen, wenn sich keine andere Möglichkeit bietet.

Eine zweite Einsicht ergibt sich ebenfalls aus der Kanzlerschaft Merkels: Politik ohne feste politische Vorstellungen kann gut funktionieren. Doch plötzliche politische Richtungswechsel müssen vorbereitet sein. Ein politisches und fachliches Fundament für richtungsweisende Entscheidungen muss bereits vorhanden sein, wenn sich ein Zeitfenster für eine Reform öffnet. Ministerialbeamte, Wissenschaftler und andere Experten, die in der Regel mit solchen Arbeiten beschäftigt werden, brauchen Hinweise, wohin die Reise gehen soll.[8] Wo das im Vorfeld nicht passiert ist – wie in den ersten Wochen der Finanzkrise oder bei der Flüchtlingskrise –, entstehen Chaos und Kontrollverlust. Das Entwickeln wenigstens ungefährer Vorstellungen dessen, was man später einmal umsetzen will, ist also kein Beschäftigungsprogramm für altgediente Parteifreunde. Es ist notwendig, um den eigenen Regierungsstil abzusichern.

Eine dritte Erkenntnis für eine bessere Demokratie liefert die Flüchtlingskrise. Als im Herbst 2015 der Staat die Last der vielen Flüchtlinge nicht mehr bewältigen konnte, als das Bundesamt für Migration und Flüchtlinge zusammenbrach und am Berliner Landesamt für Gesundheit und Soziales (LaGeSo) Flüchtlinge tagelang vor der Tür ausharren mussten, um einen Antrag auf Unterkunft stellen zu können, war die Zivilgesellschaft da. Vereine, Kirchengemeinden, Seniorenzirkel und Studentengruppen, Einzelpersonen mit und ohne Migrationshintergrund engagierten sich. Ein großer Teil von ihnen fand es nicht einmal richtig, so viele Menschen unkontrolliert ins Land zu lassen. Dennoch half er. Für wenige Wochen entstand ein Gemeinwesen, von dem Politiker sonst an ruhigen Samstagnachmittagen träumen: Bürger aus verschiedenen gesellschaftlichen Schichten kamen zusammen, um anzupacken. Unterschiedliche Generationen arbeiteten Hand in Hand ehrenamtlich. Nachbarschaften redeten miteinander über Deutschstunden, Behördenbegleitung, Fahrdienste. «Das helle Deutschland» nannte Bundespräsident Joachim Gauck diese Gesellschaft.

Es gibt sie immer noch – auch wenn sich die Lage normalisiert hat und die Bürger des Landes wieder in ihre Häuser und Wohnungen zurückgekehrt sind. Eine bessere Demokratie würde hier anfangen. Nicht weil sie die Zivilgesellschaft als Lückenbüßer für staatliches Versagen braucht. Sondern weil sich eine demokratische, soziale und aufmerksame Gesellschaft in einem solchen Engagement erst ausbildet. Staatsbürger sind mehr als Leute, die die Gesetze achten und ihren Pflichten nachkommen. Es sind Menschen, die die Voraussetzungen für ein gutes Zusammenleben erst schaffen. Deutschland braucht sie nötiger denn je.

Der amerikanische Präsident Lyndon B. Johnson startete zu Beginn seiner Amtszeit 1964 die «Great Society». Der britische Premierminister David Cameron wollte ab 2010 mit der «Big Society» Zeichen setzen. Beide Aktionen sollten die Demokratie von unten erneuern, benachteiligte Gruppen in das gesellschaftliche Leben integrieren, die Zivilgesellschaft ermutigen, Frustrierte zurückholen, Städte und Gemeinden motivieren. Beide Anläufe waren nicht sehr erfolgreich, sie wurden von anderen Ereignissen überlagert. In den USA war es die Eskalation des Vietnam-Krieges, in England die Wirtschaftskrise. Dennoch waren sie richtig und wichtig. Die britische Premierministerin Theresa May rief zu Jahresbeginn 2017 ein ähnliches Projekt aus. Die «Shared Society» ist das zentrale Ziel ihrer politischen Arbeit – eine Gesellschaft, in der Zusammenhalt mehr zählt als Individualismus, Fairness mehr als Eigennutz.[9]

Eine wache und selbstbewusste Zivilgesellschaft, in der sich die unterschiedlichen gesellschaftlichen Schichten begegnen, ist so etwas wie die Lebensversicherung demokratischer Gesellschaften. In offenen Gesellschaften, in denen sozialer Aufstieg möglich und eine gute Schulbildung selbstverständlich sind, entwickelt sich der Gemeinsinn sowohl auf der sozialen als auch auf der politischen Ebene. Johnson, Cameron und May hatten recht, das in den Mittelpunkt ihrer Arbeit zu stellen. Der nächste Kanzler der Bundesrepublik Deutschland muss das ebenfalls tun. Die Gesellschaft muss ihren inneren Frieden wiederfinden. Das ist Chefsache.

Um die Beziehung zwischen dem Bürger und dem demokratischen System zu stabilisieren, muss sich eine Präsidialkanzlerin wie Angela Merkel immer wieder vom Volk legitimieren lassen. Gunnar Folke Schuppert nennt das «Legitimation durch Kommunikation».[10] Wahlen ersetzen den kontinuierlichen Dialog mit dem Wähler und der Basis der Partei nicht.[11] Auch die gefühligen Townhall-Meetings und Regionalkonferenzen, mit denen Merkel in den vergangenen Jahren die Kommunikation mit dem Volk geführt hat, machen das Dauer-Gespräch mit dem Bürger über die Flüchtlingskrise, über den Haushalt und über den digitalen Wandel keineswegs überflüssig. «Demokratie ist das System, das eine permanente Diskussion seiner Konzepte und seines Vokabulars erfordert», bemerkt Pierre Rosanvallon.[12] Die Kanzlerin hat die Demokratie auf sich zugeschnitten. Deshalb muss jeder Kanzler sich nun auch die Zeit für diese immerwährende Diskussion nehmen. Zeitmangel ist keine Entschuldigung, Ein-Frau-Talkshows sind kein Ersatz. Wenn die politische Bildung nicht mehr innerhalb des Politikbetriebs möglich ist, muss sich der Politikbetrieb nach außen wenden. Er muss gesprächsfähig werden.

Die Sprache der Demokraten des 21. Jahrhunderts muss nicht rüde und verletzend, aber sie muss aufrichtig werden. Wer sich von Sprachverboten umstellt sieht, vermutet nicht zu Unrecht Denkverbote. Nur wenn beide Ebenen des politischen Diskurses – die öffentliche und die halböffentliche der Politikgesellschaft – wieder dasselbe Vokabular benutzen und sich ehrlich machen, wird der heute verbitterte (Nicht-)Wähler mitreden und vielleicht auch zuhören wollen.

Das Parlament

Hier kommen wir zum unrealistischsten Teil dieses Buchs. Man kann sich schwer vorstellen, dass Angela Merkel in einfachen und klaren Sätzen spricht. Aber ein solches Wunder erscheint machbar im Vergleich zu der Herausforderung, das Parlament zu einem Ort der ehrlichen und engagierten Debatte zwischen Parteien, Regierung und Abgeordneten zu machen. Dazu nämlich müssten die Abgeordneten ein neues Wahlrecht schaffen. Sie müssten sich selbst und ihre eigene Logik in Frage stellen und zugunsten einer besseren demokratischen Repräsentation der Bürger abstimmen.

Das ist der Grund, warum eine Reform des Wahlrechtes bisher immer genauso schnell von der politischen Tagesordnung verschwand, wie sie vorher darauf gekommen war. Auch 2016/17 war das so. Bundestagspräsident Norbert Lammert wollte in den letzten Monaten der Wahlperiode noch eine kleine Reform verabreden, damit der Bundestag wegen zahlreicher Überhang- und Ausgleichsmandate im September 2017 nicht aus allen Nähten platzt. Die Reform wurde auf den Anfang der kommenden Legislaturperiode vertagt.

Dennoch ist es einen Versuch wert. Wenn der Bundestag seine Wahlrechtsgespräche beginnt, könnten parallel dazu auch die Bürger Vorstellungen entwickeln, wie sie vertreten sein wollen. Wie in Brüssel eine repräsentative Auswahl der europäischen Bürger über den Klimaschutz gesprochen hat, könnte eine Delegation aller gesellschaftlichen Gruppen und Schichten öffentlich überlegen, wie ein neuer Bundestag aussehen sollte.

Ein faires und gerechtes Wahlsystem würde die Wahlkreise stärken und Direktmandate so attraktiv machen, dass man für sie kämpft. Es müsste aber auch ein Wahlrecht sein, das nach Möglichkeit alle abgegebenen Stimmen einer Wahl im Parlament berücksichtigt und nicht, wie heute, immer mehr Stimmen verfallen lässt. Fast 16 Prozent der Wähler von 2013 sind im Bundestag nicht repräsentiert, weil ihre Parteien an der Fünf-Prozent-Hürde scheiterten. Klar, dass die im Bundestag vertretenen Parteien überhaupt kein Interesse daran haben, dies zu ändern. Die Zahl ihrer Mandate vergrößert sich, je mehr Splitterparteien unterhalb der magischen Grenze bleiben. Wenn man nach Gründen für den Verdruss vieler Bürger sucht, findet man ihn hier. Ein neues Wahlrecht könnte auf die Fünf-Prozent-Hürde verzichten und für klare Mehrheiten im Bundestag sorgen. Es bliebe allerdings beim Verhältniswahlrecht, und bei der Direktwahl der Abgeordneten würden noch mehr Stimmen am Ende nicht gezählt. Doch man könnte statt der Mindesthürde von fünf Prozent jeder Partei auferlegen, mindestens einen Wahlkreis direkt zu gewinnen, wenn sie ins Parlament will. Nach derzeitiger Lage würden dann bis auf die Liberalen dieselben Parteien im Parlament sitzen wie mit dem geltenden Wahlrecht. Sogar Grüne und AfD hätten angesichts der Schwäche der beiden bisherigen Großparteien Aussichten auf Direktmandate in ihren Hochburgen. Der Wahlkampf vor Ort würde wieder intensiv und spannend, während der Wahlperiode würden die Abgeordneten den Kontakt zu ihren Wahlkreisen halten. Ein solches Wahlrecht würde die Macht der Parteien im parlamentarischen Alltag zurückdrängen, ihre Präsenz vor Ort stärken und den Deutschen Bundestag wieder zu einem Ort der Rede und Gegenrede machen.

Wird dagegen fortgesetzt mehr als ein Drittel der Wahlberechtigten – die Wähler der Kleinstparteien und die Nichtwähler – nicht repräsentiert, verfällt die Berechtigung des Bundestages, auf der Fassade des Parlamentsgebäudes den Titel «Dem Deutschen Volke» zu tragen.

Wir sind die 99 Prozent

Regierungen, Parlamente und Bürokratien müssen da handeln, wo es der Bürger zuerst spürt: in seiner Heimat, bei der Sicherheit, den Ordnungsämtern, in den Schulen.[13] Die Städte und Gemeinden sind die wichtigsten Orte, an denen die Legitimationsdefizite der Demokratie geheilt werden können.

Lyndon B. Johnson trat sein Amt als 36. Präsident der Vereinigten Staaten von Amerika in einer schweren Zeit an. Johnson folgte auf John F. Kennedy, der ermordet worden war. Zu dieser Zeit wurden die USA innenpolitisch von schweren Rassenunruhen erschüttert. Martin Luther King hielt seine «I Have a Dream»-Rede. Der Vietnam-Konflikt überschattete alles. Immer wenn es ihm zu viel wurde und er unter der Bürde seines Amtes besonders litt, tröstete sich Johnson mit dem Gedanken, dass andere es noch schlechter hätten: «It could be worse. I could be a mayor.»

Er hatte recht. Bürgermeister von Städten und Gemeinden haben in demokratischen Gesellschaften den anspruchsvollsten Job. Die Städte und Gemeinden haben den Schlüssel für ein besseres Zusammenleben von Staat und Bürger in der Hand. «Bürgermeister sind wahrscheinlich die größte Hoffnung für das Überleben der Demokratie weltweit», meint der amerikanische Politikwissenschaftler Benjamin R. Barber.[14]

Nicht den schwachen Staat wollen die Bürger hier sehen, im Gegenteil. Die meisten Bürger wünschen sich nicht einmal einen anderen Staat. Sie wollen einen Staat, der an der richtigen Stelle stark wird und in anderen Bereichen die Kraft findet, alte Zöpfe abzuschneiden. Sie erwarten Klarheit, Zuverlässigkeit, Fairness. Nicht als Dienstleistungsunternehmen sollen staatliche Einrichtungen dem Bürger gegenübertreten, wie das der Einzelhandel oder Autounternehmen gegenüber ihren Kunden tun. Sie sollen zuverlässige Gewährleister für öffentliche Ordnung und Sicherheit, für Bildung und Kultur, für einen attraktiven öffentlichen Raum sein.

Politische Partizipation, das Lieblingsthema der Bürgerbewegungen, ist dagegen ein Thema, dessen Bedeutung stark übertrieben wird. Nur eine verschwindende Minderheit der Bürger sehnt sich nach regelmäßiger öffentlicher Teilhabe. Auf sie konzentriert sich aber der größte Teil der Aufmerksamkeit der gewählten Repräsentanten. Für sie werden Bürgerhaushalte und Stadtteilkonferenzen organisiert, denn sie treten den Gewählten in der Gestalt von Bürgerinitiativen und Protestbewegungen gegenüber. Sie machen den gewählten Repräsentanten unmittelbar Konkurrenz, sie fordern die Deutungshoheit im politischen Diskurs heraus. Und: Sie sind diejenigen, mit denen die Politik eine gemeinsame Sprache spricht. Partizipation ist und bleibt eine Angelegenheit der politisch aufgeklärten, bürgerlichen Klasse, die ohnehin gut repräsentiert ist.[15] Deshalb ist sie nicht falsch oder überflüssig. Nur dass sie die Demokratie nicht um diejenigen erweitert, die vorher nicht beteiligt waren. Sie verstärkt die Positionen derer, die ohnehin schon dabei sind.

Die anderen 99 Prozent aber sind für die demokratische Kultur eines Landes wichtiger. Sie sind der Echoraum des Gemeinwesens. Auch sie bilden sich politische Meinungen, auch sie tauschen sich darüber aus. Auch sie engagieren sich in der Zivilgesellschaft, auch sie nutzen die staatlichen Institutionen.

Sie sind pragmatisch. Wie die politischen Aufgaben erfüllt werden, interessiert abseits der politisch aktiven Öffentlichkeit eigentlich niemanden. Den 99 Prozent ist es gleichgültig, ob die Heizung im Rathaus von einem privaten Dienstleister angefeuert wird oder vom angestellten Hausmeister der Gemeinde. Sie wollen nicht wissen, ob die Straßenlaternen der Allgemeinheit gehören oder einem Unternehmen. Sie wollen, dass die Laternen brennen, wenn sie nach Hause gehen. Ob ein Krankenhaus in öffentlicher Trägerschaft ist oder in privater, kümmert sie nicht. Sie wollen, dass es funktioniert. Dafür zu sorgen, ist die Aufgabe der Kommunen.

Die gute Nachricht dazu ist: In ihre Gemeinden und in die Polizei haben die Bürger auch heute noch das höchste Vertrauen.[16] Die schlechte: Viele Bürgermeister nutzen dieses Vertrauen nicht. Sie sehen sich selbst als Sündenböcke der Bundes- und Landespolitik. Diese Bürgermeister teilen die Verdrossenheit ihrer Bürger und verweigern die Erkenntnis, dass sie selbst dazu beitragen. Sie verstehen ihre Aufgabe nicht.

Das Land Berlin hat zum Beispiel zu Jahresbeginn 2017 fünfzig neue Stellen in den Bürgerämtern geschaffen. Die Einwohner der Stadt sollten wieder eine Chance bekommen, in absehbarer Zeit eine Wohnung anmelden oder einen Personalausweis beantragen zu können. Das ganze Jahr 2016 über hatte der Chefredakteur des *Tagesspiegel*, Lorenz Maroldt, immer wieder öffentlich kritisiert, wie lange es dauert, bis man einen Termin bei seinem Bürgeramt bekommt. Wartezeiten von zwei, drei, manchmal fünf Monaten waren die Regel. Das Versagen der Bürgerämter wurde zu einem Synonym für das sichtbare Versagen der Stadt in vielen anderen Bereichen des öffentlichen Lebens. Im Januar 2017 kam dann mit den neuen Mitarbeitern die Wende. Das Neujahrsgeschenk des Regierenden Bürgermeisters an die Berliner lautete: Ihr müsst nicht mehr warten. Gleichzeitig offenbarte er aber auch, dass sich an der Haltung der Verwaltung gegenüber den Bürgern wenig geändert hat. Wer nämlich zum Jahreswechsel in die westlichen Bezirke Charlottenburg, Tempelhof, Schöneberg oder Zehlendorf umsiedelte, musste sich auf den Weg in den abgelegenen Ostberliner Ortsteil Köpenick machen, wenn er von der Verwaltungsverbesserung profitieren und seine Wohnung pünktlich anmelden wollte. Da, wo die Bürger sie brauchten, gab es weiterhin keine Termine. Wer glaubt, die Antwort auf Verwaltungsversagen lautet zwangsläufig «mehr Geld, mehr Stellen», irrt. Berlin hätte zuallererst seine Haltung gegenüber den Bürgern prüfen müssen.

Warum muss der Bürger den weiten Weg in Kauf nehmen? Warum tut es nicht der Beamte oder Verwaltungsangestellte, der die Anträge bearbeitet? Wenn man Anfang Januar bei den Bürgerämtern in Schöneberg und Zehlendorf hereinschneite, sah man viele leere Schreibtische, an denen die Sachbearbeiter aus Köpenick ohne Probleme hätten Platz nehmen können: Urlaub, Grippe und Noro-Virus hatten das Westpersonal geschwächt. Würde die Verwaltung tatsächlich bewusst beginnen, für ihre Bürger zu arbeiten, wäre nicht nur neues Personal eingestellt worden. Dann wäre der Staat seinen Bürgern wirklich entgegengekommen. Weil das nicht geschah, werden auch die fünfzig neuen Kollegen keinen großen Unterschied machen. Der neue Engpass ist schon da:

Heiraten ist schwer geworden in Berlin. Die Standesämter haben keine Termine mehr.

Ähnlich bei den Schulen: Gerade auf dem Land sind Schulen – neben Kindergärten, Vereinen, Pfarrhäusern und Gemeindeverwaltungen – prägende Institutionen. Werden sie geschlossen, verändern sich die Dörfer oft radikal. Das gemeinsame Leben erlahmt, junge Familien verlassen nach und nach den Ort oder ziehen gar nicht erst hin. Die Schulplanung folgt der Demographie und vernachlässigt, dass umgekehrt auch die Bevölkerungsentwicklung der Planung folgt.

Südtirol zeigt, dass es anders geht. Auch hier schrumpfen die Dörfer, auch hier fehlen Kinder, um Schulen im bisherigen Umfang offen halten zu können. Doch hier kommen die Lehrer zu den Schülern. Die sogenannten Sprengelschulen haben nur einen Direktor, eine Schulsekretärin, ein Kollegium, aber viele Standorte. Die Schulen selbst entscheiden, was, wann und wo unterrichtet wird. Solange die Qualität des Unterrichts stimmt, mischt sich die Schulaufsicht nicht ein. Südtirol hat sich entschieden, die Bedürfnisse von Eltern, Kindern und kleinen Gebirgsorten in den Mittelpunkt seiner Bildungsüberlegungen zu stellen. Das ist der richtige Weg – auch für Schulen im Eichsfeld, in der Eifel und im Odenwald.

Deutsche Schulpolitiker veranstalten neuerdings Wallfahrten in die italienischen Alpen. Sie lernen dort, dass Bildung nicht von der Größe der Schulzentren, vom Ganztagsunterricht und von der Ausstattung der Schulkantinen abhängen muss. Nur gehandelt haben sie bisher noch nicht. Immer noch werden in den ländlichen Gegenden Deutschlands neue Privatschulen bekämpft, als würden ihre Gründer in Frage stellen, dass Schüler überhaupt Lesen und Rechnen

lernen müssen. Immer noch stehen in Thüringen, Brandenburg, Bayern und Niedersachsen Schulschließungen auf dem
Programm: weil sie den Schulverwaltungen eine Daseins-
berechtigung verschaffen und für die Lehrer angenehmer
sind.

Das Sicherheitsbedürfnis wird unterschätzt

Wie dieser Kampf zwischen Verwaltungswollen und Bürger-
bedürfnissen geführt wird, lässt sich gut am Zustand der Polizei zeigen. In Mecklenburg-Vorpommern gibt es mit 5800
Ordnungshütern mehr Polizisten pro 1000 Einwohner als
in fast jedem anderen Bundesland. Nur die Bürger merken
nichts davon. Sie fühlen sich nicht sicherer als die Einwohner
anderer Bundesländer. Wenn man sie fragt, finden sie die
Sicherheitslage vor allem spätabends und nachts bedenk-
lich. Fast die Hälfte der Bürger vermisst regelmäßige polizeiliche Präsenz auf den Straßen. Das ist nicht weiter erstaunlich: Sehr viele Polizeibeamte des Bundeslandes schreiben
Dienstpläne und Einsatzlisten, sind gerade krank oder an
das Innenministerium des Landes abgeordnet. Jeder fünfte
ist nicht «schichtdiensttauglich», wie es im Verwaltungs-
jargon heißt, jeder zehnte darf nicht einmal privat ein Auto
fahren. Rund 37 Tage im Jahr müssen die Polizisten das Bett
hüten – normale Arbeitnehmer in Deutschland fallen etwa
zehn Tage im Jahr wegen Krankheit aus. Die Polizisten, die
nachts arbeiten können, sind vornehmlich damit beschäftigt,
Schwerlasttransporte von Windrädern über die Autobahnen

abzusichern. Für den normalen Streifendienst werden nur zwei bis fünf Prozent der Polizeiarbeitszeit investiert.[17]

Das Sicherheitsgefühl der Bürger hängt nicht davon ab, ob hinter einem Windrad-Transporter ein Auto mit Blaulicht oder eines mit gelbem Licht fährt. Ihm ist es egal, ob die Einsatzpläne in der Dienststelle von einem Computer oder von einem Menschen gemacht werden. Den Bürgern ist es wichtig, dass Polizisten auf der Strandpromenade von Usedom Krakeeler davon abhalten, Einheimische und Urlauber zu belästigen. Sie fragen, ob die Polizei da ist und ihnen hilft, wenn Jugendliche wieder einmal lautstarke Partys veranstalten. Oder ob sie schnell kommt, wenn eingebrochen wurde und sich die Einbrecher noch im Haus aufhalten. Sie würden es gut finden, wenn sich Polizeibeamte auch mal in ihren Dörfern blickenlassen würden, wenn es keinen Notfall gibt.

Dafür aber hat die Polizei des Bundeslandes keine Zeit. «Brachliegende Potenziale» in den Arbeitsabläufen verhindern, dass die Polizeibeamten im öffentlichen Raum sichtbar werden, so geht es aus einschlägigen Studien von Unternehmensberatern hervor. Hier helfen nur radikal geänderte Prioritäten. Die Polizei muss sich das Vertrauen der Bürger bewahren wollen. Sie muss wieder auf die Straße. Was der Computer machen kann, soll er machen dürfen. Im Innenministerium können auch andere arbeiten. Betriebliches Gesundheitsmanagement kann den Ursachen für die skandalösen Krankheitszahlen zu Leibe rücken.

Klar: Verwaltungen umzubauen, ist schwerer, als Unternehmen neu auszurichten. Klare Hierarchien sind ein Wesensmerkmal der Verwaltungen. Ihr Selbstverständnis wird erschüttert, wenn die Entscheidungsabläufe und Sachzwänge in Frage gestellt werden. Doch hier liegt eine der wesentlichen Reserven für den Versuch, das Vertrauen der Bürger zurückzugewinnen. Die geben sich nicht mit dem Hinweis zufrieden, dass Deutschland – und besonders Mecklenburg-Vorpommern – ein sicheres Land ist. Sie haben den Eindruck, dass ihnen Leistungen vorenthalten werden, die möglich sind.

Warum die Digitalisierung nicht schaden muss, sondern helfen kann

Eine gängige Erklärung für die Krise des demokratischen Systems lautet: Den Menschen ist die Welt zu kompliziert geworden, alles geht zu schnell, alles ist zu groß. Globalisierung und Digitalisierung wirken wie Elementarkräfte. Wie man sich gegen ein Gewitter oder einen Vulkanausbruch nicht wehren kann, so kann man auch die beiden Antriebskräfte der Weltwirtschaft nicht aussperren. Jedenfalls nicht, wenn man weiterhin von den guten Seiten der Globalisierung profitieren will: Schließlich schafft sie nicht nur einen riesigen Markt für deutsche Produkte und Dienstleistungen. Sie bringt auch neue und innovative Medikamente, elektronische Waren, Nahrungsmittel und Textilien nach Deutschland, und das zu konkurrenzlos niedrigen Preisen. Die Digitalisierung erleichtert die Kommunikation und schafft neue Formen der Unterhaltung. Unternehmen entstehen, interessante Arbeitsplätze werden geschaffen, Produktion und Handel werden effizienter.

Die Schattenseite ist ebenso eindrucksvoll. Globalisierung und Digitalisierung zwingen die Nationalstaaten, sich schneller zu wandeln, als es ihren Bürgern lieb ist. Sie sind zutiefst undemokratisch. Sie sorgen dafür, dass die Menschen immer schneller und besser arbeiten müssen, immer häufiger Neues lernen und sich immer bereitwilliger auf ungewohnte Technologien einlassen müssen. Das setzt Gesellschaften unter Druck, der Einzelne fühlt sich ausgeliefert. «To get back in control», die Kontrolle zurückzubekommen, das war das übergreifende Thema des US-Wahlkampfs im vergangenen Jahr. Das spielt auch in den deutschen Debatten eine immer wichtigere Rolle.

Politiker reden mit der Industrie sehr gern über beide Themen. Industrie 4.0 heißt das Thema der Zukunft dann. Maschinen werden mit Maschinen reden, Algorithmen treiben Technologien voran, intelligente Roboter können die Arbeit machen, dreidimensionale Drucker revolutionieren das weltweite Frachtgeschäft, weil Bau- und Ersatzteile nicht mehr transportiert, sondern vor Ort gedruckt werden können. Politiker wollen von den Unternehmern wissen, ob und wie man diese Industrie 4.0 unterstützen kann. Wie lässt sich die Kontrolle über diese Prozesse wiedergewinnen? Wie kann man sie regulieren? Und was wird aus den Arbeitsplätzen?

Was sie selten fragen, ist: Können wir das auch haben? Wie können wir mit Hilfe der Digitalisierung die staatlichen Leistungen verbessern? In Wahrheit begreift der Politiker die neuen Technologien vielfach genauso, wie der Bürger sie für seinen Arbeitsplatz sieht, als Bedrohung. Dabei ist die Digitalisierung auch bei der Organisation des Staates nicht nur ein Spar-, sondern auch ein Gestaltungsgebot: Gib dem Bürger die Vielfalt, die er sich wünscht. Vereinfache das System dahinter.

Bisher scheitern die meisten Anläufe der Verwaltungen, sich digital an die Spitze der Bewegung zu setzen, kläglich. Projekte wie die Gesundheitskarte oder die Autobahnmaut verzögerten sich um Jahre. Die Arbeitsagenturen lieferten im Jahr 2005 eine Bruchlandung mit ihrem Plan, die Jobcenter zu Außenstellen der Moderne zu machen – mit einer brandneuen bundeseinheitlichen Software. Es sollte neun Jahre dauern, bis die Arbeitsagentur sich von diesem Schock erholte und endlich eine funktionierende neue Software bekam. Jetzt soll alles besser werden. Es wäre an der Zeit, auch die Haltung zur Digitalisierung anzupassen.

Der Nationale Normenkontrollrat ist ein Gremium, das sich um Bürokratiekosten und um Verwaltungsvereinfachung kümmert. Jahrelang erstellte er Albtraum-Bilanzen. Überall waren aufgeblähte Verwaltungen, steigende Bürokratiekosten und widersprüchliche Gesetze zu beklagen. Im Dezember 2016 sah der Vorsitzende des Gremiums, der frühere CDU-Politiker, Staatssekretär und ehemalige Bahnchef, Johannes Ludewig, endlich Grund zur Freude: «Der Gordische Knoten ist durchschlagen», frohlockte er. Denn mit der Neuordnung der Bund-Länder-Finanzbeziehungen hatten sich Bundesregierung und Ministerpräsidenten endlich auch auf eine einheitliche E-Government-Strategie geeinigt. Innerhalb von fünf Jahren sollen Bürger im Umgang mit der Verwaltung alles komfortabel von zu Hause aus erledigen können. Deutschland könne, so meint Ludewig, damit in die erste Reihe der Länder Europas vorstoßen.

Es wäre ein echter Fortschritt. Denn an die Spitze vorzustoßen, bedeutet auch, das Thema in all seinen Dimensionen zu begreifen. Nicht nur als neue Benutzeroberfläche, sondern auch als Instrument, die Verwaltungen dem Bürger zuzuwenden. Transparenz ist ein Teil davon. Die finnische Hauptstadt Helsinki gilt als Pionier der Digitalisierung. Ihre Einwohner ärgern sich im Winter nicht mehr über das verspätete Räumfahrzeug. Im Internetangebot der Stadt finden sie eine Karte, auf der sie sehen können, wo die Schneepflüge gerade fahren, wie sie vorankommen und wie lange es noch dauert, bis die eigene Straße geräumt wird. Sie sehen, wo es freie Parkplätze gibt und um wie viele Minuten sich der Bus verspäten wird. Wenn sie wissen wollen, wie viel Geld die Stadt für die Reparatur einer Wasserleitung ausgegeben hat, können sie das sofort erfahren. Wenn ein Mülleimer nicht geleert, eine tote Möwe nicht beseitigt oder ein Loch im Gehweg nicht gestopft wird, machen die Finnen ein Foto und schicken es an die Verwaltung. Sobald der Schaden behoben ist, werden sie benachrichtigt. Die Stadt stellt den Bürgern ihre Daten zur Verfügung und verbessert so ihre Dienstleistungen. Das tut sie nicht alleine: Sie profitiert davon, dass Unternehmen diese Daten nutzen und eigene Dienstleistungen anbieten. Der Bürger ist nicht mehr Bittsteller, sondern Partner, Ideengeber und Unternehmer im gemeinsamen öffentlichen Raum.

Unternehmen im Rathaus? In Deutschland ist das immer noch ein ideologisch schwieriges Thema. Hier haben Bürger und Verwaltungen Angst, von der Privatwirtschaft ausgebeutet zu werden, wenn man ihr Aufgaben überträgt. Die bisherigen Erfahrungen mit Privatisierungen sind in der Tat gemischt. Doch hier kann man von den skandinavischen Ländern lernen: Die Schweden beispielsweise entscheiden von Fall zu Fall ganz pragmatisch, wer eine Dienstleistung oder eine Aufgabe übernehmen soll. Hier bekommt der den Auftrag, der dem Bürger am meisten nutzt. Der Staat, der in den skandinavischen Ländern traditionell eine große Rolle spielt, versteht sich nicht als Universaldiensthersteller, sondern als Gewährleister. Technisch wäre es längst auch hierzulande möglich, einen anderen Weg zu gehen, sagt der Wirtschaftsinformatiker Norbert Gronau von der Universität Potsdam.[18] Der größte Teil der Kosten von Ämtern entsteht nämlich nicht da, wo der Bürgermeister den Bürger trifft – sondern da, wo der Verwaltungsbeamte der Gemeinde seinem Kollegen aus der Landes- oder der Bezirksregierung begegnet. Zwei Drittel der Verwaltungskosten entstehen verwaltungsintern. Kluge Bundesländer beginnen hier mit der Reform und sparen zuletzt da, wo der Bürger es zuerst spürt: bei der Sicherheit, der Straßenbeleuchtung, im Schwimmbad.

Gronau sagt, dass die digitalen Möglichkeiten der Verwaltung nicht nur darin bestehen, einen Antrag oder eine Steuererklärung online ausfüllen zu lassen. Wie in der Industrie Maschinen lernen, mit Maschinen zu kommunizieren, kann die Digitalisierung der Verwaltung dafür sorgen, dass Akten mit Akten sprechen. Ein Bauantrag würde dann beispielsweise zuerst einmal von der Informationstechnik eines Bauamtes überprüft. Seine einzelnen Positionen würden mit dem Baurecht abgeglichen. Der Mitarbeiter müsste nur die Positionen prüfen, in denen der Antrag nicht mit der Bauordnung, der geübten Praxis der Behörde und vergleichbaren Anträgen übereinstimmt. Genehmigen müsste den Bau natürlich auch ein Mensch. Kontrollieren könnte diese

Genehmigung wieder die Maschine. So etwas würde in den Büros Reserven freisetzen, die die Verwaltungen entweder einsparen – oder ihren Bürgern widmen können.

Es könnten zum Beispiel Bürgermeisterämter in den kleinen Orten bleiben, oder eine Verwaltungsangestellte könnte sich um liegengebliebene Meldeangelegenheiten kümmern. Die Arbeitszeit, die sie wegen Bürgermangels nicht braucht, könnte für andere Verwaltungsarbeiten genutzt werden, die in zusammengelegten Gemeinden in der Zentrale erledigt werden.

Klar ist natürlich auch, wo solche Verbesserungen heute auf nahezu unüberwindliche Barrieren stoßen: Sie geraten mit den hergebrachten Hierarchien in Konflikt. Denn es handelt sich nicht nur um eine Verbesserung des Staates. Es handelt sich um ein Auf-den-Kopf-Stellen der Verwaltung. Der Bauamtsleiter – in aller Regel ein erfahrener politischer Beamter – verliert seine Macht an neue und junge Mitarbeiter, die die neue Software genauso beherrschen wie die Notebooks, an denen sie (am liebsten auch noch von zu Hause aus) arbeiten. Die jungen Leute vernetzen sich abteilungsübergreifend und gewinnen mit jedem weiteren Schritt zum E-Government an Einfluss, während die traditionellen Hierarchien und die großen Amtszimmer im Dämmerlicht der Vergangenheit versinken.

Ein Projekt. Ein Projekt?

Die Hamburger Elbphilharmonie muss für vieles herhalten. Sie ist ein Beispiel für die Kostenexplosion im öffentlichen

Bau. Sie steht für eine anfangs komplett misslungene Zusammenarbeit von Verwaltung, Planern, Bauunternehmen und Architekten. Doch sie steht auch für ein Projekt, das Bürger ihrer Stadt vorgeschlagen haben. Seitdem das Konzerthaus fertig ist, ist es eine sichtbare Quelle der Freude und des Stolzes für die Hamburger Bürgerschaft. Als städtebaulicher Solitär überstrahlt sie das 2017 im alten Stil wiederaufgebaute Berliner Stadtschloss. Vorhaben dieser Art haben meist folgende Eigenschaften: Sie sind kühn. Sie sind sichtbar. Sie sind ein bisschen verrückt. Sie stiften Identität. Und: Sie gehen auch in Klein.

Der Eifeler Landwirt Hermann-Josef Scheidtweiler ist ein frommer Mann. Eines Tages nahm er sich vor, dem lieben Gott für ein gutes Leben zu danken. In der Feldflur der hügeligen Voreifellandschaft wollte er eine Kapelle errichten. Beharrlich suchte er den richtigen Platz (zwischen Feldern und Wäldern), einen Architekten (Peter Zumthor), die Zustimmung der Skeptiker und Verhinderer (die Kirche, die Vereine, die Gemeinde) und Helfer (die Nachbarn, Freunde). Er baute eine Kapelle, die heute das Wahrzeichen des Eifelfleckens Wachendorf geworden ist. So schuf er einen Ort, der «womöglich eine neue Epoche spiritueller Räume aufschließt», wie die *Frankfurter Allgemeine Zeitung* begeistert von der Einweihung schrieb.[19] Und einen, auf den die Bürger der Gemeinde jetzt stolz sind, weil einer von ihnen ihn gemacht hat.

Nur mit einer Handvoll Efeu-Samen und ein paar Blumenkübeln starteten die wenigen verbliebenen Bewohner des völlig heruntergekommenen und zum Abriss freigegebenen Straßenkarrees Granby Four Street in Liverpool: «Wir wollten eigentlich nur darauf aufmerksam machen, dass hier noch jemand lebt», sagen die Bewohner der viktorianischen Häuserzeilen. Sie trafen sich einmal im Monat, pflanzten mehr Blumen. Weil es kaum noch Geschäfte im Viertel gab, organisierten sie einen kleinen Wochenmarkt. Ein junges Architekten- und Künstlerkollektiv wurde aufmerksam. Die Architekten machten Pläne, wie die Häuser mit wenig Geld und viel Eigenarbeit zu sanieren seien. Sie brachten den Bewohnern bei, wie man mit Holz umgeht, wie man Kacheln herstellt. Die gründeten eine Genossenschaft und bewarben sich um Fördergelder. Ein Teil der Häuser wurde saniert, es zogen ein paar neue Leute in die Granby Four. Die Stadt Liverpool kassierte daraufhin die Abrisspläne. 2015 bekamen die Architekten den wichtigsten Kunstpreis Englands, den Turner-Preis.[20] Sie hätten gezeigt, dass Kunst nicht nur etwas zum Anschauen für die gehobenen Stände ist, sondern sich im Leben der Stadt realisiert, begründete die Jury ihre Wahl. Bewohner des Viertels erzählten später, der Preis habe für Liverpool dieselbe Wirkung gehabt wie der Tag, an dem die Stadt zur Kulturhauptstadt Europas gewählt wurde: «Wir haben auf den Straßen getanzt, weil wir gewonnen hatten. Nicht, dass wir genau gewusst hätten, was wir da gewonnen haben.» Die Stadt hat sich selbst gefeiert. Ihre Identität, ihren Geist, ihr Gemeinwesen.

Es sind große und kleine Projekte, die das Zusammengehörigkeitsgefühl von Städten und Regionen prägen und verändern. Es sind kühne Bauwerke oder schöne Schwimmbäder, fromme Kirchen oder alte Straßen. Oft sind es Ideen, die die Bürger der Städte und Gemeinden vorschlagen. Bürgermeister, die das aushalten, begleiten und unterstützen, haben ihre Aufgabe verstanden. Sie haben begriffen, dass die diffusen und offenen sozialen Probleme ihrer Städte und Gemeinden nicht allein von ihnen gelöst werden können. Ihre Bürger wollen sich in ihrer Stadt wiederfinden. Sie können es – selbst in völlig heruntergekommenen Gemeinwesen.[21]

Isaac Asimov schrieb in den fünfziger Jahren des vergangenen Jahrhunderts den Science-Fiction-Roman *I, Robot*. Er handelt davon, wie Roboter die Welt verändern, deren erstes Gebot es ist, den Menschen niemals schaden zu dürfen. Die Roboter machen alles besser als die Menschen. Sie sind nahezu perfekt. Aber ihnen unterlaufen auch Fehler, die die Menschen entdecken. Eines Tages fragen die Menschen sich, wie es sein kann, dass die Roboter immer wieder Fehler machen. Eine Psychologin findet die Antwort: Die Roboter sind auf das Glück der Menschen programmiert. Sie machen Fehler, damit die Menschen ein Projekt entwickeln können.

Die bessere Demokratie

Am Ende des 20. Jahrhunderts glaubte der Westen, die Demokratie sei nicht nur die fairste Staatsform der Welt. Er glaubte auch, dass demokratische Gesellschaften die erfolgreichsten seien. Nur sie seien in der Lage, gleichzeitig Rechtssicherheit, individuelle Freiheit für ihre Bürger und Wohlstand zu schaffen. Deshalb werde die Weltgesellschaft über kurz oder lang zwangsläufig eine demokratische.

Man hat sich getäuscht. Das 21. Jahrhundert sieht dieselben Gesellschaften in tiefer Unsicherheit. Sie sind zerrissen, verdrossen, und sie scheinen globalen Trends ohnmächtig ausgeliefert zu sein. Selbst Deutschland, im Moment eine der erfolgreichsten Demokratien der Welt, ist durcheinander. Alle Staatsformen durchleben Blütezeiten und Phasen des Verfalls. Alle demokratischen Länder haben in der zweiten Hälfte des 20. Jahrhunderts glorreiche und verzweifelte Zeiten erlebt. Sie haben sie bewältigt. Demokratien haben trotz der derzeitigen Zweifel von allen Staatsformen die besten Voraussetzungen für die Zukunft. Denn sie sind lernfähig. Sie begreifen, dass die Legitimationslücke geschlossen werden muss. Sie erkennen, dass niemand ungestraft immer größere Gruppen der Bevölkerung von der politischen Entscheidungsfindung ausschließen darf. Sie haben verstanden, dass die Bürger sich ihre Erwartungen nicht mehr durch ein Linsengericht abhandeln lassen. Von ihren Regierungen und Parlamenten hängt ab, wer die neuen Wege hin zu einer besseren Demokratie geht und wer stehen bleibt.

Der demokratische Staat der Zukunft ist schon erkennbar. Er ist eine Möglichkeit. Keine Gewissheit.

Nach einem Vulkanausbruch dauert es ein paar Jahre, bis sich auf der erkalteten Asche erste Pflanzen ansiedeln. Meist sind es zuerst stachlige Disteln, es ist kaum zu erahnen, dass sich schon kurze Zeit später eine üppige Vegetation auf der fruchtbaren Asche entfalten wird: Zitrusfrüchte, Wein und Obstbäume wachsen und gedeihen an den Hängen. Sie ernähren die umliegenden Gemeinden und sorgen für Wohlstand und Zufriedenheit. Bis zum nächsten Ausbruch.

Dank

In diesem Buch beklage ich an vielen Stellen die Berliner Verhältnisse, in denen die Informierten des politischen Betriebs ein Kartell zu Lasten der Außenstehenden unterhalten. Ich habe von diesem Kartell profitiert. Viele meiner Gesprächspartner habe ich in der Politik, der politischen Wissenschaft, in den Parteien, bei den Kollegen in den Medien und bei den politischen Stiftungen gefunden. Viele haben sehr offen mit mir über ihre eigenen Vorbehalte und Gedanken diskutiert. Dafür danke ich ihnen.

Ulrich Wank vom Rowohlt · Berlin Verlag hat dieses Buch angeregt. Seiner Hartnäckigkeit, seiner Geduld und seinen Ideen verdanke ich viel. Eine Konstante meiner beruflichen Arbeit der vergangenen Jahre sind die Denk-ich-an-Deutschland-Konferenzen der Alfred Herrhausen Gesellschaft und der *Frankfurter Allgemeinen Zeitung*, die ich moderieren und bei denen ich viel lernen durfte. Thomas Matussek, Ute Weiland und Claudia Huber haben mich immer wieder in ihre Überlegungen eingebunden, sodass ein großer Teil der Gedanken und Positionen dieses Buchs auch ihrer Arbeit geschuldet ist. Karl-Rudolf Korte, Gunnar Folke Schuppert und Maike Rademaker danke ich für viele Diskussionen, Anregungen und für wichtige Lektüre-Hinweise. Die Kollegen der Meinungs-Redaktion des *Tagesspiegel* haben mir geholfen, meine Gedanken zu schärfen. Mit Silvana und Andreas Rödder habe ich einige unterhaltsame und tiefgründige Abende in der Mainzer Altstadt verbracht, die das Nachdenken über die Demokratie zu einem Vergnügen gemacht haben.

Besonderen Dank schulde ich Wolfgang Nowak. Ohne seinen Ideenreichtum und seine Anregungen würde es dieses Buch nicht geben.

Michael Sauga und Wolfgang Weidenfeld haben das Manuskript gelesen, die Thesen diskutiert, Korrekturen und Ergänzungen verlangt, Fehler ausgemerzt, zu mehr Sorgfalt beim Schreiben gemahnt. Sie hatten immer recht. Verbliebene Fehler gehen allein auf mein Konto.

Meiner Tochter Miriam widme ich dieses Buch.

Anmerkungen

1. Die Ohnmacht der anderen

1 Wolfgang Reinhard, *Geschichte der Staatsgewalt. Eine vergleichende Verfassungsgeschichte Europas von den Anfängen bis zur Gegenwart*, München ³2002, S. 514 f.

2 Vgl. Pierre Rosanvallon, *Die gute Regierung*, E-Book-Ausgabe, Hamburg 2016, Pos. 122.

3 So formuliert es der amerikanische Ökonom Michael Hudson in seinem Buch *Der Sektor. Warum die globale Finanzwirtschaft uns zerstört*, Stuttgart 2016.

4 Vgl. dazu Thomas Petersen, «Aus den Fugen?», abgerufen am 12.2.2017 unter http://www.ifd-allensbach.de/fileadmin/IfD/sonstige_pdfs/FAZ_Januar_2017.pdf.

5 Joachim Gauck, Rede zum Ende seiner Amtszeit zu der Frage «Wie soll es aussehen, unser Land?» aus der Antrittsrede am 23.2.2012, 18.1.2017, abgerufen am 13.2.2017 unter http://www.bundespraesident.de/SharedDocs/Reden/DE/Joachim-Gauck/Reden/2017/01/170118-Amtszeitende-Rede.

6 «Donald Trump's full inauguration speech transcript», zitiert nach: *Washingtonpost.com*, abgerufen am 12.2.2017 unter https://www.washingtonpost.com/news/the-fix/wp/2017/01/20/donald-trumps-full-inauguration-speech-transcript-annotated/?utm_term=.52d7fcc8e526.

7 Vgl. dazu Heinz Bude, *Gesellschaft der Angst*, Hamburg 2014.

8 Ders., *Das Gefühl der Welt. Über die Macht von Stimmungen*, München 2016, S. 53.

9 Rosanvallon, *Die gute Regierung* (2016), Pos. 383.

10 Ders., *Demokratische Legitimität. Unparteilichkeit, Reflexivität, Nähe*, Hamburg 2010, S. 255 f.

11 Philipp Genschel und Bernhard Zangl, «Metamorphosen des Staates – vom Herrschaftsmonopolisten zum Herrschaftsmanager», in: *Leviathan* 33/2008, S. 430–454.

12 Colin Crouch, *Postdemokratie*, Frankfurt am Main 2008, S. 26.

13 Wolfgang Nowak, «Foreword», in: Ricky Burdett und Deyan Sudjic (Hg.), *The Endless City. The Urban Age Project by the London*

School of Economics and Deutsche Bank's Alfred Herrhausen Society,
London u. a. 2007, S. 6.

2. Angela Merkel und die drei Todsünden der Demokratie

1 Diese beiden Begriffe verwendet der Historiker Pierre Rosanvallon, um die Verfallserscheinungen moderner Demokratien zu beschreiben, in: Rosanvallon, *Die gute Regierung* (2016).

2 Damit umschreibt Colin Crouch die Veränderung der hochentwickelten demokratischen Systeme zur Postdemokratie, in: *Postdemokratie* (2008), S. 13.

3 Am 19.11.2015 bei einer Veranstaltung der baden-württembergischen Landeszentrale für politische Bildung im Stuttgarter Landtag, zuletzt abgerufen am 9.8.2016 unter: https://www.youtube.com/watch?v=ZEUufpt75zA.

4 Gunnar Folke Schuppert, *Staat als Prozess*, Frankfurt am Main u. a. 2010, S. 14 ff.

5 Vgl. Werner J. Patzelt, «Wofür gehen wir noch wählen? Konkordanzdemokratie, Entparlamentarisierung, Postdemokratie», in: Eckhard Jesse und Roland Sturm (Hg.), *Bilanz der Bundestagswahl 2013*, Baden-Baden 2014, S. 665–683, hier S. 668 ff.

6 Gerhard Schröder, in: Hertie School of Governance, *Die Rolle des Staates im 21. Jahrhundert*, Berlin 2004, S. 17.

7 Robin Alexander, «Wer nicht für Merkel ist, ist ein Arschloch und kann gehen», in: *Die Welt*, 1.10.2015, unter https://www.welt.de/print/die_welt/article158488682/Wer-nicht-fuer-Merkel-ist-ist-ein-Arschloch-und-kann-gehen.html, abgerufen am 5.1.2017.

8 Robert Menasse im Deutschlandfunk am 13.9.2016, zuletzt abgerufen am 19.9.2016 unter http://www.deutschlandfunk.de/praesidentenwahl-in-oesterreich-die-fpoe-hat-es-geschafft.694.de.html?dram:article_id=365677.

9 Albrecht von Lucke, «Zehn Jahre Merkel und das Dilemma der CDU», in: *Blätter für deutsche und internationale Politik* 4/2010, S. 5–8.

10 Heiner Mühlmann, «Angela Merkels Regierungsstil: Politschläue», in: *NZZ*, 5.7.2016.

11 Jan-Werner Müller, *Was ist Populismus? Ein Essay*, Frankfurt am Main 2016, Kindle-Edition, Pos. 1210.

12 Dieses Phänomen beschreibt ausführlich: Anatole Kaletsky, *Capitalism 4.0. The Birth of a New Economy*, London u.a. 2011.

13 Müller, *Was ist Populismus?* (2016), Pos. 781.

14 Wolfgang Streeck, *Gekaufte Zeit. Die vertagte Krise des demokratischen Kapitalismus*, Frankfurt am Main 2013, Kindle-Edition, Pos. 2305.

15 Christian Calliess und Frank Schorkopf, «Finanzkrisen als Herausforderung der internationalen, europäischen und nationalen Rechtsetzung», in: Georg Lienbacher, Bernd Grzeszick, Christian Calliess u.a. (Hg.), *Grundsatzfragen der Rechtsetzung und Rechtsfindung. Referate und Diskussionen auf der Tagung der Vereinigung der Deutschen Staatsrechtslehrer in Münster vom 5. bis 8. Oktober 2011*, Berlin/Boston 2012, S. 113–225, hier S. 212.

16 Vgl. Karl-Rudolf Korte, «Kanzlerpräsident und Präsentationsdemokratie: Wie sich das Regieren verändert hat», in: *Berliner Republik* 6/2004.

17 Friedbert W. Rüb, «Rapide Politikwechsel in der Demokratie: Gründe, Akteure, Dynamiken und Probleme», in: Jens Kersten und Gunnar Folke Schuppert (Hg.), *Politikwechsel als Governanceproblem*. Schriften des Münchner Centrums für Governance-Forschung Bd. 8, Baden-Baden 2012, S. 15–44.

18 Hans-Werner Sinn, Abschiedsvorlesung am 14.12.2015 an der Universität München, dokumentiert bei: http://mediathek.cesifo-group.de/player/macros/cesifo/mediathek?content=6295226& idx=3&category=2428928028, zuletzt abgerufen am 30.9.2016.

19 Thomas Petersen, «Die alternativlose Angela Merkel», in: *FAZ*, 19.11.2015.

20 Udo Di Fabio, *Schwankender Westen. Wie sich ein Gesellschaftsmodell neu erfinden muss*, München 2015, S. 41f.

21 So Spahn beispielsweise bei der Konferenz des DIW und des Wirtschaftsdienstes zum Thema Ungleichheit am 18.11.2015 in Berlin.

22 Sinn, Abschiedsvorlesung.

23 Claudia Huber und Thomas Matussek, «Wann, wenn nicht jetzt? Eine ehrliche Debatte über die Zukunft der EU ist überfällig», in: *Internationale Politik* 6/2015, S. 70–76.

24 Schriftliche Fassung unter http://www.deutschlandfunk.de/
politikwissenschaftler-korte-merkel-ist-nicht-mehr.694.
de.html?dram:article_id=336396, zuletzt abgerufen am 6.10.2016.
25 Z.B. Heinrich August Winkler, «Die große Illusion». Warum direkte
Demokratie nicht unbedingt den Fortschritt fördert», in: ders.,
*Zerreißproben. Deutschland, Europa und der Westen. Interventionen
1990–2015*, München 2015, S.123–128; Peter Graf Kielmansegg,
«Demokratie – Erwartungen, Enttäuschungen», in: *FAZ*,
8.9.2015.
26 Andreas Rödder, *21.0. Eine kurze Geschichte der Gegenwart*,
München 2015, S.379.
27 Abschlussvortrag vor dem M100-Forum in Potsdam am 16.9.2015.
28 Frank Schirrmacher, «Westerwelle, Stoiber, Merkel am Küchen-
tisch der Macht», in: *FAZ*, 4.3.2004, http://www.faz.net/aktuell/
feuilleton/debatten/ein-bundespraesident-wird-ernannt-
westerwelle-stoiber-merkel-am-kuechentisch-der-macht-
1979631.html, abgerufen am 6.10.2016.
29 Eckhard Jesse, «Deutschland und die Bundespräsidentenwahl.
Konsens statt Konflikt», in: *NZZ*, 3.12.2016.

3. Die entmündigten Volksvertreter

1 Rosanvallon, *Die gute Regierung* (2016), Pos. 401.
2 Matthias Weber, «Verheerendes Zeugnis für Parlamentarier»,
in: *Stern*, 18.7.2012, abgerufen bei stern.de am 19.10.2016
unter http://www.stern.de/politik/deutschland/stern-umfrage-
zum-ansehen-des-bundestags-verheerendes-zeugnis-fuer-
parlamentarier-3455296.html.
3 Dazu ausführlich Müller, *Was ist Populismus?* (2016), Pos. 337 ff.
4 Ernst-Wolfgang Böckenförde, *Staat, Verfassung, Demokratie.
Studien zur Verfassungstheorie und zum Verfassungsrecht*, Frankfurt
am Main 1991, S.299.
5 Vgl. Frank Nullmeier und Martin Nonhoff, «Der Wandel des
Legitimitätsdenkens», in: Frank Nullmeier u.a. (Hg.), *Prekäre
Legitimitäten: Rechtfertigung von Herrschaft in der postnationalen
Konstellation*, Frankfurt am Main 2010, S.16–44, hier S.33.
6 Niklas Luhmann, *Legitimation durch Verfahren*, Frankfurt am Main
1983.

7   Plenarprotokoll 18/193 der 193. Sitzung des Deutschen Bundes-
    tages am 29. 9. 2016, Stenographischer Bericht, S. 19147–19149.

8   Annika Fischer, «Krachende Niederlage für Peer Steinbrück in
    seinem Wahlkreis», in: *Der Westen.de*, 22. 9. 2013, abgerufen am
    10. 12. 2016 unter http://www.derwesten.de/politik/krachende-
    niederlage-fuer-steinbrueck-in-seinem-wahlkreis-id8477861.html.

9   Rede des Bundestagspräsidenten Prof. Dr. Norbert Lammert
    am Tag der Konstituierung des 17. Bundestages, abgerufen am
    16. 12. 2016 unter https://www.bundestag.de/parlament/
    praesidium/reden/2009/009/247952.

10 Roger Willemsen, *Das Hohe Haus. Ein Jahr im Parlament*, Frankfurt
    am Main 2014.

11 Rosanvallon, *Die gute Regierung* (2016), Pos. 4711.

12 Müller, *Was ist Populismus?* (2016), Pos. 1601.

13 Susanne Linn und Frank Sobolewski, *So arbeitet der Deutsche
    Bundestag. Organisation und Arbeitsweise. Die Gesetzgebung des
    Bundes*, Rheinbreitbach 2014, S. 19 ff.

14 Volker Kauder im Interview mit der *Welt am Sonntag*, 9. 8. 2015.

15 Regierungserklärung des Bundeskanzlers Gerhard Schröder zu
    den Anschlägen in den Vereinigten Staaten von Amerika vom
    12. 9. 2001, Stenographischer Bericht, abgerufen auf der Seite
    des Deutschen Bundestages am 21. 10. 2016 unter http://dip21.
    bundestag.de/dip21/btp/14/14186.pdf.

16 Vgl. dazu auch Patzelt, «Wofür gehen wir noch wählen?» (2014),
    S. 674 f.

17 Rosanvallon, *Die gute Regierung* (2016), Pos. 299.

18 Martin Sonneborn, «2017 wird ein reiner Sex-Wahlkampf»,
    Interview in der *taz* vom 28. 11. 2016, abgerufen am 6. 12. 2016 unter
    https://www.taz.de/Martin-Sonneborn-ueber-Macht/!5357744.

19 John Micklethwait und Adrian Wooldridge, *The Fourth Revolution.
    The Global Race to Reinvent the State*, London 2014, S. 260.

4. Staatsversagen

1   Katharina Dengler und Britta Matthes, *Folgen der Digitalisierung
    für die Arbeitswelt. Substituierbarkeitspotenziale von Berufen in
    Deutschland*, I A B-Forschungsbericht 11/2015, Anhang 1, eigene
    Berechnungen.

2　Signium International, Zukunftsinstitut, *Generation Y. Das Selbstverständnis der Manager von morgen*, Düsseldorf 2013, S. 32.

3　Micklethwait / Wooldridge, *Revolution* (2014), S. 193 ff.

4　Michael Zürn, «Autorität und Legitimität in der postnationalen Konstellation», in: Anna Geis, Frank Nullmeier u. a. (Hg.), *Der Aufstieg der Legitimitätspolitik. Rechtfertigung und Kritik politisch-ökonomischer Ordnungen*, Baden-Baden 2012, S. 41–62, hier S. 54 f.

5　Rosanvallon, *Demokratische Legitimität* (2010), S. 94 ff.

6　Zürn, «Autorität» (2012), S. 50 f.

7　Andreas Voßkuhle im Gespräch mit Reinhard Müller, Denk-ich-an-Deutschland-Konferenz der Alfred Herrhausen Gesellschaft am 23. 9. 2016, abgerufen am 16. 11. 2016 unter https://www.youtube.com/embed/XrsY7Q2Vrbo.

8　Francis Fukuyama, *Political Order and Political Decay. From the Industrial Revolution to the Globalisation of Democracy*, London 2014, Kindle-Edition, Pos. 920.

9　Jens Spahn, «Rechtweisende Entscheidung», in: *The European*, 9. 10. 2014, am 1. 12. 2016 abgerufen unter http://www.theeuropean.de/spahn-jens/9088-transparente-wahl-der-bundesverfassungs-richter.

10　Christoph Hönnige und Thomas Gschwend, «Das Bundesverfassungsgericht im politischen System der BRD – ein unbekanntes Wesen?», in: *Politische Vierteljahresschrift* 51/2010, S. 507–530, hier S. 508.

11　Ebd., S. 514.

12　Wolfgang Hoffmann-Reim, «Die Klugheit der Entscheidung ruht in ihrer Herstellung – selbst bei der Anwendung», in: Arno Scherzberg (Hg.), *Kluges Entscheiden*, Tübingen 2006, S. 3–23.

13　Peter Graf Kielmansegg, *Die Instanz des letzten Wortes. Verfassungsgerichtsbarkeit und Gewaltenteilung in der Demokratie*, Stuttgart 2005, S. 29.

14　Hans Vorländer, «Regiert Karlsruhe mit? Das Bundesverfassungsgericht zwischen Recht und Politik», in: *Aus Politik und Zeitgeschichte* 35–36/2011, S. 15–23.

15　Sebastian Sternberg, Thomas Gschwend, Carolin Wittig und Benjamin G. Engst, «Zum Einfluss der öffentlichen Meinung auf Entscheidungen des Bundesverfassungsgerichts. Eine Analyse von abstrakten Normenkontrollen sowie Bund-Länder-Streitigkeiten 1974–2010», in: *Politische Vierteljahresschrift* 56/2015, S. 570–598, hier S. 572 ff.

16 Udo Di Fabio, «Vom Recht, Recht zu sprechen: Die Legitimation des Bundesverfassungsgerichts», in: *Aus Politik und Zeitgeschichte* 35–36/2011, S. 3–7.

17 Peter Cornelius Mayer-Tasch, *Politische Theorie des Verfassungsstaates. Eine Einführung*, Wiesbaden ²2009, S. 60 f.

18 Das erfuhr die Abgeordnete der Linken, Petra Zimmermann, im November 2016 nach einer Anfrage bei der Bundesagentur, vgl. https://www.linksfraktion.de/themen/nachrichten/detail/detail/ News/fast-jede-zweite-hartz-iv-klage-erfolgreich.pdf, abgerufen am 5.12.2016.

19 Werner Jann, Kai Wegrich und Jan Tiessen, *«Bürokratisierung» und Bürokratieabbau im internationalen Vergleich. Wo steht Deutschland?*, Berlin 2007, S. 45 ff.

20 Theodor Eschenburg, «Politische Beamte sind überflüssig», in: *Die Zeit*, 6.3.1959, online abgerufen am 6.12.2016 unter http:// www.zeit.de/1959/10/politische-beamte-sind-ueberfluessig.

21 Fukuyama, *Political Decay* (2014), Pos. 7951 ff.

22 Zur Geschichte des Hauses: Axel Kreienbrink, «60 Jahre Bundesamt für Migration und Flüchtlinge im Kontext der deutschen Migrationspolitik», in: *Zeitschrift für Ausländerrecht und Ausländerpolitik* 33/2013, S. 397–410.

23 Rosanvallon, *Demokratische Legitimität* (2010), S. 121.

24 Benjamin R. Barber, *If Mayors Ruled the World. Dysfunctional Nations, Rising Cities*, New Haven 2013, S. 3 ff.

25 Frank Überall, «Köln und sein Klüngel. Wie die neue Oberbürgermeisterin aufräumen will», in: *Länderreport*, 29.6.2016, abgerufen am 14.12.2016 unter http://www.deutschlandradio kultur.de/koeln-und-sein-kluengel-wie-die-neue-oberbuerger meisterin.1001.de.html?dram:article_id=358508.

26 The World Bank, «Doing Business, Measuring Business Regulations», Rankings, Juni 2016, abgerufen am 14.12.2016 unter http:// www.doingbusiness.org/data/exploreeconomies/czech-republic# dealing-with-construction-permits.

27 Rosanvallon, *Demokratische Legitimität* (2010), S. 256.

28 Regierungserklärung des Ersten Bürgermeisters Olaf Scholz vor der Hamburgischen Bürgerschaft am 23.3.2011: «Wir schaffen

das moderne Hamburg», abgerufen am 12.12.2016 unter http://www.hamburg.de/contentblob/2833718/data/regierungs erklaerung-scholz-20110323.pdf.

29 Christian Krügel, «Was München aus dem Bau der Elbphilharmonie lernen kann», in: *Süddeutsche Zeitung*, 19.11.2016, zitiert nach http://www.sueddeutsche.de/muenchen/konzertsaal-debatte-was-muenchen-aus-dem-bau-der-elbphilharmonie-lernen-kann-1.3256963, abgerufen am 14.12.2016.

30 Zitiert nach http://www.der-buergermeistertag.de/downloads/ pressemitteilung_140314.pdf. Die Auswertung wurde mit einer Auszählung der Daten der Statistischen Landesämter vorgenommen, die in der Regel nicht zwischen haupt- und ehrenamtlichen Bürgermeistern unterscheidet und auch unabhängige Kandidaten berücksichtigt, die auf einer Parteiliste angetreten sind.

31 Reiner Klingholz, «Deutschlands demografische Herausforderungen. Wie sich unser Land langsam aber sicher wandelt», Discussion Paper Nr. 18, Berlin 2016.

32 Felix Rösel und Julia Sonnenburg, «Politisch abgehängt? Kreisgebietsreform und AfD-Wahlergebnis in Mecklenburg-Vorpommern», in: *ifo Dresden berichtet* 6/2016, S. 6–13, am 2.12.2016 heruntergeladen unter: www.cesifo-group.info/DocDL/ ifoDD_16-06_06-13_Roesel.pdf.

33 Rosanvallon, *Demokratische Legitimität* (2010), S. 94 ff.

5. Was die Krise des Journalismus und die Krise der Demokratie miteinander zu tun haben

1 Bernhard Pörksen, «Die fünfte Gewalt. Die Macht der vernetzten Vielen», Vortrag auf der Media Convention/re:publica 2015.

2 Bots (Roboter) sind Computerprogramme, die sich automatisch in Debatten einschalten und vorher programmierte Beiträge absetzen. Sie wirken wie Meinungsmaschinen.

3 Felix Stalder, *Kultur der Digitalität*, Frankfurt am Main 2016, S. 22 ff.

4 Reuters Institute, «Digital News Report 2016», 15.6.2016, abgerufen am 20.11.2016 unter http://reutersinstitute.politics.ox.ac.uk/sites/ default/files/Digital-News-Report-2016.pdf.

5 Jan Fleischhauer, «In der Echokammer», in: *Der Spiegel* 47/2016 vom 19.11.2016.

6 Craig Silverman, «This Analysis Shows How Fake Election News Stories Outperformed Real News On Facebook», Buzzfeed vom 16.11.2016, abgerufen am 20.11.2016 unter https://www.buzzfeed. com/craigsilverman/viral-fake-election-news-outperformed-real-news-on-facebook?utm_term=.ds6byR4gjR#.fqVK9jPXnj.

7 https://euvsdisinfo.eu.

8 http://yournewswire.com/queen-elizabeth-holy-war, abgerufen am 20.11.2016. Die BBC, auf die sich yournewswire.com beruft, hatte lediglich von einem Besuch des russischen Patriarchen berichtet, der die Welt zu einem «Heiligen Krieg» gegen den Terror aufrief, vgl. http://www.bbc.com/news/world-europe-37702914, abgerufen am 20.11.2016.

9 Craig Silverman und Lawrence Alexander, «How Teens In The Balkans Are Duping Trump Supporters With Fake News», Buzzfeed vom 4.11.2016, abgerufen am 20.11.2016 unter https:// www.buzzfeed.com/craigsilverman/how-macedonia-became-a-global-hub-for-pro-trump-misinfo?utm_term=.scQNvbPk2b#. frNrRlGNjl; dazu auch Karoline Meta Beisel und Jannis Brühl, «Bitte nicht füttern», in: *Süddeutsche Zeitung*, 10.11.2016, abgerufen am 20.11.2016 unter http://www.sueddeutsche.de/medien/ soziale-netzwerke-bitte-nicht-fuettern-1.3243823.

10 Michael Haller, «Journalismus wird immer besser – seine Reputation immer geringer», in: *European Journalism Observatory*, 10.5.2016, abgerufen am 25.11.2016 unter http://de.ejo-online.eu/ qualitaet-ethik/journalismus-wird-immer-besser-seine-reputation-immer-geringer.

11 In der ARD-Dokumentation Panorama Extra, «Die Akte Christian Wulff. Alles über den Skandal», Deutsche DokuHQ 2014, am 15.4.2016 auf YouTube eingestellt, abgerufen am 17.11.2016 unter https://www.youtube.com/watch?v=B8Q-H4ewDvE.

12 So sieht es beispielsweise der Leiter des MDR-Hauptstadtbüros, Michael Götschenberg, «Ein Teil der Medien war auf Mission», in: *taz*, 27.2.2014, abgerufen am 22.11.2016 unter http://www.taz.de/ Journalist-ueber-den-Fall-Wulff/!5047518.

13 So der Titel eines 2007 erschienen Porträtbandes: Stephan Weichert und Christian Zabel (Hg.), *Die Alpha-Journalisten. Deutschlands Wortführer im Porträt*, Köln 2007.

14 Nils Minkmar, «Wulffs Drohung. Der Anruf des Bundespräsidenten», in: *FAZ*, 2.1.2012, zuletzt abgerufen am 17.11.2016 unter

http://www.faz.net/aktuell/feuilleton/debatten/wulffs-drohung-der-anruf-des-bundespraesidenten-11588714.html.

15 Zitiert nach: «Abschrift des Originals. Das sprach Wulff dem Bild-Chef auf die Mailbox», in: *Bild*, 25.2.2014, abgerufen am 17.11.2016 unter http://www.bild.de/politik/inland/wulff-kredit-affaere/das-sprach-wulff-dem-bild-chef-auf-die-mailbox-34832232.bild.html.

16 Bernd Ulrich bei der Preisverleihung zum «Journalisten des Jahres» am 15.2.2016 in Berlin.

17 Heribert Prantl, «Lehren aus der Causa Wulff. Von der Lawine zum Schneebällchen», in: *Süddeutsche Zeitung*, 10.4.2013, online abgerufen am 23.11.2016 unter http://www.sueddeutsche.de/politik/lehren-aus-der-causa-wulff-von-der-lawine-zum-schneebaellchen-1.1644858.

18 Thomas Leif, «Märkte und Macht. Zum Wandel der politischen Öffentlichkeit im Schatten der Medienkrise», in: *Macht ohne Verantwortung, Medien im Wahlkampf 2013*, Dokumentation der Fachkonferenz am 5.12.2013, Heinrich-Böll-Stiftung, Hans-Böckler-Stiftung, S. 100–116, hier S. 113.

19 Hallers Studie war beim Abschluss des Manuskriptes zu diesem Buch noch nicht erschienen. Ein Vorbericht wurde in der *Frankfurter Allgemeinen Zeitung* vom 10.8.2016 abgedruckt: Ursula Scheer, «Apropos Willkommenskultur», am 24.11.2016 abgerufen unter http://www.faz.net/aktuell/feuilleton/medien/studie-wie-ueber-fluechtlinge-berichtet-wurde-14378135.html.

20 Der Begriff «Lügenpresse» wurde im Jahr 2014 zum «Unwort des Jahres» gewählt. Die Jury erkannte in der Renaissance dieses Begriffes «einen Beitrag zur Gefährdung der für die Demokratie so wichtigen Pressefreiheit».

21 Giovanni di Lorenzo, «Alles Lüge? Warum Deutschlands Medien so stark – und manchmal doch so angreifbar sind», Dresdner Rede vom 28.2.2016 im Schauspielhaus Dresden, dokumentiert bei *zeit.de*, abgerufen am 20.6.2016 unter http://www.zeit.de/kultur/2016-02/dresdner-rede-dresden-giovanni-di-lorenzo.

22 Anthony Glees am 8.9.2015 im Deutschlandfunk, Abschrift des Interviews am 22.11.2016 abgerufen unter: http://www.deutschlandfunk.de/deutschland-und-die-fluechtlinge-wie-ein-hippiestaat-von.694.de.html?dram:article_id=330441.

23 Rede von Heinz Bude auf der Denk-ich-an-Deutschland-Konferenz am 18.9.2015, dokumentiert unter https://www.youtube.com/
   embed/jjUt43tfxQk, abgerufen am 17.11.2016.
24 Boris Palmer, «Die Nazis, die Flüchtlinge und ich», in: *FAZ*,
   24.11.2016.
25 Giovanni di Lorenzo am 11.7.2016 im Interview mit dem Medien-
   dienst turi2, abgerufen am 17.11.2016 unter http://www.turi2.de/
   aktuell/interview2-giovanni-di-lorenzo-ueber-die-fluechtlings-
   fehltritte-der-medien.
26 «Der ultimative Mainstreammedien-Guide von RT Deutsch»,
   28.12.2015, abgerufen am 21.11.2016 unter https://deutsch.rt.com/
   inland/36060-ultimative-mainstreammedien-guide-von-rt-ard-
   zdf.
27 Infratest Dimap, «Vertrauen in die Medienberichterstattung
   über den Ukraine-Konflikt». Eine Umfrage im Auftrag des
   NDR-Medienmagazins ZAPP, Dezember 2014, abgerufen am
   21.10.2016 unter http://www.ndr.de/fernsehen/sendungen/
   zapp/inffratest100.pdf.
28 Giovanni di Lorenzo, «Alles Lüge?» (2016).
29 Jürgen Habermas im Interview, in: *Die Zeit*, 7.7.2016.
30 Konrad Paul Liessmann, «Die Filterblase», Kommentar in:
   Der Standard, 18.11.2015, abgerufen am 20.6.2016 unter:
   http://derstandard.at/2000025964485/Die-Filterblase.
31 Hans Mathias Kepplinger, «Rivalen um Macht und Moral, Bundestagsabgeordnete und Hauptstadtjournalisten», in: Hanna Kasper,
   Harald Schoen u.a. (Hg.), *Politik – Wissenschaft – Medien*. Fest-
   schrift für Jürgen W. Falter zum 65. Geburtstag, Wiesbaden 2009,
   S. 307–321, hier S. 316; ders., «Medienhatz. Wie die Presse Wulff
   zum Rücktritt zwang», auf: *Cicero.de*, 22.1.2014, abgerufen
   am 22.8.2016 unter http://www.cicero.de/berliner-republik/
   christian-wulff-und-die-medien-eine-neuauflage-des-investitur
   streits/56879.
32 So bezeichnet Justus Haucap, der ehemalige Vorsitzende der
   Monopolkommission, die öffentlich-rechtlichen Sender in einem
   Interview mit dem *Spiegel* 23/2015 vom 30.5.2015.
33 Detailliert nachgezeichnet wurden die Ereignisse im *Zeit-Magazin*
   vom 28.6.2016, online abgerufen am 15.12.2016 unter
   http://www.zeit.de/zeit-magazin/2016/27/silvesternacht-koeln-
   fluechtlingsdebatte-aufklaerung.

34 Ziffer 12.1 Pressekodex, abgerufen am 15.12.2016 unter http://
www.presserat.de/pressekodex/pressekodex/#panel_ziffer_12___
diskriminierungen.

35 Frank Lübberding, «Wissen sie nicht, was sie berichten sollen?»,
Faz-online am 6.1.2016, abgerufen am 15.12.2016 unter http://
www.faz.net/aktuell/feuilleton/medien/tv-kritik/ard-und-zdf-zu-
den-koelner-uebergriffen-13999682.html.

36 Interview am 24.1.2016, zitiert nach der schriftlichen Fassung,
online unter http://www.deutschlandfunk.de/hannelore-
kraft-wir-brauchen-dringend-ein-zuwanderungsgesetz.868.
de.html?dram:article_id=343435, abgerufen am 2.12.2016.

6. Tue nichts Böses: Die Neben-Demokratien

1 Non-governmental Organization, Nichtregierungsorganisation.

2 Marc Calmbach u.a., *Wie ticken Jugendliche 2016? Lebenswelten
von Jugendlichen im Alter von 14 bis 17 Jahren in Deutschland*,
Wiesbaden 2016, S. 139 ff.

3 Umfrage aus dem Jahr 2010, *stern.de* am 13.10.2010, abgerufen
am 12.12.2016 unter http://www.stern.de/wirtschaft/geld/
gruendung-vor-30-jahren-deutsche-wuerden-greenpeace-
waehlen-3529542.html.

4 Roland Hipp auf Greenpeace.de, abgerufen am 12.12.2016 unter
https://www.youtube.com/watch?v=LxSL_EC0uNo.

5 Jürgen Habermas, «Die postnationale Konstellation und die
Zukunft der Demokratie», in: ders., *Die postnationale Konstella-
tion. Politische Essays*, Frankfurt am Main 1998, S. 91–169, hier
S. 109f.

6 Wolfgang Merkel, «Schluss: Ist die Krise der Demokratie eine
Erfindung?», in: ders. (Hg.), *Demokratie und Krise. Zum schwierigen
Verhältnis von Theorie und Empirie*, Wiesbaden 2015, S. 473–498,
hier S. 479.

7 Paul Nolte, *Was ist Demokratie? Geschichte und Gegenwart*, Bonn 2012,
S. 377f.

8 Zahlen von Cicero.de, «Die Macht der NGOs, Daten und Fakten»,
abgerufen am 1.12.2016 unter http://cicero.de/kapital/die-macht-
der-ngos---daten-und-fakten/38380.

9 *Die Welt*, 3.5.2011, abgerufen am 18.12.2016 unter https://www.

welt.de/politik/deutschland/article13327544/Migrationsexperte-
nennt-Sarrazin-einen-Brandstifter.html.

10 *Der Tagesspiegel*, 30.12.2010.

11 Boris Palmer, «Die Nazis, die Flüchtlinge und ich» (2016).

12 Peter Singer, «The Drowning Child and the Expanding Circle»,
zitiert nach: http://www.utilitarian.net/singer/by/199704--.htm,
abgerufen am 10.12.2016.

13 Cass Sunstein und Richard Thaler, *Nudge. Improving Decisions
about Health, Wealth, and Happiness*, London 2009 (Taschen-
buch).

14 Zitiert nach http://fehradvice.com/blog/2013/03/17/entwicklungs
hilfe-wie-die-richtige-incentivierung-von-lehrern-die-bildung-
von-kindern-verbessert, abgerufen am 20.12.2016

15 Ester Duflo u.a., «Education, HIV and Early Fertility: Experimental
Evidence from Kenya», abgerufen am 20.12.2016 unter https://
web.stanford.edu/~pdupas/DDK_EducFertHIV.pdf.

16 Vgl. http://www.euractiv.de/was-ist-fondation-euractiv, zuletzt
abgerufen am 20.12.2016.

17 Roland Hipp, «Erinnerungen an Brent Spar», zuletzt abgerufen
am 20.12.2016 unter https://www.youtube.com/watch?v=LxSL_
ECOuNo.

18 Julius van de Laar, «Evaluation und Learning sind bei Oxfam
fester Bestandteil jeder Kampagnenplanung», Campaigning
Academy Berlin, 16.7.2015, abgerufen am 22.12.2016 unter
http://campaigning-academy.com/evaluation-und-learning-sind-
bei-oxfam-fester-bestandteil-jeder-kampagnenplanung.

7. Der Staat im Staat: Wirtschaft vs. Demokratie

1 Institut der Deutschen Wirtschaft Köln, *Gewerkschaftsspiegel* 2 vom
9.6.2016.

2 Branko Milanović, *Die ungleiche Welt. Migration, das Eine Prozent
und die Zukunft der Mittelschicht*, Berlin 2016, S. 40.

3 Streeck, *Gekaufte Zeit* (2013), Pos. 1525 ff.

4 Angela Merkel am 1.9.2011 anlässlich des Besuchs des portugiesi-
schen Ministerpräsidenten Pedro Passos Coelho, zitiert nach der
Mitschrift der Pressekonferenz, zuletzt abgerufen am 2.12.2016
unter https://www.bundesregierung.de/ContentArchiv/DE/

Archiv17/Mitschrift/Pressekonferenzen/2011/09/2011-09-01-
merkel-coelho.html.

5 Theresa May, Ansprache vor dem Unternehmerverband CBI am
21.11.2016, zitiert nach https://www.ft.com/content/2d75d3ee-
af26-11e6-9c37-5787335499a0.

6 «Der Beitrag der Familienunternehmen zum Steueraufkommen
in Deutschland, Entwicklung der Steuern vom Einkommen und
Ertrag», Studie des ifo-Instituts München im Auftrag der Stiftung
Familienunternehmen, München 2016; Stefan Bach u. a., «Wer
trägt die Steuerlast in Deutschland?», in: *DIW-Wochenbericht*
51–52/2016, S. 1211; «Grenz- und Durchschnittsteuersätze 2016»,
Institut für Arbeit und Qualifikation der Universität Duisburg
Essen, www.sozialpolitik-aktuell.de.

7 Streeck, *Gekaufte Zeit* (2013), Pos. 1699 ff.

8 «Full Text of Theresa May's Speech to the CBI», zuletzt abgerufen
am 29.12.2016 unter https://www.politicshome.com/news/
uk/economy/taxation/news/80965/full-text-theresa-mays-
speech-cbi.

9 Colin Crouch, *Postdemokratie* (2008), S. 26 ff.

10 Michael Hartmann, *Soziale Ungleichheit. Kein Thema für die Eliten?*,
Frankfurt am Main 2013, S. 145 ff.

11 Forschungsgruppe Wahlen, «Politbarometer April [2016]», abge-
rufen am 15.12.2016 unter http://www.forschungsgruppe.de/
Umfragen/Politbarometer/Archiv/Politbarometer_2014/
April_2014.

12 Allensbacher Kurzbericht, 20.8.2013, abgerufen am 23.12.2016
unter http://www.ifd-allensbach.de/uploads/tx_reportsndocs/
PD_2013_05.pdf.

13 Zitiert nach Hartmann, *Soziale Ungleichheit* (2013), S. 148 f.

14 Milanović, *Ungleiche Welt* (2016), S. 223 ff.

15 Statistisches Bundesamt, «Anteil des Finanzsektors an der Brutto-
wertschöpfung Deutschlands», abgerufen am 21.11.2016 unter
https://de.statista.com/statistik/daten/studie/309545/umfrage/
anteil-des-finanzsektors-am-deutschen-bip.

16 Financial Stability Board, «Global Shadow Banking Monitoring
Report 2015», S. 56 ff., abgerufen am 15.12.2016 unter
http://www.fsb.org/wp-content/uploads/global-shadow-
banking-monitoring-report-2015.pdf.

17 Zakiya Mzee, «CSR: Gerechtigkeit ohne Rechtsgrundlage?»,

in: *Deutsches Anwaltsblatt* 25.4.2016, abgerufen am 14.11.2016
unter https://anwaltsblatt.anwaltverein.de/de/magazin/csr-
gerechtigkeit-ohne-rechtsgrundlage.

18 Schuppert, *Staat als Prozess* (2010), S. 158.

19 Thomas Fischer, «Zum Glück gibt es Compliance», 6.12.2016,
abgerufen am 20.12.2016 unter http://www.zeit.de/gesell-
schaft/2016-12/recht-und-wirtschaft-zum-glueck-gibt-es-
compliance-fischer-im-recht.

20 So berichtet es der frühere Menschenrechtsbeauftragte der Bundesregierung, Markus Löning, in seiner Studie «Lieferketten sind
Menschenketten» im Herbst 2016, unter http://www.loening-
berlin.de/wp-content/uploads/2016/11/Loening_Printbrosch_
RGB_211116.pdf, abgerufen am 20.12.2016.

21 Vgl. http://bangladeshaccord.org/signatories/, abgerufen im
Dezember 2016.

8. Die Lösung

1 Kaletsky, *Capitalism 4.0* (2011), S. 267 ff.

2 Paul Nolte, *Was ist Demokratie?* (2012), S. 171.

3 Ebd., S. 369.

4 Reinhard, *Geschichte der Staatsgewalt* (2002), S. 515 f.; Zitate: S. 15,
535.

5 Horst Dreier, *Hierarchische Verwaltung im demokratischen Staat.
Genese, aktuelle Bedeutung und funktionelle Grenzen eines Bau-
prinzips der Exekutive*, Tübingen 1991, S. 145 f.

6 Jean Pisani-Ferry u. a., «Europe after Brexit: A Proposal for a Con-
tinental Partnership», 25.8.2016, online abzurufen unter http://
bruegel.org/wp-content/uploads/2016/08/EU-UK-20160829-
final-1.pdf.

7 James S. Fishkin u. a., «Europolis and the European Public Sphere:
Empirical Explorations of a Counterfactual Ideal», in: *European
Union Politics* 15.3/2014, S. 328–351.

8 Rüb, *Politikwechsel* (2012), S. 30.

9 Theresa May, «The shared society», in: *Sunday Telegraph*, 8.1.2017,
abgerufen am 11.1.2017 unter https://www.gov.uk/government/
speeches/the-shared-society-article-by-theresa-may.

10 Gunnar Folke Schuppert, «Politikvermittlung als Kommunika-

tion», in: Kersten/Schuppert, *Politikwechsel als Governanceproblem* (2012), S. 45–82, S. 59.

11. Karl-Rudolf Korte und Manuel Fröhlich, *Politik und Regieren in Deutschland*. *Strukturen, Prozesse, Entscheidungen*, Paderborn 2004, S. 313 f.

12. Rosanvallon, *Die gute Regierung* (2016), Pos. 6056.

13. Fukuyama, *Political Order* (2014), Pos. 9067 ff.

14. Barber, *If Mayors Ruled the World* (2013), S. 84.

15. Wolfgang Merkel, «Volksabstimmungen: Illusion und Realität», in: *Aus Politik und Zeitgeschichte* 44–45/2011, S. 47–55, hier S. 50.

16. Forschungsgruppe Wahlen, «Was erwarten die Bürger vom Staat? Ergebnisse einer repräsentativen Bevölkerungsumfrage in Bayern», Januar 2015, abgerufen am 2.1.2017 unter https://www.csu-landtag.de/download/?file=praesentation_jung.pdf.

17. Alle Zahlen aus: PriceWaterhouseCoopers, Gutachten, «Durchführung der Untersuchung zum Personalbedarf der Landespolizei Mecklenburg-Vorpommern», 30.9.2016.

18. «Brandenburg hat 10 Jahre Rückstand», Interview mit Norbert Gronau in den *Potsdamer Neuesten Nachrichten*, pnn.de, zuletzt abgerufen am 8.1.2017 unter http://www.pnn.de/brandenburg-berlin/1144752.

19. Andreas Rossmann, «Wallfahrt nach Wachendorf», in: *FAZ*, 22.5.2007.

20. http://www.granby4streetsclt.co.uk, abgerufen am 6.1.2017.

21. David Kilcullen, *Out of the Mountains. The Coming of Age of the Urban Guerilla*, New York 2013, S. 260 ff.